全国职业技术院校工程机械运用与维修专业教材

工程车辆电气设备安装与调试

人力资源社会保障部教材办公室组织编写

中国劳动社会保障出版社

简介

本书主要内容有：工程车辆电气系统认知，电源系统安装、调试与维修，起动系统安装、调试与维修，照明系统安装、调试与维修，信号系统安装与调试，汽车仪表安装与调试，汽车空调电路安装、调试与维修。

本书由余自俏主编，李超副主编，张园莉、齐小苏参编；卫云贵主审。

图书在版编目（CIP）数据

工程车辆电气设备安装与调试 / 余自俏主编. —北京：中国劳动社会保障出版社，2017

全国职业技术院校工程机械运用与维修专业教材

ISBN 978-7-5167-3051-5

Ⅰ. ①工…　Ⅱ. ①余…　Ⅲ. ①工程车-电气设备-设备安装-职业教育-教材②工程车-电气设备-调试方法-职业教育-教材　Ⅳ. ①U469.6

中国版本图书馆CIP数据核字（2017）第174187号

中国劳动社会保障出版社出版发行

（北京市惠新东街1号　邮政编码：100029）

*

三河市潮河印业有限公司印刷装订　　新华书店经销

787毫米 ×1092毫米　16开本　13.25印张　255千字

2017年7月第1版　　2023年12月第5次印刷

定价：25.00元

营销中心电话：400-606-6496

出版社网址：http://www.class.com.cn

http://jg.class.com.cn

前　言

为了更好地适应全国职业技术院校工程机械运用与维修专业的教学要求，全面提升教学质量，人力资源社会保障部教材办公室组织有关学校的骨干教师、行业和企业专家，依据《技工院校工程机械运用与维修专业教学计划和教学大纲（2016）》，在充分调研企业生产和学校教学情况，并吸收和借鉴各地职业技术院校教学改革成功经验的基础上，编写了本套专业教材。

教材体系

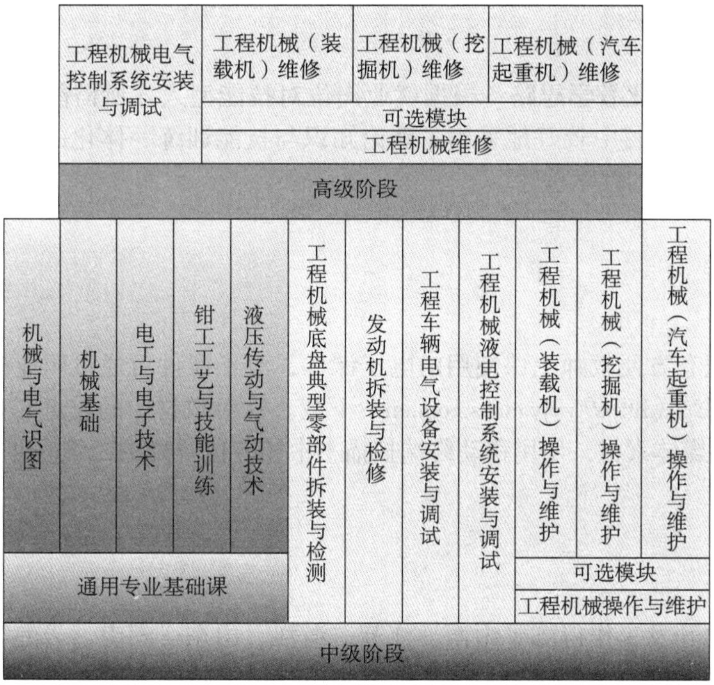

注：通用专业基础课可从机械类、电类通用教材中选用。

适用对象

工程机械运用与维修专业中级、高级两个层次和以下 3 种学制：

- 初中毕业生 3 年学制培养中级工
- 高中毕业生 3 年学制培养高级工
- 初中毕业生 5 年学制培养高级工

编写特色

■ **体现国家标准要求** 以国家职业标准为依据，涵盖相关国家职业标准（中级、高级）的知识和技能要求；以最新的国家技术标准为参照，使教材更加科学和规范。

■ **体现企业需求** 广泛听取包括徐州工程机械集团有限公司等知名企业专家意见，根据企业岗位和教学实践的需求，确定学生应具备的能力与知识结构，并注重教材内容的深度、广度与实际需求相匹配。

■ **体现行业技术发展** 根据工程机械相关领域技术的最新发展，确定新知识、新技术、新设备、新材料等方面的内容，如挖掘机中斗杆和动臂的回转优先与合流控制技术、汽车起重机中的双变量新型节能液压系统、压路机中的基于 CAN-BUS 总线通信系统技术等，保证教材的先进性。

■ **体现理实一体化教学思路** 根据就业岗位对技能型人才所需能力的要求，加强实践性教学内容，在教材中较好地采用了理论知识与技能训练一体化的编写模式，以体现“做中学”“学中做”的教学理念。

教学服务

本套教材配有方便教师上课使用的电子课件，电子课件可通过职业教育教学资源和数字学习中心网站（http:// zyjy.class.com.cn）下载。针对教材中的重点、难点，还制作了动画、视频等多媒体素材，使用移动终端扫描书中相应位置处的二维码即可在线观看。

致谢

本次教材的开发工作得到了山西、江苏、浙江、山东、湖南、云南等省人力资源社会保障厅及有关学校的大力支持，特别是徐州工程机械技师学院在教材编写中做了大量的工作，在此我们表示诚挚的谢意。

人力资源社会保障部教材办公室

2017 年 4 月

目 录

模块一　工程车辆电气系统认知 ………………………… 1

课题 1　工程车辆电气系统的组成和特点………… 2
课题 2　工程车辆常见电气元件认知……………… 6
课题 3　工程车辆常见电气元件检修……………… 17
课题 4　工程车辆电气原理图识读………………… 26

模块二　电源系统安装、调试与维修 ………………… 33

课题 1　蓄电池使用与维护………………………… 34
课题 2　交流发电机安装与检测…………………… 45
课题 3　电源系统安装与调试……………………… 62
* 课题 4　电源系统故障诊断与维修………………… 66

模块三　起动系统安装、调试与维修 ………………… 73

课题 1　起动机检测………………………………… 74
课题 2　起动系统安装与调试……………………… 86
* 课题 3　起动系统故障诊断与维修………………… 88

模块四　照明系统安装、调试与维修 ………………… 95

课题 1　全车灯具的使用…………………………… 96
课题 2　前照灯电路安装、调试与维修…………… 99
课题 3　小灯电路安装、调试与维修…………… 114
课题 4　雾灯电路安装、调试与维修…………… 121

模块五　信号系统安装与调试 ……………………… 127

课题 1　转向灯电路安装与调试………………… 128
课题 2　喇叭电路安装与调试…………………… 133
课题 3　倒车灯、制动灯安装与调试…………… 140

模块六　汽车仪表安装与调试 ……………………… 157

课题 1　仪表与传感器的安装与检测…………… 158
课题 2　全车报警装置的安装…………………… 179

模块七　汽车空调电路安装、调试与维修…………　183

课题 1　汽车空调系统认知……………………………　184

课题 2　汽车空调控制电路安装与调试…………　189

*课题 3　汽车空调系统的故障诊断………………　200

注：全书加★的内容表示为高级工需要掌握的内容。

模块一

工程车辆电气系统认知

电气系统是工程车辆的重要组成部分，其性能的好坏直接影响到整机的经济性、可靠性和安全性。

课题 1 工程车辆电气系统的组成和特点

学习目标

1. 了解工程车辆电气系统的组成。
2. 熟悉工程车辆电气系统的特点。

一、工程车辆电气系统的组成

实践证明，由于工程机械处于振动和灰尘等恶劣的工作环境下，加上操作人员有时使用不当，或者维护保养不及时，很容易使电气设备损坏。据统计，电气设备所出现的故障占总故障的 30% 左右，由此可见，为了保证工程机械设备的正常使用，对电气设备正确使用和维护保养就显得特别重要。

工程车辆电气系统包含的电气设备种类和数量都很多，按照功能可以分为八大系统，即电源系统、起动系统、照明系统、信号系统、仪表与报警系统、辅助电气系统、电子控制系统、音响与导航系统。

1. 电源系统

工程车辆电源系统包括蓄电池、发电机和电压调节器。前两者并联工作，发电机是主电源，蓄电池是辅助电源，如图 1—1—1 所示。

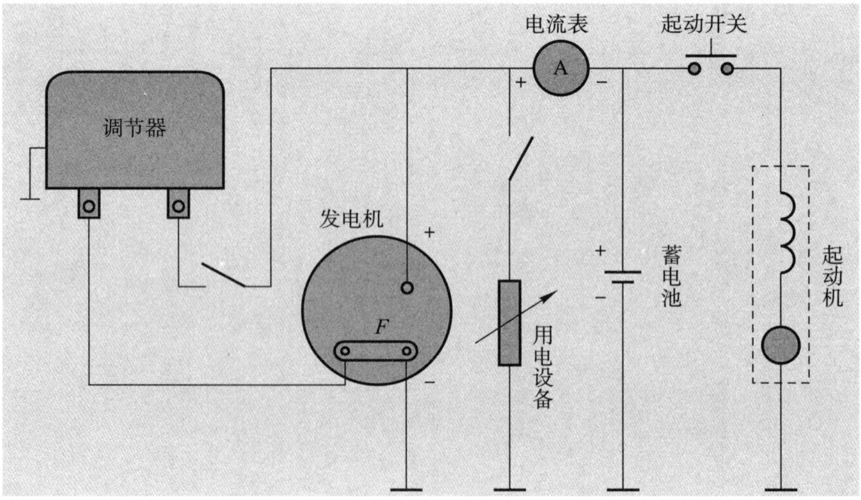

图 1—1—1 工程车辆电源系统示意图

工程车辆的蓄电池安放在车辆中部的蓄电池箱内（图 1—1—2a），发电机作为柴油发动机的附件，在发动机出厂时就已经直接安装在发动机上，由发动机驱动（图 1—1—2b）。发电机内部配有电压调节器，其作用是在发电机转速升高时，自动调节发电机的输出电压使之保持稳定。

a）

b）

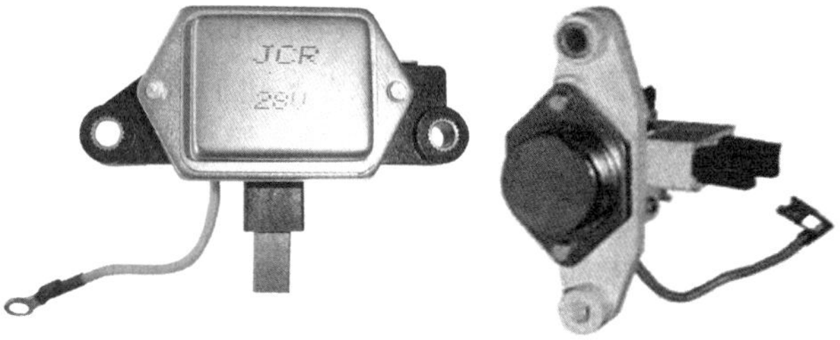

c）

图 1—1—2　工程车辆电源系统

a）工程车辆蓄电池箱　b）发电机　c）电压调节器

2. 起动系统

起动系统主要元件是起动机（图 1—1—3a）和起动继电器（图 1—1—3b），其任务是起动发动机。

a）

b）

图 1—1—3　起动机和起动继电器

a）安装在柴油发动机上的起动机　b）起动继电器

3. 照明系统

照明系统包括车内外各种照明灯以及保证夜间安全行车所必需的灯光，其中以前照明灯（图1—1—4）最为重要。很多工程车辆还增设了工作灯。

图 1—1—4 工程车辆前照灯

4. 信号系统

信号系统包括电喇叭、蜂鸣器、闪光器及各种信号灯等，主要用来提供行车时需要的信号。

5. 仪表与报警系统

仪表与报警系统包括各种检测仪表（如水温表、油压表、燃油表、车速里程表、发动机转速表）和报警灯，用来监测发动机和其他装置的工作情况。

6. 辅助电气系统

辅助电气系统包括电动刮水器、低温起动预热装置、空调装置、点烟器、防盗装置、玻璃升降器、座椅调节器等。

7. 电子控制系统

电子控制系统主要指由微机控制的装置，包括：电子控制点火装置（汽油车）、柴油发动机电控高压共轨燃油喷射系统、电子控制防抱死制动装置、电子控制自动变速装置等，可用来提高车辆的动力性、经济性、安全性、环保性和操纵自动化等性能。

8. 音响与导航系统

音响与导航系统主要包括收音机、CD 机、DVD 机、导航仪、倒车影像装置等，用于提供方便、舒适的驾驶环境。

二、工程车辆电气系统的特点

工程车辆电气系统和一般汽车电气系统同样具有以下四个特点：

1. 两个电源

蓄电池是辅助电源，主要提供起动机用电；发电机是主电源，提供工程车辆运行时各用电设备用电并给蓄电池充电。

2. 低压直流

一般汽车电气系统的额定电压有 12 V 和 24 V 两种，汽油车普遍采用 12 V 电源，而工程车辆使用柴油发动机为动力源，多采用 24 V 电源。

车辆电气系统采用直流是因为起动发动机的起动机为直流串励式电动机，其工作时必须由蓄电池供电，而蓄电池消耗电能后又必须用直流电来充电。

3. 单线并联

工程车辆用电设备较多，为了确保各电器相互独立、便于控制和提高电气线路的可靠性，用电设备和电源间均为并联连接。蓄电池和发电机并联，可以单独或同时向用电设备供电；各用电设备并联，可以单独或同时工作，避免一个用电设备的电路故障影响其他设备的正常工作。

单线制是指从电源到用电设备只用一根导线连接，而另一根导线则由金属部分如车体、发动机等代替作为电气回路的接线方式，具有节省导线、简化线路、方便安装检修、电气元件不需要与车体绝缘等优点。但对于某些电气设备，为了保证其工作的可靠性，提高灵敏度，仍然采用双线制连接方式。如双线电喇叭、电控单元、传感器等。

4. 负极搭铁

工程车辆电气系统采用单线制时，蓄电池的一个电极接到车体上，俗称“搭铁”。对直流电系统来说，从原理的角度看，其正极或者负极均可作为搭铁极。若蓄电池的负极与车体相接，就称负极搭铁；反之称为正极搭铁。按照国家标准规定，国产车辆的电气系统均采用负极搭铁。目前国际上所有车辆发电机都是负极搭铁，发电机是硅整流交流发电机，是由三相交流发电机和三相全波整流器串联而成，整流二极管具有单向导电性，如果接反了（把蓄电池正极接车身搭铁），就会造成发电机整流二极管烧坏，严重的可能烧坏线束。

负极搭铁的优点：对车架和车身金属的化学腐蚀较轻，对无线电干扰小，方便电器的生产、使用和维护。

另外，车辆电路故障的四大特点是：短路，断路，开路，搭铁。电路接线的四大特点是：控火、控地、间接控制（通过继电器）和直接控制（用开关）。

课题 2 工程车辆常见电气元件认知

学习目标

1. 熟悉导线、线束与连接器的结构。
2. 掌握工程车辆基本元件的使用与检测。

一、导线

汽车线束常用的导线种类有日标（AVSS 等）、国标（QVR）、德标（FLRY）、美标（AWG）等几大系列。本书主要介绍国标导线。按照使用电压来分，车辆用导线分为高压线和低压线两种。工程车辆采用柴油发动机为动力源，不需要点火系统，所以工程车辆用导线均为低压线。

根据外皮绝缘包层的材料不同，低压导线分为 QVR 型（绝缘层材料为聚氯乙烯）和 QFR 型（绝缘层材料为聚氯乙烯—丁腈橡胶复合物）两种。根据用途，低压导线又有普通导线、起动电缆和搭铁电缆之分。芯线结构均为多股小直径铜线绞合而成，标称截面积有 0.5 ~ 50 mm^2，规格很多。

1. 国标导线型号

国家机械行业标准 JB/T 8139—1999 对公路车辆用低压电缆（电线）做出了规定。国标车辆导线的名称、型号、特性和工作温度见表 1—2—1。

表 1—2—1 国标导线型号

名称	型号	特性	工作温度（℃）
普通聚氯乙烯绝缘低压电缆	QVR	普通型	−40 ~ +80
耐热聚氯乙烯绝缘低压电缆	QVR−105	良好的耐热性能	−40 ~ +105
聚氯乙烯绝缘聚氯乙烯护套电缆	QVVR	—	—
聚氯乙烯—丁腈复合物绝缘低压电缆	QFR	—	−40 ~ +70

2. 普通低压导线

（1）导线结构与标称截面积

普通低压导线为带绝缘层的铜质多芯软线。低压导线的截面积主要是根据用电设备的工作电流选择，但对于功率很小的电器，仅以工作电流的大小选择导线，其截面积将太小，机械强度差，因此，汽车电气系统中所用的导线截面积不得小于 0.5 mm^2。汽车用低压导线标称截面积所允许的负载电流见表 1—2—2。

表 1—2—2　　低压导线标称截面积所允许的负载电流

导线标称截面积（mm^2）	1.0	1.5	2.5	3.0	4.0	6.0	10	13
允许电流值（A）	11	14	20	22	25	35	50	60

导线标称截面积是根据规定换算方法得到的截面积值，它既不是线芯的几何面积，也不是各股铜线的几何面积之和。普通聚氯乙烯绝缘低压电缆（QVR 型）结构如图 1—2—1 所示，其具体参数见表 1—2—3。

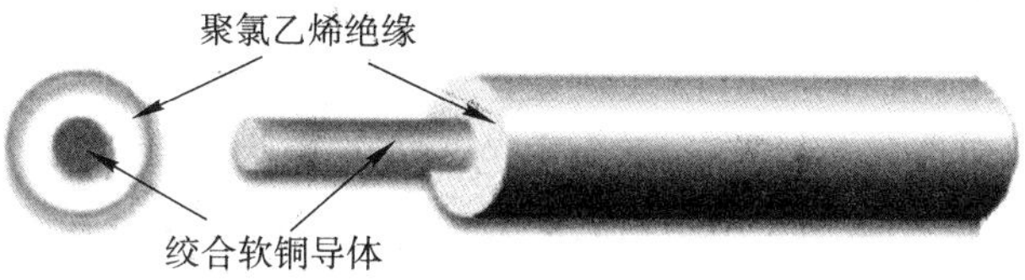

图 1—2—1　普通聚氯乙烯绝缘低压电缆

表 1—2—3　　普通聚氯乙烯绝缘低压电缆结构参数

标称截面（mm^2）	导体结构根数 / 直径（mm）	标称绝缘厚度（mm）	导线最大外径（mm）
0.2	12/0.15	0.3	1.3
0.3	16/0.15	0.3	1.4
0.4	23/0.15	0.3	1.6
0.5	16/0.20	0.6	2.4
0.75	24/0.20	0.6	2.6
1.0	32/0.20	0.6	2.8
1.5	30/0.25	0.6	3.1
2.5	49/0.25	0.7	3.7
4.0	56/0.30	0.8	4.5
6.0	84/0.30	0.8	5.1
10.0	84/0.40	1.0	6.7
16.0	126/0.40	1.0	8.5
25.0	196/0.40	1.3	10.6
35.0	276/0.40	1.3	11.8
50.0	396/0.40	1.5	13.7
70.0	360/0.50	1.6	15.7
95.0	475/0.50	1.6	18.2

（2）导线的颜色

为便于区分车辆线路，车上导线绝缘层采用不同的颜色，各国汽车厂商在电路图上多以字母（主要是英文单词首字母）来表示导线绝缘层的颜色及条纹的颜色，其中截面积在 4 mm^2 以上的导线采用单色线，单色导线颜色和代号见表 1—2—4。一般用一个字母表示，若用两个字母表示，则第一个字母大写，第二个字母小写。

表 1—2—4　导线颜色和代号

导线颜色	黑	白	红	绿	黄	棕	蓝	灰	紫	橙
代号	B	W	R	G	Y	Br	Bl	Gr	V	O

绝缘皮上有两种颜色的导线称为双色导线，在 4 mm^2 以下的导线采用双色线。双色线的主色所占比例大些，辅助色所占比例小些。辅助色条纹与主色条纹沿圆周表面的比例为 1∶3 ~ 1∶5。双色线的标注第一色为主色，第二色为辅助色，例如 1.5Y 表示其标称截面积为 1.5 mm^2，单色（黄色），而 1.0GY 表示标称截面积为 1.0 mm^2，双色导线，主色为绿色，辅色为黄色。双色导线颜色代号的选择应符合表 1—2—5 的规定，按照从 1 ~ 5 的顺序，优先选择靠前的系列。

表 1—2—5　双色导线颜色的选择

选择程序	1	2	3	4	5
导线颜色	B	BW	BY	BR	—
	W	WR	WB	WBl	WY
	R	RW	RB	RY	RG
	G	GW	GR	GB	—
	Y	YR	YB	YG	WY
	Br	BrW	BrR	BrY	BrB
	Bl	BlW	BlR	BlY	BlB
	Gr	GrR	GrY	GrBl	GrB

车辆电气系统中，各系统导线的主色规定见表 1—2—6。

表 1—2—6　车辆电路各系统导线的主色规定

序号	系统名称	导线主色	代号
1	电源系统	红	R
2	点火和起动系统	白	W
3	前照灯、雾灯及外部灯光照明系统	蓝	Bl
4	灯光信号，包括转向指示灯	绿	G

续表

序号	系统名称	导线主色	代号
5	车身内部照明系统	黄	Y
6	仪表及报警指示和喇叭系统	棕	Br
7	收音机、电子钟、点烟器等辅助系统	紫	V
8	各种辅助电动机及电气操作系统	灰	Gr
9	电气装置搭铁线	黑	B

3. 起动电缆

起动电缆为带绝缘包层的大截面铜质或铝质多芯软线，如图 1—2—2 所示。用来连接蓄电池与起动机电磁开关的主接线柱，截面积有 25 mm^2、35 mm^2、50 mm^2、70 mm^2 等多种规格，允许电流达 500 ~ 1 000 A。为了保证起动机功率的发挥，要求在线路上每 100 A 的电流所产生的电压降不超过 0.1 ~ 0.15 V。当工程车辆蓄电池故障需要外接其他蓄电池起动时，连接用的起动电缆不得超过 5 m，否则会因为电压降过大而无法正常起动。

4. 搭铁电缆

搭铁电缆常用于蓄电池与车架、车架与车身、发动机与车架等总成之间的连接。蓄电池的搭铁电缆有两种，一种外形同起动电缆，覆有绝缘层；另一种则是由铜丝编织成的扁形软导线，不带绝缘层，如图 1—2—3 所示。

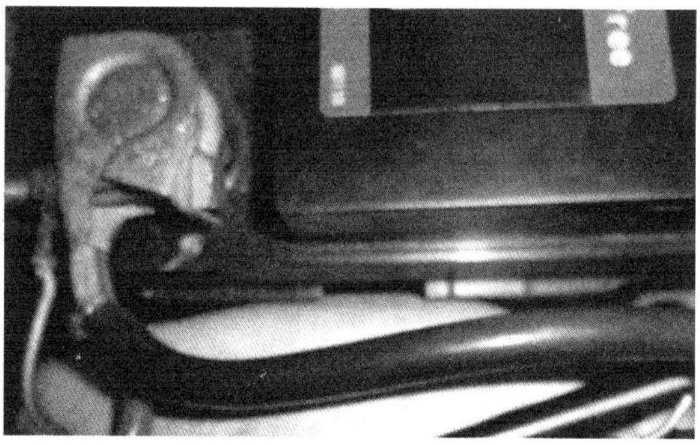

图 1—2—2　起动电缆

图 1—2—3　搭铁电缆

二、线束

为了使全车繁多的导线规整，方便安装及保护导线的绝缘层不被损坏，一般都将车辆电路中的各低压导线（除蓄电池电缆外）用棉纱编织或用聚氯乙烯塑料带包扎成束，称为线束，如图 1—2—4 所示。近年来国外汽车为了检修导线方便，将导线包裹在用塑料制成的开口波纹管中，再用绝缘胶带缠绕，检修时将开口撬开即可。

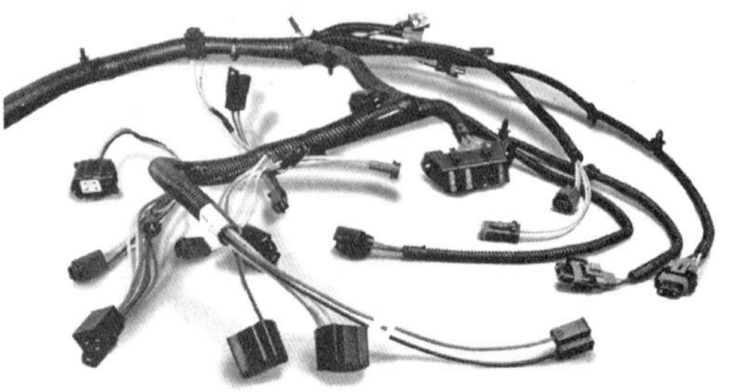

图 1—2—4 线束

三、插接器

插接器是汽车电路中不可缺少的元件，因连接可靠、检修方便而在车辆上广泛使用。为了防止车辆在行驶过程中插接器脱开，所有插接器均采用闭锁装置。插接器大致可以分为以下几类：第一类是用于连接线束和电气元件，第二类是用于连接线束与线束，第三类是用于连接线束与车身，还有一类称为过渡连接器，将连接器中需要连接的导线用短接端子连接起来。

插接器的符号和实物如图 1—2—5 所示。符号涂黑的表示插头，白色的表示插座，带有倒角的表示针式插头。

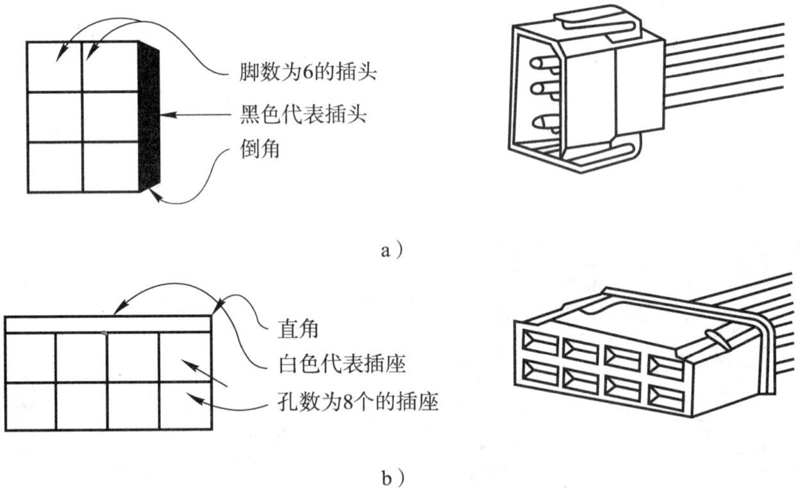

图 1—2—5 插接器的符号和实物
a）插头的符号和实物 b）插座的符号和实物

连接器接合时，应先将其导向槽重叠在一起，使插头和插孔对准且稍用力插入，这样就可以十分牢固地连接在一起，如图 1—2—6 所示。

当要拆下连接器时，首先要解除闭锁，然后再将插接器拉开，不允许在未解除的情况下用力猛拉导线，以防止拉坏闭锁或导线。正确的方法是先压下闭锁，再把插接器拉开，如图 1—2—7 所示。

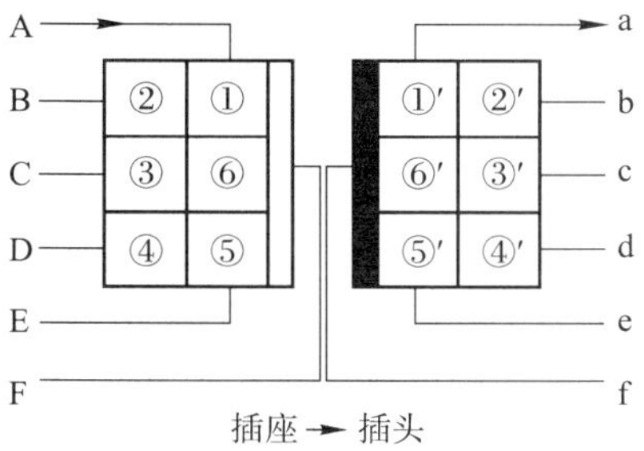

图 1—2—6　插接器的连接方法

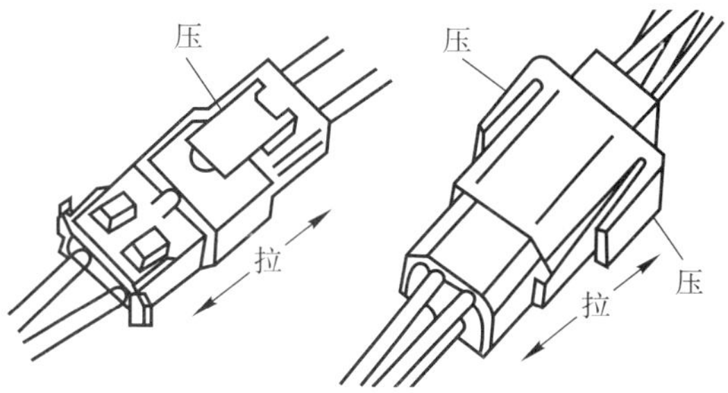

图 1—2—7　插接器的拆卸方法

四、开关

开关是用来控制汽车电路中各种用电设备的电气装置，它一般安装在驾驶人容易操作的范围。按操作方式可分为手操纵式和脚踏式两种；按其结构原理可分为机械开关和电磁开关两种；按其用途分为电源开关、点火开关以及灯光开关等。

1. 电源总开关

电源总开关一般安装在蓄电池箱附近，用于接通或切断蓄电池电路，其形式有机械式（图 1—2—8a）和电磁式（图 1—2—8b）两种，前者为手动开关，后者为自动开关。目前，电磁式电源总开关在工程车辆上广泛使用。

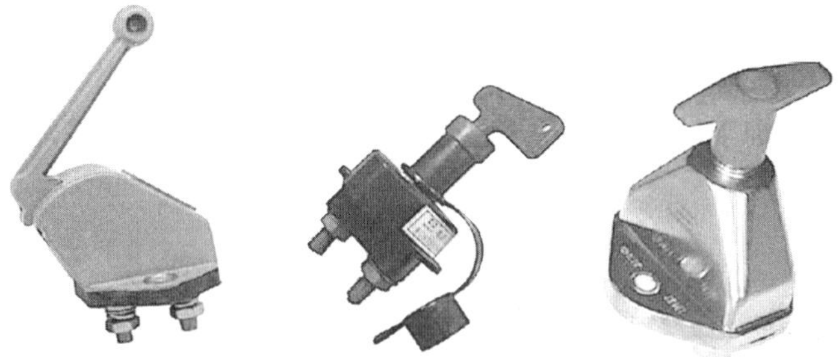

a）

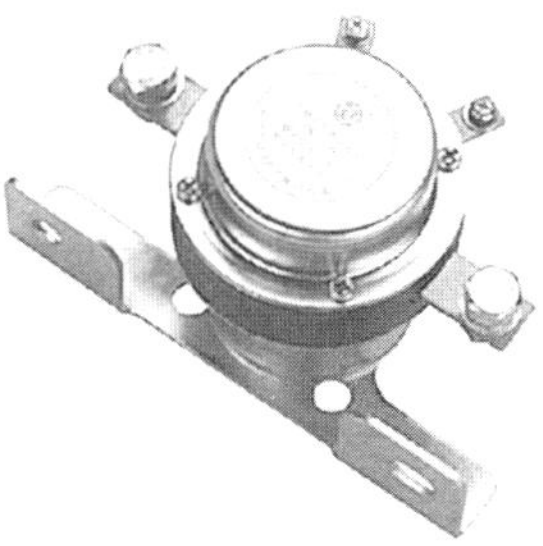

b）

图 1—2—8　电源总开关

a）机械式电源总开关　b）电磁式电源总开关

2. 点火开关

点火开关用来接通起动机控制电路并且控制全车的用电器工作。一般车辆的点火开关装在转向柱上，通常有五个挡位，如图 1—2—9 所示。有些车辆的点火开关还具有预热挡。

（1）锁止（LOCK）

钥匙在此位置才能拔出，同时锁住转向盘，以防汽车无钥匙被移动或被开走。

（2）关闭（OFF）

在此位置全车电路不通，但转向盘可以转动，以便不起动发动机移动汽车。

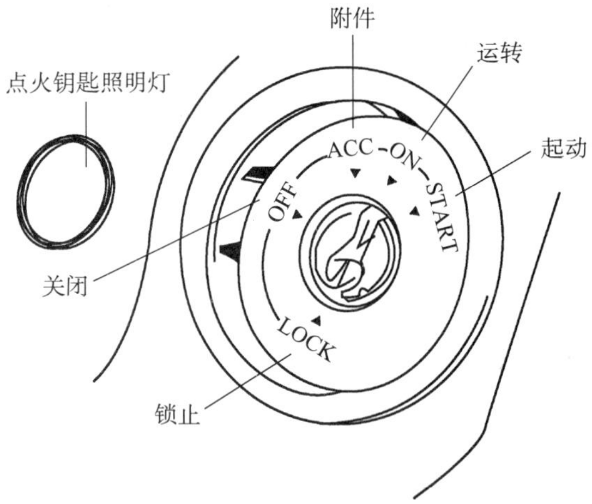

图 1—2—9 点火开关

（3）附件（ACC）

在此位置汽车附属电器的电路接通，如点烟器、收音机等，但点火系统不通。如不起动发动机听收音机时应开在此位置。

（4）运转（ON）

在此位置时点火系统及汽车各用电器均接通，一般汽车行驶时均在此位置。

（5）起动（START）

由运转（ON）位置顺时针方向旋转钥匙即为起动位置，手放松时，钥匙又可自动回到运转（ON）位置。在起动位置，点火系统及起动系统均接通以起动发动机。

电路中点火开关常用结构图表示法、表格表示法和图形符号表示法来表示，如图 1—2—10 所示。

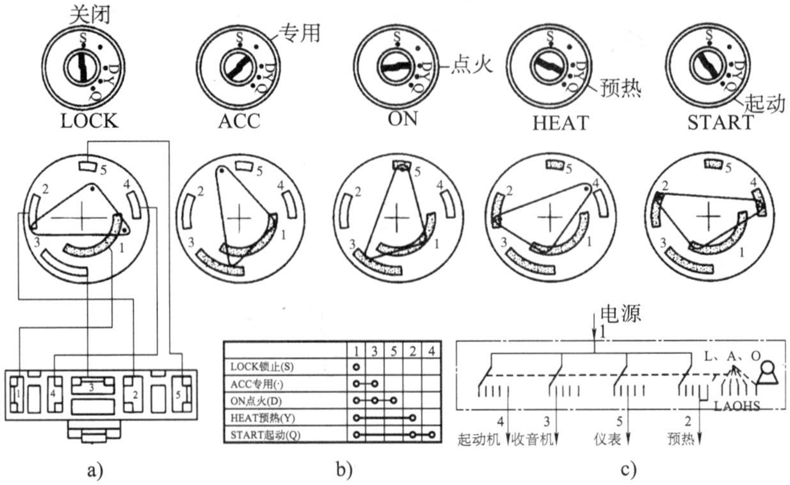

图 1—2—10 点火开关表示方法

a）结构图表示法 b）表格表示法 c）图形符号表示法

3. 组合开关

为了保证行车安全，操作方便，在车辆电气系统整体结构设计中，多将转向开关，危险报警开关，示廓灯与前照灯开关、变光开关、刮水器开关、洗涤器开关、喇叭开关等组装在一起，称为组合开关，如图 1—2—11 所示。

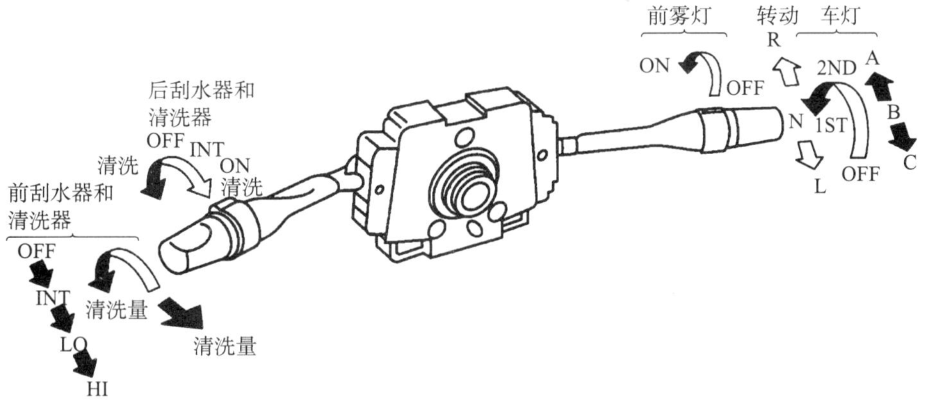

图 1—2—11　灯光与刮水器组合开关

五、电路保护装置

工程车辆电路保护装置用于线路或电气设备发生短路或过载时自动切断电路，保证电气设备及线路的安全。汽车上常用的电路保护装置有保险丝、易熔线及断路器。

1. 保险丝

车用保险丝是一种额定电流较小的熔断器，常用于局部电路的保护。其保险丝材料是锌、锡、铅等金属的合金。普通保险丝属于一次性保护装置，只要流经电路的电流过大，保险丝就会熔断以形成断路，从而避免用电器因电流过大而发生损坏，每次熔断后熔断器都需要更换。在高档工程车辆上已经开始使用一种自复式保险丝，这种保险丝价格是普通一次性保险丝的一两百倍，但可以重复使用。

车用保险丝的种类繁多，有熔管式、插片式等，其外形如图 1—2—12 所示。

很多工程车辆的保险丝盒中配有保险丝起拔器，可以方便地装配和拔取插片保险丝及玻璃管保险丝；带测试功能的起拔器，可迅速帮助维修站测试保险丝是否熔断。常见的保险丝起拔器外形如图 1—2—13 所示。

a)

b)

c)

d)

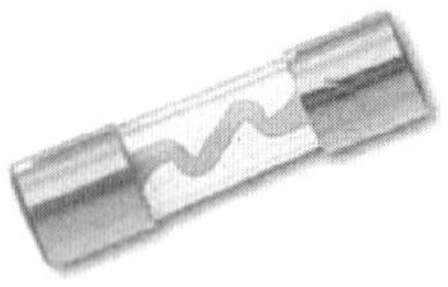

e)

图 1—2—12 各种车用保险丝

a）小型插片保险丝 b）中型插片保险丝 c）大型插片保险丝 d）插栓式保险丝 e）玻璃管保险丝

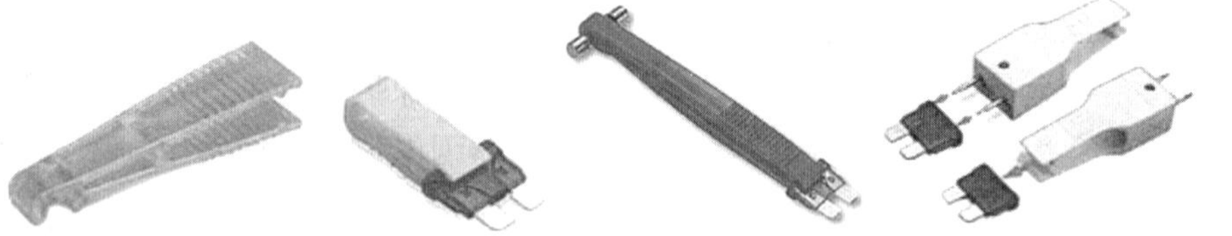

图 1—2—13 各种保险丝起拔器

2. 易熔线

易熔线是为在过大的电流流过时熔化并断开电路而设计的导线，是一种大容量的熔断器。其截面积小于被保护导线的截面积，可长时间通过额定电流。易熔线常用于保护电源电路和大电流电路，当电流超过易熔线额定电流数倍时，易熔线首先熔断，以确保线路或电气设备免遭损坏。易熔线的多股绞合线外面包有聚乙烯护套，比常见导线柔软，一般长度为 50 ~ 200 mm，通过连接件接入电路。其电路符号和外形如图 1—2—14 所示。

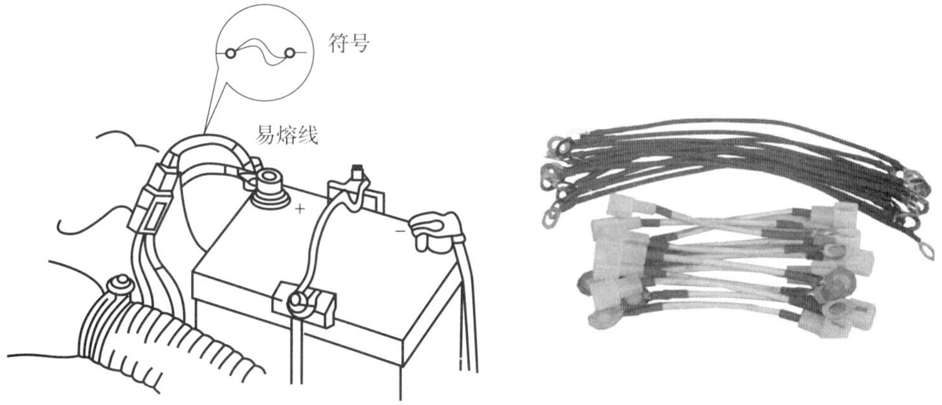

图 1—2—14　易熔线

3. 断路器

断路器是当电流负荷超过用电设备额定容量时将电路断开的一种可重复使用的电路保护装置，其外形如图 1—2—15 所示。

图 1—2—15　车用断路器

六、车用继电器

继电器用来控制电路的接通与切断，是一种利用小电流来控制大电流电路的电磁开关。继电器由铁芯、衔铁、电磁线圈、回位弹簧和触点（活动触点、固定常开 / 常闭触点）组成。当电磁线圈通电时，由铁芯和电磁线圈组成的电磁铁产生磁场，吸引衔铁动作，使常闭触点断开，常开触点闭合。

一般继电器的原理图都会印刷在继电器外壳上，如图 1—2—16a 所示，当 85 和 86 端子间的继电器线圈得电时，其 30 与 87a 端子间的常闭触点断开，30 与 87 端子间的常开触点闭合。

按照继电器的插脚个数，可以把继电器分为四脚继电器和五脚继电器，其中五脚继电器既包含常开触点又包含常闭触点（图 1—2—17），而四脚继电器只有一对常开触点或常闭触点。在很多工程车辆电路中只能用到继电器的常开触点，此时就可以选用如图 1—2—18 所示的四脚继电器。

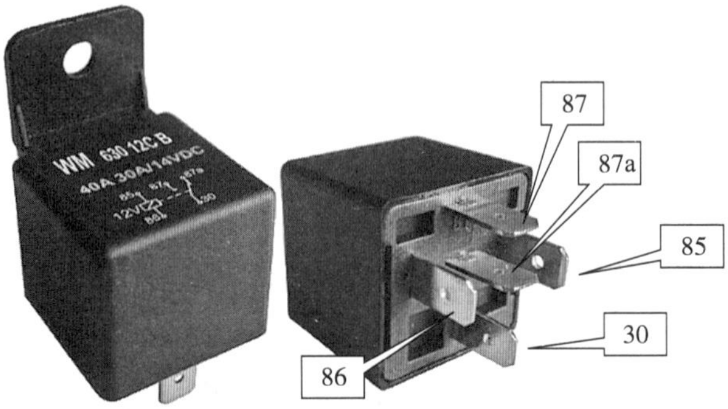

a)

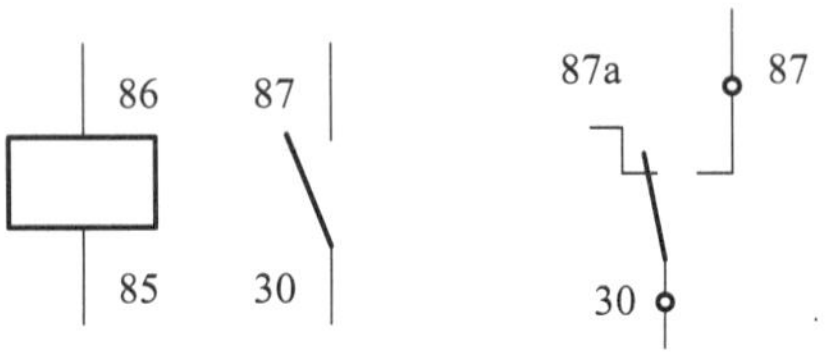

b)

图 1—2—16　车用继电器的外形和图形符号

a）车用继电器外形　b）继电器线圈未得点时触点状态

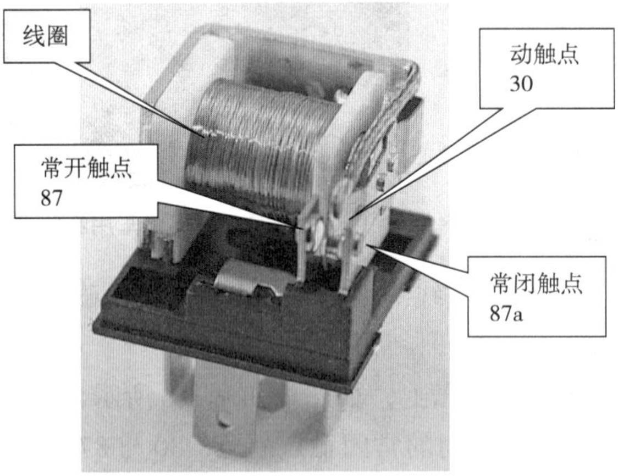

图 1—2—17　五脚继电器内部结构

图 1—2—18　四脚继电器

为了维修方便，工程车辆上继电器集中安放在仪表板下的继电器盒内，如图 1—2—19 所示。

图 1—2—19　继电器盒

课题 3　工程车辆常见电气元件检修

学习目标

1. 掌握试灯和万用表的使用方法。
2. 掌握工程车辆基本元件的检测或维修方法。

一、车辆电路检测工具的使用

常用的车辆电路检测工具有试灯和万用表。

1. 试灯的使用方法

试灯包括一只 24 V 或 12 V 灯泡、探针、带鳄鱼夹的引线和壳体，如图 1—3—1 所示。试灯结构简单，制作方便，在没有万用表的时候可以利用车辆示宽灯等容易拆卸的灯泡临时自制，一般用于测试低阻抗电源电路、搭铁电路和线路的导通性。

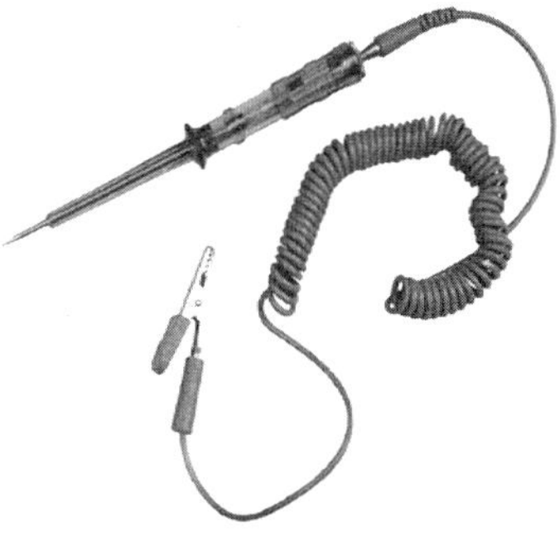

图 1—3—1　试灯

（1）使用试灯测试供电电压

1）将试灯的引线搭铁。

2）用探针去测电路上的供电点。

3）如果灯泡亮，则表明被测点上有电压，如图 1—3—2 所示。

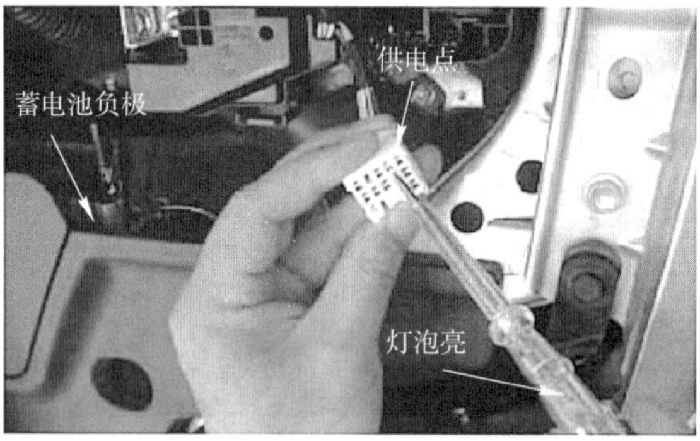

图 1—3—2 测试供电电压

（2）使用试灯测试搭铁

1）将试灯的引线连接到蓄电池正极。

2）用探针去测量电路上的搭铁点。

3）如果灯泡亮，表明被测点搭铁良好，如图 1—3—3 所示。

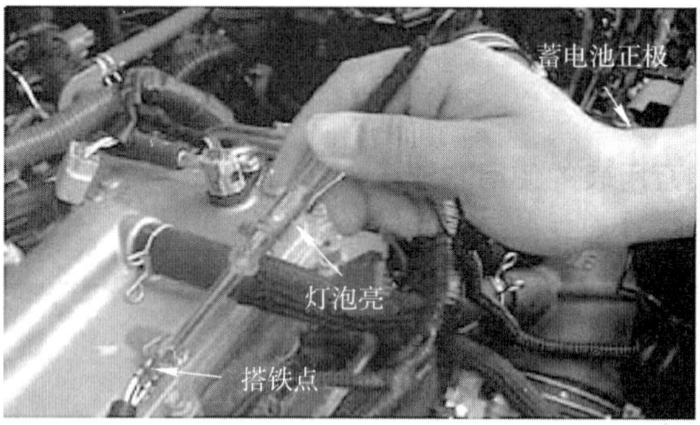

图 1—3—3 测试搭铁

（3）使用试灯测试导通性

1）断开可疑电路导线两端的连接部件，即供电端的保险丝或继电器和负载端。

2）将可疑电路导线一端接蓄电池正极，如图 1—3—4 所示。

3）将试灯的引线连接到蓄电池负极。

4）将试灯的探针连接到待测电路的另一端。

5）如果试灯以最大亮度点亮，表明电路导通性良好，如图 1—3—5 所示。

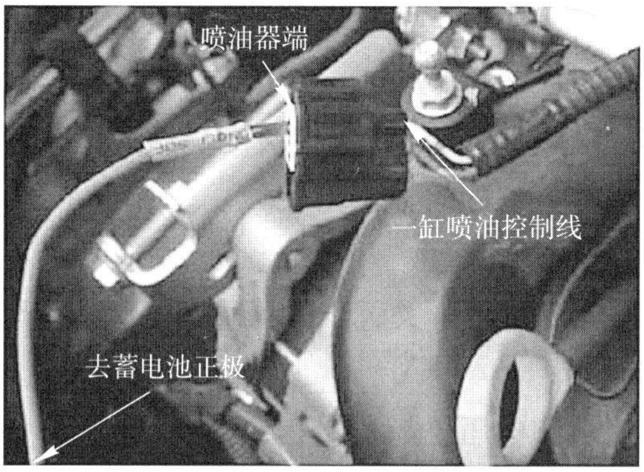

图 1—3—4　连接线路一端

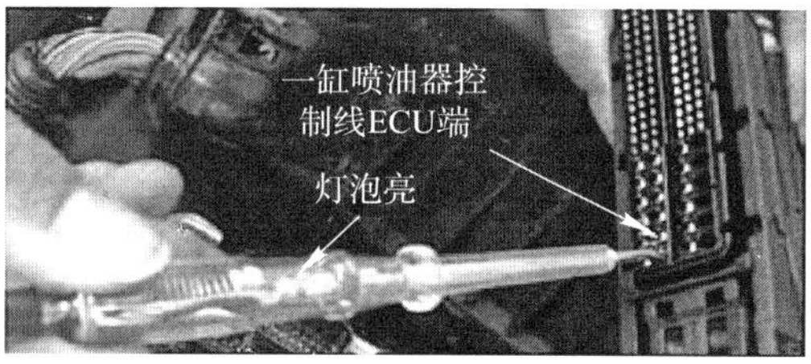

图 1—3—5　测试导通性

注意：不可用测试灯检查发动机微机控制系统，除非维修手册中有特殊说明，否则会造成控制单元损坏。

试灯使用方便、直观，但是对有些故障的检测效果不好。例如接触不良故障，用试灯检测时只是亮度会发生变化，如果变化不明显，维修人员很难发现故障。在这种情况下，更适合用数字式万用表进行检测。

2. 万用表的使用方法

使用前注意检查数字式万用表的电池情况，将电源开关 POWER 按下，如果显示屏显示 [− +] 符号，则表示电池不足，需要更换电池后再使用。

注意测试表笔插孔旁的警告符号 ⚠，测试电压和电流不要超过其指示数字，在使用数字式万用表测量前要先确保将量程开关置于欲测的相应挡位上，否则可能损坏万用表。万用表外形如图 1—3—6 所示。

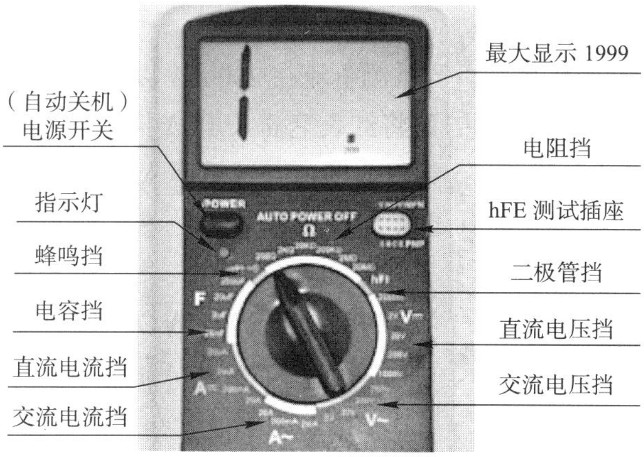

图 1—3—6　数字式万用表

（1）直流电压测量 V–

1）将黑表笔插入 COM 插孔，红表笔插入 V/Ω/Hz 插孔。

2）将功能 / 量程开关置于直流电压 V– 量程范围，将表笔并接在被测负载或信号源上。显示屏在显示电压读数时，红表笔所接端的极性也将同时显示出来。

注意：

①在测量之前如果不知被测电压范围，应将功能 / 量程开关置于最高量程电压挡并逐挡调低。

②如果显示屏只显示“1”或“OL”时，说明被测电压已超过量程，功能 / 量程开关需调高一挡。

③不要输入高于 1 000 V 电压，虽然有可能得到读数，但有损坏仪表内部线路的危险。

④特别注意在测量高压时避免触电。

（2）交流电压测量 V ~

1）将黑表笔插入 COM 插孔，红表笔插入 V/Ω/Hz 插孔。

2）将功能 / 量程开关置于交流电压测量 V ~ 量程范围，将表笔并接到被测负载或信号源。

注意：

①在测量之前如果不知被测电压范围，应将功能 / 量程开关置于最高量程挡并逐挡调低。

②如果显示器只显示“1”或“OL”时，说明被测电压已超过量程，功能 / 量程开关需调高一挡。

③不要输入高于 700 V 的电压，虽然有可能得到读数，但有损坏仪表内部线路的危险。

④特别注意在测量高压时避免触电。

（3）直流电流测量 A–

1）将黑表笔插入 COM 插孔，当被测电流在 200 mA 以下时红表笔插入 200 mA 插孔；如被测电流在 200 mA ~ 10 A 之间，则将红表笔插入 10 A 插孔。

2）将功能 / 量程开关置于 A– 量程范围，测试笔串入被测电路中，在显示电流读数时，红表笔所接端的极性也将同时显示出来。

（4）交流电流测量 A ~

1）将黑表笔插入 COM 插孔，当被测电流在 200 mA 以下时红表笔插入 200 mA 插孔；如被测电流在 200 mA ~ 10 A 之间，则将红表笔插入 10 A 插孔。

2）将功能 / 量程开关置于 A ~ 量程范围，测试笔串入被测电路中。

注意：

①在测量之前如果不知被测电流范围，将功能 / 量程开关置于最高量程挡并逐挡

调低。

②如果显示屏只显示“1”或“OL”时，说明被测电流已超过量程，功能 / 量程开关需要调高一挡。

③ 200 mA 插孔输入过载时会将内装保险丝熔断，须予以更换，保险丝规格为 0.2 A/250 V，几何尺寸为 ϕ 5 mm × 20 mm。

④ 10 A 插孔无保险丝，测量时间应小于 10 s，以避免线路发热影响准确度。

（5）电阻测量 Ω

1）将黑表笔插入 COM 插孔，红表笔插入 V/Ω/Hz 插孔。

2）将功能 / 量程开关置于 Ω 量程范围，将测试笔跨接到待测电阻两端。

注意：

①当输入端开路时，显示屏显示为过量程状态，即显示“1”或“OL”。

②当被测电阻 >1 MΩ 以上时，仪表需数秒后方能稳定读数，对于高电阻的测量这是正常的。

③检测在线电阻时，须确认被测电路已关断电源同时电容已放完电，方能进行测量。

④两只手不能同时接触两根表笔的金属杆或被测电阻两根引脚，以避免干扰。

（6）通断测试

1）将黑表笔插入 COM 插孔，红表笔插入 V/Ω/Hz 插孔。

2）将功能 / 量程开关置于  量程范围，将测试笔跨接在欲检查之电路两端。

3）若被检查两点之间的电阻值小于约 50 Ω（部分万用表是 70 Ω）蜂鸣器便会发出声响。

注意：

①当输入端开路时，显示屏显示为过量程状态即显示“1”或“OL”。

②被测电路必须在切断电源状态下检查通断，因为任何负载信号将会使蜂鸣器发声，导致错误判断。

二、导线和线束的维修

在日常维修中，经常会遇到因为电气故障或机械损伤引起的线束破损（图 1—3—7），这时就需要对导线和线束进行维修。导线之间或导线对地短路会引起电气方面的故障，如果故障电流过大会引起导线绝缘皮熔化。

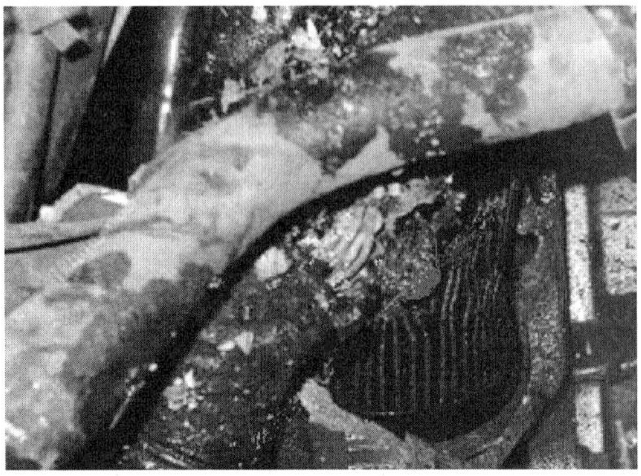

a)

b)

图 1—3—7 线束破损

a）动物啃咬造成的线束破损 b）电流过大导致的线束烧损

1. 导线维修

在电路维修中选择恰当的导线型号是很关键的，选择太粗的导线可能只是在连接的时候带来一些困难，但是如果选择太细的导线，就会限制电路中的电流甚至引起导线熔化。在这里有两个因素必须注意，就是导线的线号和导线的长度。

（1）线号

美标导线线号越大直径越小，美标导线编号与国标线号之间的关系见表 1—3—1。

表 1—3—1　　美标导线编号与国标线号对比

AWG 尺寸	国标尺寸（mm^2）	AWG 尺寸	国标尺寸（mm^2）
20	0.5	10	5.0
18	0.8	8	8.0
16	1.0	6	13.0
14	2.0	4	19.0
12	3.0	—	—

（2）长度

在电路维修时需要考虑导线的长度，因为电阻会随着导线长度的增加而加大。举例来说，10 英寸 16 号的导线能负载 18 A 的负荷，而没有过多的的电压降，但是如果替换成 3 英寸导线的话，那么就应该用 18 号导线。不要在没必要的情况下使用负荷更大的导线，更重要的一点是，不要使用对负荷来讲过短的导线。

2. 更换端子

更换端子有两种方法，一种是直接更换带端子的导线，另一种是用专用工具压接端子。

三、继电器检测

1. 继电器线圈检测

用万用表测量继电器线圈两端的电阻（85 和 86 端子），正常值为 250 Ω 左右，若电阻无穷大则线圈断路（见图 1—2—16a）。

2. 继电器触点检测

用万用表二极管（通断）挡测量继电器常开触点（30 与 87 端子）与常闭触点（30 与 87a 端子）的连通情况，在未通电的情况下，常开触点应断开，常闭触点应闭合（见图 1—2—16b）。

3. 通电测试

用两根跨接线把 24 V 的蓄电池电压施加在线圈两端，检查继电器的触点是否吸合。若不吸合则继电器有故障；若能正常吸合，进一步用万用表二极管挡检查触点，30 与 87 端子应接通，30 与 87a 端子应断开。

四、开关检测

工程车辆上的开关种类有很多，现以常见的差速锁开关为例介绍开关的检测方法。差速锁开关的外观和插脚如图 1—3—8 所示。

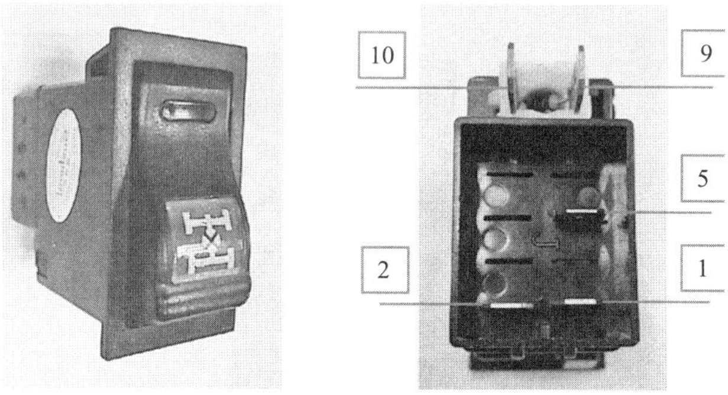

a)　　　b)

图 1—3—8　工程车辆差速锁开关

a）正面　b）背面

1. 按钮背光灯（发光二极管）检测

此开关 9、10 端子之间为发光二极管和限流电阻的串联电路，为开关提供背光，方便驾驶员在夜间找到开关位置，其中 9 号端子为正，10 号端子为负。根据发光二极管的单向导电性，将万用表选择到二极管挡位，分别用红、黑表笔连接 9、10 两个端子，读取万用表示数，然后反向测量，若两次测量一次有示数（读数为二极管正向压降的近似值），一次示数为 1（断路），则二极管正常。测量方法和万用表示数如图 1—3—9 所示。

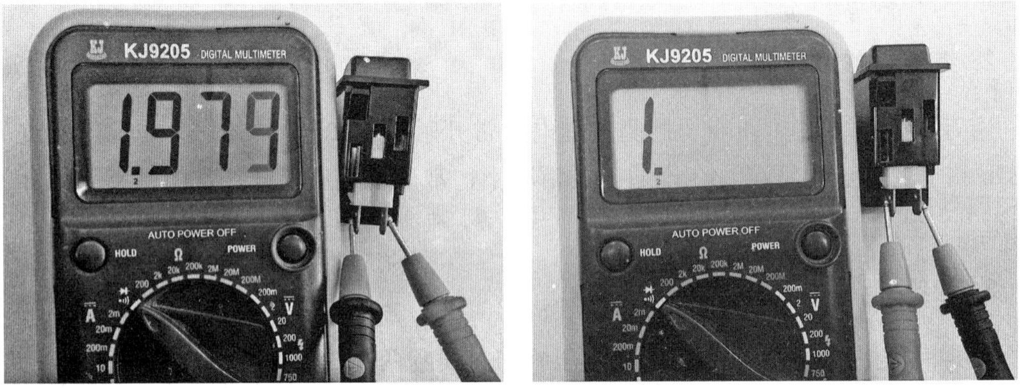

图 1—3—9　发光二极管测量

2. 其他端子检测

（1）开关功能分析

根据差速锁开关的作用和其外形可以初步判断其内部结构，因为差速锁开关是用于控制差速锁电磁阀的通断电的，所以其内部必有一对常开触点，如图 1—3—10 所示。除开关背光灯以外，在此开关按钮上部还有一块透明材质，有可能是按钮状态指示灯。

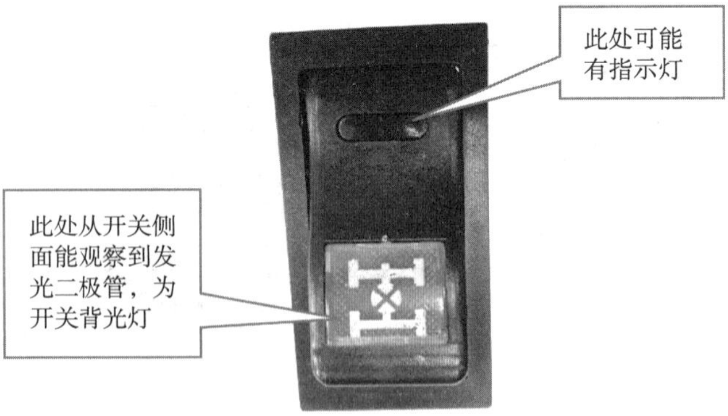

图 1—3—10　开关面板

（2）测量

此开关只有两个位置，用万用表二极管挡（通断挡），在两个位置下，分别正反向测量 1-2、1-5、2-5 端子之间的通断情况，将测试结果记录下来。经实测，得到如表 1—3—2 所示结果。

表 1—3—2　　　　开关测量结果记录表

按钮位置	测试方法（红—黑）	示数（单位：V）
下部按下 	1-2	1.9
	2-1	1（断路）
	1-5	0（接通）
	5-1	0（接通）
	2-5	1（断路）
	5-2	1.9
上部按下 	1-2	1.9
	2-1	1（断路）
	1-5	1（断路）
	5-1	1（断路）
	2-5	1（断路）
	5-2	1（断路）

（3）绘制开关原理图

根据测量的结果分析按钮结构，绘制其原理图（图 1—3—11）。

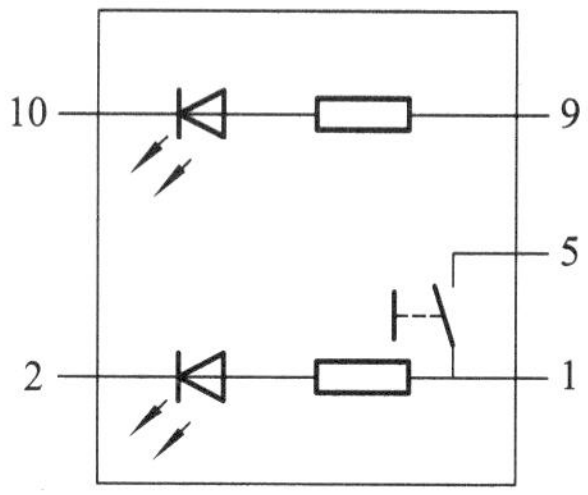

图 1—3—11　开关原理图

（4）分析验证

根据所绘原理图发现，当开关接通后，端子 5 与端子 1 相连，此时用万用表二极管挡测量 5-2 端子，其测量结果应和 1-2 端子一样，实测示数为 1.9，分析结果与实测一致。

除了与实测结果对比验证外，还应该将测绘的原理图带入到使用环境中进行功能验证。带背光灯与指示灯的差速锁开关应该在开关处于接通位置时使指示灯点亮，否则指示灯不亮，如果可以设计出合理的电气原理图，则证明测绘无误。根据测绘的开关原理图设计的差速锁控制电路如图 1—3—12 所示，当差速锁开关接通时，与端子 1 连接的差速锁电磁阀得电，同时，开关面板上的接通指示灯发光二极管点亮。在实际工程车辆电路图中此类开关的图形符号如图 1—3—13 所示。

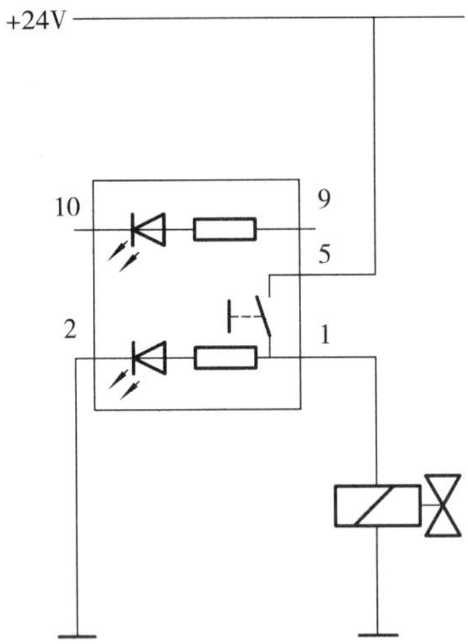

图 1—3—12　差速锁控制电路原理图

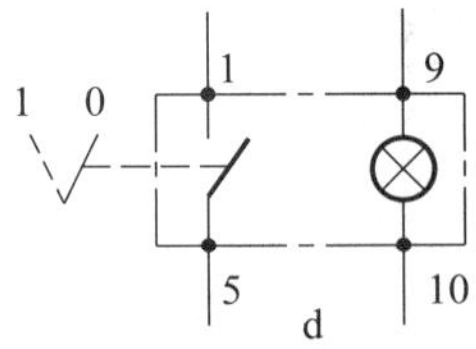

图 1—3—13　差速锁开关图形符号

课题 4　工程车辆电气原理图识读

学习目标

1. 掌握工程车辆电气元件符号。
2. 电路图整体标识和读图方法。

一、电气元件符号

汽车电路原理图是利用各种符号和线条构成的图形，清楚地表示了电路中各组成元件及其连接情况，是汽车维修的重要资料。图 1—4—1 所示为某厂家的工程车辆电气系统原理图。

1. 图形与文字符号

汽车电路图的识读有一定难度，为了读懂电路图，首先要识别电路图中的各种图形符号及文字符号的含义，工程车辆电路图常用符号见表 1—4—1。

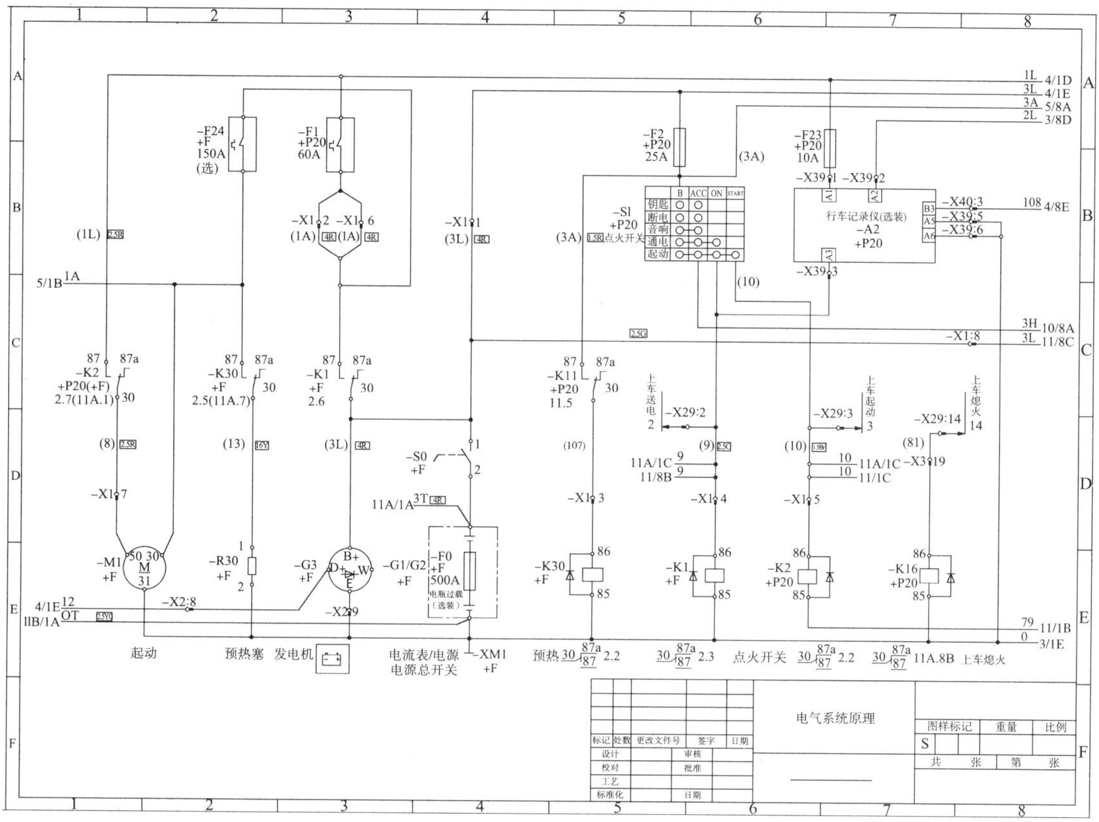

图 1—4—1　工程车辆电气系统原理图

表 1—4—1　　工程车辆电路图常用符号

符号	功能	图形符号举例
–F	熔断器	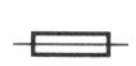
–K	继电器	
–S	开关	
–P	仪表	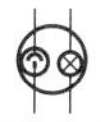
–R	传感器	
–H	指示器	
–E	照明灯	
–X	插接件	
–M	电动机	
–G	发电机 / 电池	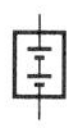

符号	功能	图形符号举例
–Y	电磁阀	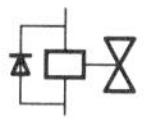
–D	二极管	
–R	电阻	

符号	安装位置
+F	车架
+P20	仪表盘
+P1	操纵室

2. 标记符号

电路图中的标记用来表达元件的安装位置、元件种类、编号、线色、线号等信息，见表 1—4—2。

表 1—4—2　　标记符号及含义

序号	图例	含义
1	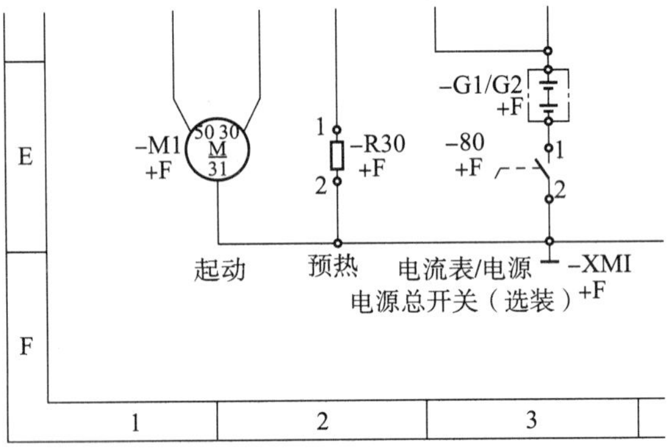	图纸区域标记：为了方便读图，用字母 A ~ F 和数字 1 ~ 8 对图样区域进行划分，例如，图例中的蓄电池位于 3E 区
2		线号：每根导线上都标有线号，例如，左图中的“(1L)”“(13)”，在实车线束中，线号将用黄色或白色号码环套在每根导线的两端
3		导线颜色和粗细代号：导线颜色用英文单词首字母表示，如 R 为红色，Y 为黄色，Br 为棕色。导线粗细代号标在颜色之前，如“4R”为 4 号红色线，“16Y”为 16 号黄色线。线号越小表示导线越粗
4	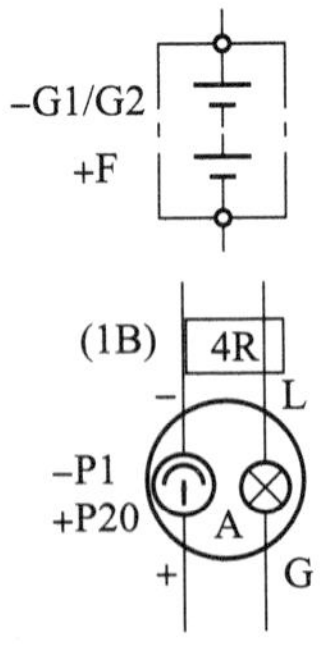	安装位置标记：“+F”表示该元件安装在车架上；“+P20”表示安装在操纵室内。例如，左图中的蓄电池 G1、G2 安装在车架上 仪表符号：仪表 P1 是电流表，用“A”表示，它安装在驾驶室内的仪表板上

续表

序号	图例	含义
5	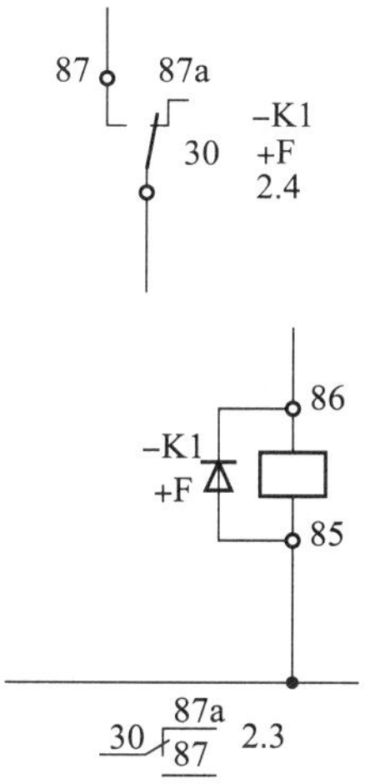	元件号："–K1"代表继电器 1。"–"号为元件种类标志，"+"号为安装位置标志 继电器标记：左上图为继电器触点符号，电路图中的开关和继电器等元件均按未动作时的状态画出，"30"端子与"87"端子间为常开触点，"30"端子与"87a"端子间为常闭触点，"85""86"端子之间为继电器线圈。"2.4"表示该触点所属的继电器的线圈位于第二张图的 4 区，"2.3"表示该继电器线圈控制的触点在第二张图的 3 区
6	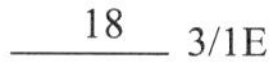	"3/1E"表示导线 18 连接到图纸第三页的 1E 区
7	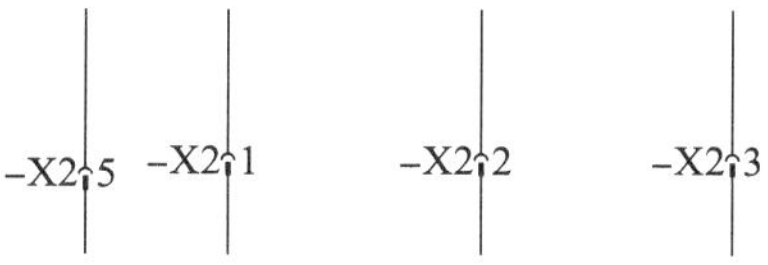	插接件标记："–X"代表插接件。左图中的"–X2 2"代表插接件 X2 的 2 号针脚
8	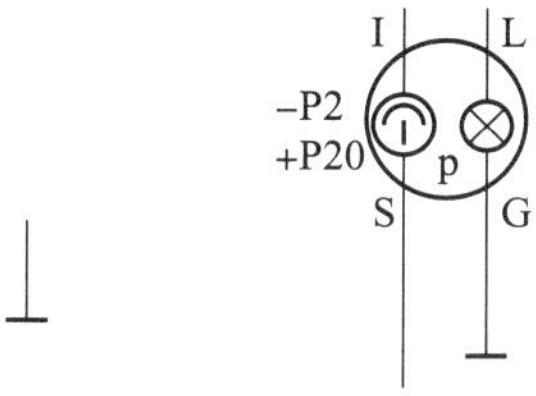	搭铁符号：汽车电器采用单线并联，负极搭铁的连接方式，左图中的搭铁符号"⊥"表示该导线搭接在车架上

二、电路图识读方法

1. 认真阅读图注

认真阅读图注，了解电路图的名称、技术规范，明确图形符号的含义，建立元器件和图形符号间一一对应的关系，这样才能快速准确地识图。

2. 掌握回路的原则

在电学中，回路是一个最基本、最重要，同时也是最简单的概念，任何一个完整的电路都由电源、用电器、开关、导线等组成。一个用电器要想正常工作，总要得到电能。

对于直流电路而言，电流总是要从电源的正极出发，通过导线，经熔断器、开关到达用电器，再经过导线（或搭铁）回到同一电源的负极，在这一过程中，只要有一个环节出现错误，此电路就不会正确、有效。

3. 熟悉开关的作用

开关是控制电路通断的关键，电路中主要的开关往往汇集许多导线，读图时应注意与开关有关的 5 个问题。

（1）在开关的许多接线柱中，注意哪些是接直通电源的？哪些是接用电器的？接线柱旁是否有接线符号？这些符号是否常见？

（2）开关共有几个挡位？在每个挡位中，哪些接线柱通电？哪些断电？

（3）蓄电池或发电机电流是通过什么路径到达这个开关的？中间是否经过别的开关和熔断器？这个开关是手动的还是电控的？

（4）各个开关分别控制哪个用电器？被控用电器的作用和功能是什么？

（5）在被控的用电器中，哪些电器处于常通？哪些电路只能短暂接通？哪些应先接通？哪些应单独工作？哪些应同时工作？哪些电器允许同时接通？

4. 了解电路图的一般规律

（1）标准画法的电路图，开关的触点位于零位或静态，即开关处于断开状态或继电器线圈处于不通电状态。

（2）汽车电路是单线制，各电器相互并联，继电器线圈和它的控制开关串联在电路中。

（3）大部分用电设备都经过熔断器，受到熔断器的保护。

（4）把整车电路按功能及工作原理划分成若干独立的电路系统，这样可解决整车电路庞大复杂、分析起来困难的问题。现在整车电路一般都按各个电路系统来绘制，如电源系统、起动系统、点火系统、照明系统、信号系统等。这些单元电路都有它们自身的特点，抓住特点把各个单元电路的结构、原理分析透了，理解整车电路也就容易了。

5. 识图的一般方法

（1）先看全图，把一个个单独的系统框出来。一般来讲，各电气系统的电源和电源总开关是公共的，任何一个系统都应该是一个完整的电路，都应遵循回路原则。

（2）分析各系统的工作过程、相互间的联系。在分析某个电气系统之前，要清楚该电气系统所包含各部件的功能、作用和技术参数。在分析过程中应特别注意开关、继电器触点的工作状态，大多数电气系统都是通过开关、继电器不同的工作状态来改变回路，实现不同功能的。

（3）通过对典型电路的分析，达到触类旁通。许多电路原理图，很多部分都是类似或相近的，这样，通过一个具体的例子，举一反三，对照比较，触类旁通，可以掌握一些共同的规律，再以这些共性为指导，了解其他的电路原理，又可以发现更多的共性以及各种车型之间的差异。

模块二

电源系统安装、调试与维修

电源系统为工程车辆所有电器元件提供电能，是工程车辆电气系统的基础。

课题 1 蓄电池使用与维护

学习目标

1. 了解蓄电池的种类与功用。
2. 理解铅酸蓄电池的结构和化学反应原理。
3. 掌握蓄电池的使用要求，能正确使用、检测与维护蓄电池。

一、蓄电池的功用

蓄电池是一种可逆的低压直流电源，它既能将化学能转化为电能，也能将电能转化为化学能。用于工程车辆上的蓄电池，必须满足起动发动机的需要，即在 5 ~ 10 s 的时间内，提供汽车起动机足够大的电流。汽油机起动电流为 200 ~ 600 A，有的柴油机起动电流达 1 000 A。因此工程车辆上采用的蓄电池通常称为起动型蓄电池。

在汽车上，蓄电池与发电机并联向用电设备供电。在发动机工作时，用电设备所需电能主要由发电机供给。蓄电池的功用可以总结为以下五点：

1. 起动发动机

向起动机、电控高压共轨燃油喷射系统和汽车的其他电气设备供电。

2. 备用供电

当发电机损坏或发动机低速运转，发电机输出电压低于蓄电池电压时，向用电设备和发电机磁场绕组供电。

3. 存储电能

发动机中、高速运转时，将发电机剩余电能转化为化学能储存起来。

4. 协同供电

发电机过载时，协助发电机向用电设备供电。

5. 稳定电源电压，保护电子设备

蓄电池相当于一个大电容器，能吸收电路中出现的瞬时过电压，保持汽车电气系统电压稳定，保护电子元件。

二、铅酸蓄电池的种类与型号

1. 蓄电池的种类

根据电解液的不同，蓄电池可分为碱性蓄电池和酸性蓄电池两大类。酸性蓄电池结构简单，价格低廉，易于满足大量生产的需要；同时其内阻小，起动性能好，能在短时间内提供起动机所需要的大电流，因此在工程车辆上得到广泛应用。常见的类型有：普通蓄电池、干荷蓄电池、湿荷蓄电池、少维护或免维护蓄电池。

（1）普通蓄电池

铅酸蓄电池一般是由正负极板、隔板、壳体、电解液和正负极桩等组成。新的普通蓄电池内没有电解液，在初次使用前需要添加电解液，静置 4 ~ 6 h，再按规范进行初充电后才可以正常使用。

（2）干荷蓄电池

干式荷电铅酸蓄电池，简称干荷电蓄电池或干荷蓄电池，它的主要特点是负极板有较高的储电能力，在完全干燥状态下，能在两年内保存所得到的电量，在最初开始使用时，只需按规定加足电解液，浸泡 20 ~ 30 min 后即可装车使用，不需要长时间的初充电，从而提高了使用的方便性。它的储存期要比普通蓄电池长一年（一般 2 年以上）。只要使用方法正确，干荷蓄电池寿命要比普通蓄电池长。

干荷蓄电池的外观与普通蓄电池一样，内部零件结构及使用效果也基本相同。其根本区别在于负极板的制造工艺不同，极板在干燥状态下能够较长期地保存制造过程中所得到的电荷。

（3）湿荷蓄电池

存放期极板呈湿润状态而保持其荷电性的蓄电池称之为湿荷蓄电池。湿荷蓄电池，储存有少量电解液，而大部分电解液吸收在极板和隔板内，极板已处于充电状态，在一定的储存期内，注入电解液不需初充电即可使用。湿荷蓄电池较之干荷蓄电池，其工艺过程稍有些不同，存放保持荷电的时间也要短一些。

（4）少维护或免维护蓄电池

在满足规定的条件下，使用寿命期间不需要提供维护的微水损耗型蓄电池称为免维护蓄电池。对于车用铅酸蓄电池来讲，也就是使用期间不需要经常添加蒸馏水的蓄电池。

2. 国产铅蓄电池的型号

国产铅蓄电池的型号分为三段，其排列及含义如下：

串联的单格电池	—	电池类型	电池特征	—	额定容量	特殊性能
1		2			3	

第 1 部分表示串联的单格电池数，用阿拉伯数字组成，其标准电压是这个数字的 2 倍。

第 2 部分表示蓄电池的类型和特征，用汉语拼音字母表示。其中前一部分字母表示电池类型，用汉语拼音字母表示。Q——起动用蓄电池；M——摩托车用蓄电池；Jc——船用蓄电池；HK——飞机用蓄电池；D——电动车用蓄电池、F——阀控型蓄电池。

后一部分为蓄电池的特征代号，如“A”表示干荷电式，具有两种特征时将两个代号并列标志，各代号具体含义见表 2—1—1。

表 2—1—1 铅蓄电池特征代号

特征代号	蓄电池特征	特征代号	蓄电池特征	特征代号	蓄电池特征
A	干荷电	J	胶体电解液	D	带液式
H	湿荷电	M	密封式	Y	液密式
W	免维护	B	半密封式	Q	气密式
S	少维护	F	防酸式	I	激活式

第 3 部分表示蓄电池的额定容量，指 20 h 率额定容量，用阿拉伯数字表示，单位为 A · h。

国家标准蓄电池以型号为 6-QAW-54a 的蓄电池为例，说明如下：

（1）6 表示由 6 个单格电池组成，每个单格电池电压为 2 V，即额定电压为 12 V。

（2）Q 表示蓄电池的用途，Q 为起动用蓄电池。

（3）A 和 W 表示蓄电池的类型，A 表示干荷电蓄电池，W 表示免维护蓄电池，若不标表示普通型蓄电池。

（4）54 表示蓄电池的 20 h 率额定容量为 54 Ah（充足电的蓄电池，在常温下放电 20 h，蓄电池对外输出的总电量）。

（5）a 表示对原产品的第一次改进。名称后若加 b 表示第二次改进，依次类推。

此外，有的蓄电池在额定容量后面用一个字母表示其具有的特殊性能，如：G——高起动率，S——塑料槽，D——低温起动性能好。

例：型号 6-QA-110D 表示低温起动性能好，型号 6-QA-165DF 表示低温反装。

三、普通铅酸蓄电池的结构

铅酸蓄电池是在盛有稀硫酸的容器中插入两组极板而构成的电能储存器，它由极板、隔板、电解液、外壳、联条、极桩等部分组成。

正、负极板分别由汇流排并联，间隔参插在一起，且正、负极板由隔板隔开，组成一个单格电池。每个单格电池的标称电压为 2 V，3 格串联起来成为 6 V 蓄电池，6 格串联起来成为12 V蓄电池。工程车辆所需的24 V电源是由两块12 V蓄电池串联提供的。蓄电池的结构如图2—1—1所示。

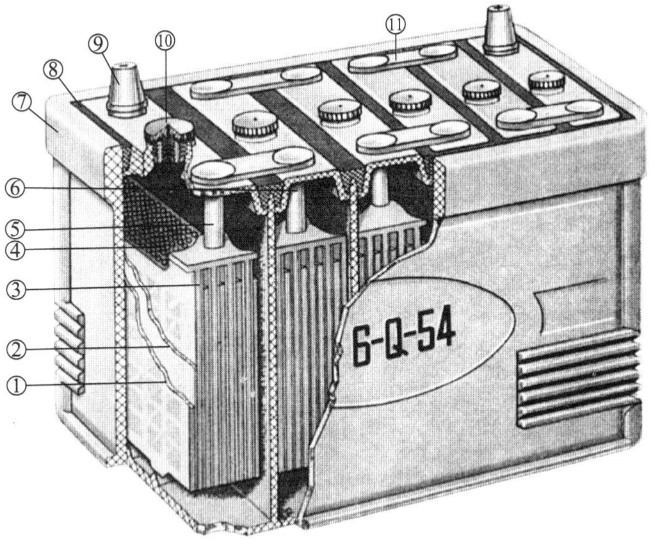

图2—1—1 铅酸蓄电池结构

1—负极板 2—隔板 3—正极板 4—防护板 5—负极柱 6—正极柱 7—外壳
8—封口胶 9—负极桩 10—加液孔盖 11—联条

1. 正负极板

（1）极板的构成

如图2—1—2所示，极板是由栅架和活性物质组成，正极活性物质主要成分为二氧化铅，呈红棕色，负极活性物质主要成分为海绵状铅，呈铅灰色。活性物质具有多孔性，电解液能够渗透到极板内部，因而增大了接触面积，使较多的活性物质参加化学反应，提高了蓄电池的容量。栅架一般由铅锑合金铸造而成，具有良好的导电性、耐蚀性和一定的机械强度。铅占94%，锑占6%。加入锑是为了改善力学强度和浇铸性能。为了增加耐腐蚀性，还可加入0.1%～0.2%的砷，提高硬度与机械强度，增强抗变形能力，延长蓄电池的使用寿命。为降低蓄电池内阻，改善起动性能，有些汽车蓄电池采用了放射型栅架（图2—1—3）。

（2）极板组

将一片正极板和一片负极板浸入电解液中，可获得2 V左右的电动势。为了增大容量，一般将多片正极板（4～13片）和多片负极板（5～14片）分别并联，组成正负极板组，如图2—1—4所示。安装时正、负极板互相嵌入，中间插入隔板。因为正极板化学反应剧烈，所以在单格电池中，负极板总比正极板多一片。使每一片正极板都处于两片负极板之间，可使正极板两侧放电均匀，避免因放电不均匀造成极板拱曲。

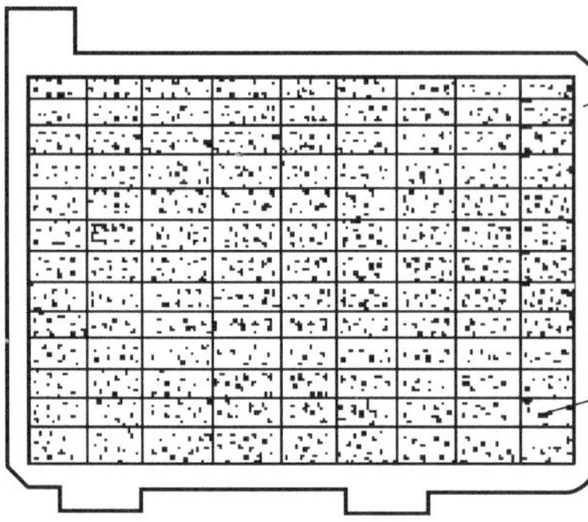

图 2—1—2 极板

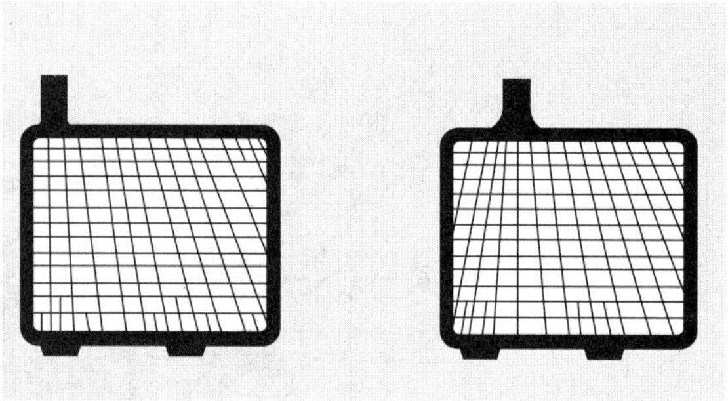

图 2—1—3 放射型栅架

图 2—1—4 极板组

2. 隔板

隔板是由 PVC、PE 塑料、微孔橡胶或玻璃纤维等制成，隔板在正、负极板间起绝缘作用，可使电池结构紧凑。隔板有许多微孔，可以使电解液中正负离子顺利通过，如图 2—1—5 所示。隔板一面平整，一面有沟槽，沟槽面对着正极板，使充放电时，电解液能够通过沟槽及时供给正极板，当正极板上的 PbO_2 脱落时能迅速地通过沟槽沉入容器底部。如图 2—1—6 所示，免维护蓄电池多采用袋状隔板以提高使用寿命。

3. 电解液

电解液是由符合国家标准的蓄电池专用浓硫酸与纯净水（去离子水或蒸馏水）配制而成。电解液参与正、负极板的电化学反应并传导电流。蓄电池电解液的相对密度一般是 1.24 ~ 1.30 g/cm^3，应根据不同的使用条件选择不同的相对密度。如，寒冷地区应使用相对密度较高的电解液；同一地区使用的蓄电池，冬季的电解液相对密度应较夏季高0.02 ~ 0.04。

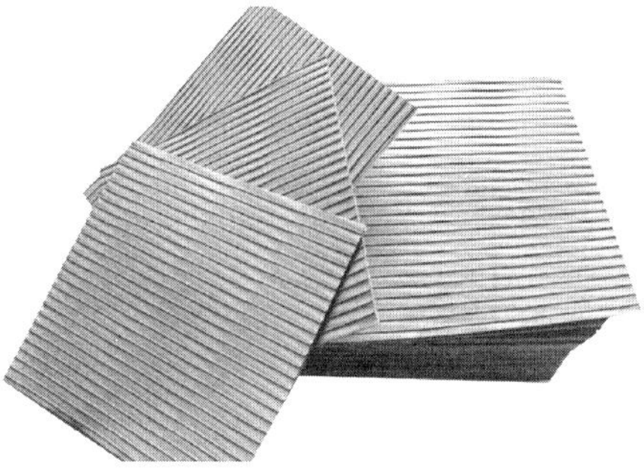

图 2—1—5　PE 隔板

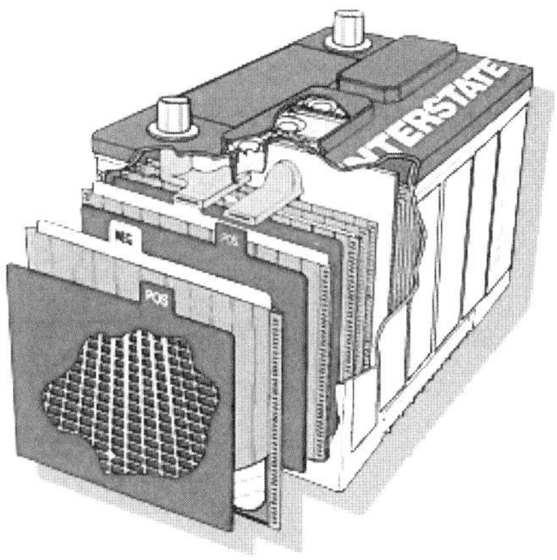

图 2—1—6　免维护蓄电池的袋状隔板

不允许用工业硫酸和自来水、井水、河水等配制。因其杂质多，易引起自放电，从而影响蓄电池的寿命。

4. 外壳

由 PP 塑料、橡胶等材料制成，是盛放正、负极板和电解液等的容器。外壳应耐酸、耐热、耐振动冲击。外壳为整体式结构，壳内间壁分成 3 个或 6 个互不相通的单格。外壳上有连条和加液孔。连条用于串联各单格电池，材料为铅，如图 2—1—7 所示。

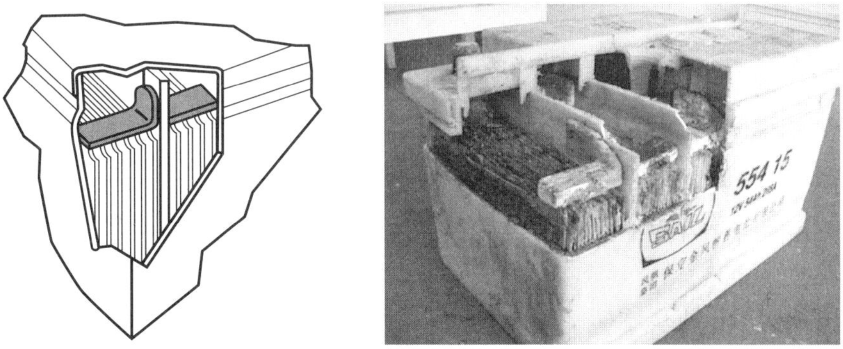

图 2—1—7　单格电池连条的穿壁连接

蓄电池的每个单格都有一个加液孔，用于加注电解液和检测电解液密度，加液孔盖上有通气孔，该小孔应经常保持畅通，以便随时排除蓄电池化学反应产生的气体，防止外壳胀裂发生事故。

四、蓄电池的使用与维护

1. 蓄电池的使用

（1）蓄电池的安全警告

正确使用蓄电池需遵守蓄电池的安全警告，各警告标志的含义如图 2—1—8 所示。

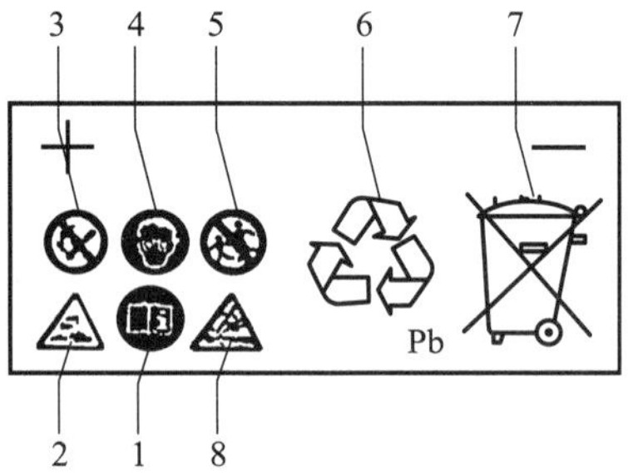

图 2—1—8 蓄电池的安全警告

1—遵守维修手册电器系统和使用说明书中蓄电池的使用说明 2—腐蚀危险
3—禁止火、火花、明灯及吸烟 4—戴上防护眼镜 5—小孩应远离酸液及蓄电池
6—报废处理 7—旧蓄电池不可作为家庭垃圾处理 8—爆炸危险

（2）新电池的启用

1）普通蓄电池。首先擦净外表面，旋开加液孔盖，疏通通气孔，加入规定密度的电解液，静置 4 ~ 6 h 后，调整液面高度，按初充电规范进行充电后即可使用。

2）干荷蓄电池。在规定存放期（一般为 2 年）内启用时，首先擦净外表面，旋开加液孔盖，疏通通气孔，加入规定密度的电解液，静置 20 ~ 30 min 后，调整液面高度，即可使用。

若超期存放或保管不当损失部分容量，应在加注电解液后经补充充电方可使用。

（3）蓄电池拆装（从车上）

1）轻搬轻放，严禁拖拽。

2）安装前，应检查待用蓄电池型号是否和本车型相符，电解液密度和高度是否符合规定。

3）蓄电池固定，防止振动。

4）及时清除极桩和电缆接头上的氧化物，保证极桩和电缆接头之间接触良好。

5）注意搭铁极性。

6）接线时先接正极后接负极，拆线时相反，以防金属工具搭铁，造成蓄电池短路。

7）安装电缆接头后，在正极桩外部要涂抹一层凡士林，防止极桩和接头氧化导致线路接触不良，电路工作不稳定。

（4）蓄电池的正确使用

正确使用蓄电池，遵循三抓五防原则。

1）三抓

①抓及时、正确充电。放完电的电池 24 h 内送充电间；装车使用的电池定期补充充电；放电程度，冬季不超过 25%，夏季不超过 50%；带电解液存放的蓄电池定期补充充电。

②抓正确使用操作。每次起动时间不超过 5 s，起动间隔时间 15 s，最多连续起动 3 次；车上蓄电池应固定牢靠，安装搬运时应轻搬轻放。

③抓清洁保养。保持蓄电池表面清洁；及时清除蓄电池表面的酸液；经常疏通通气孔。

2）五防

①防止过充和充电电流过大。

②防止过度放电。

③防止电解液液面过低。

④防止电解液密度过大。

⑤防止电解液内混入杂质。

（5）冬季使用蓄电池时的注意事项

1）应特别注意保持其处于充足电状态，以防结冰。

2）冬季补加蒸馏水应在充电时进行，以防结冰。

3）冬季蓄电池容量降低，发动机起动前应进行预热，每次起动时间不超过 5 s，每次起动间隔至少 15 s。

4）冬季气温低，蓄电池充电困难，应经常检查蓄电池的存电状况。

2. 蓄电池的维护

（1）保持蓄电池外表面的清洁干燥

如图 2—1—9 所示，可以用刷子和苏打水溶液清洗蓄电池外壳和托架，用极桩专用清洁器和电缆接头清洁器清理极桩和电缆接头。

（2）定期疏通通气孔。

（3）用充电机充电时应打开加液孔盖。

（4）定期检查并调整电解液液面高度。

（5）当冬季放电超过 25%，夏季放电超过 50%时，应及时补充充电。

（6）根据季节和地区的变化及时调整电解液的密度。

（7）安装牢靠，极柱与电缆接头连接可靠。

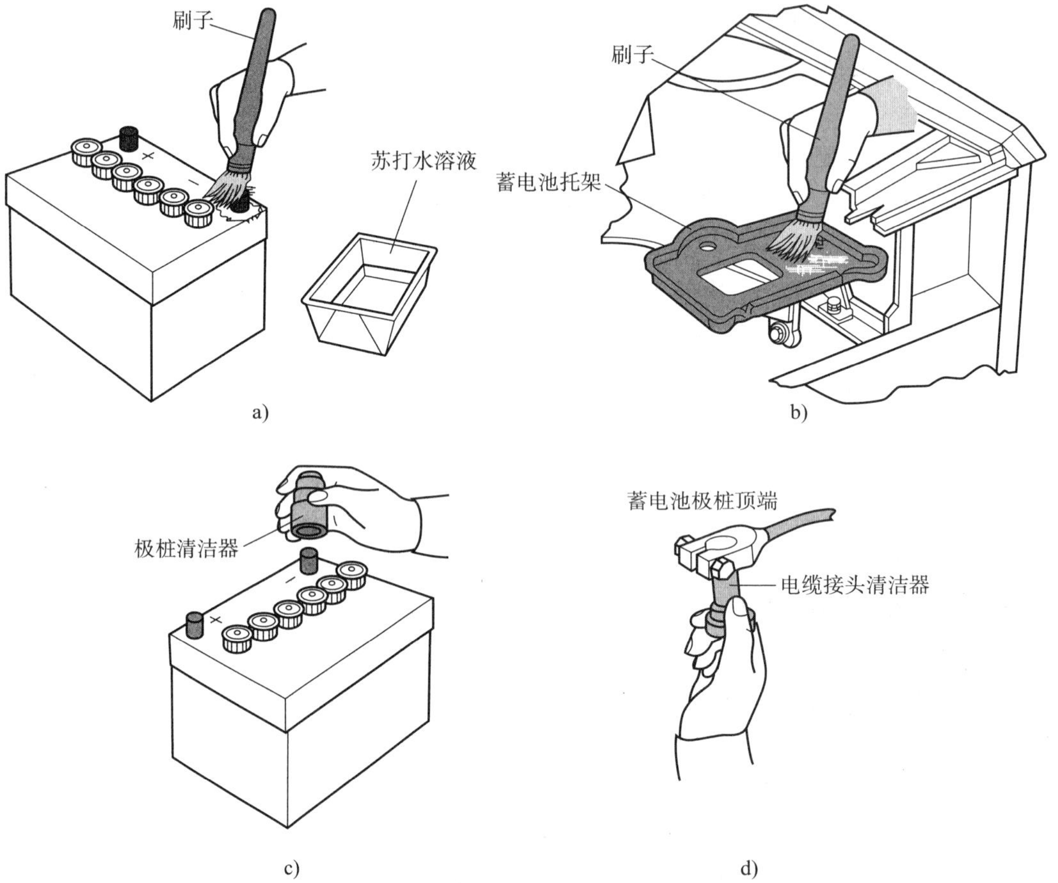

图 2—1—9　蓄电池的清洁
a）清洗蓄电池外壳　b）清洗蓄电池托架　c）极桩的清洁　d）电缆接头的清洁

3. 蓄电池技术状态检测

（1）蓄电池开路电压的测量

测量蓄电池开路电压时，蓄电池应处于稳定状态，蓄电池充、放电或加注蒸馏水后，静置半小时后再测量。

操作步骤：

1）将万用表调至直流电压挡。

2）将万用表的正、负表笔分别与蓄电池的正、负极相接，读出电压值。

3）蓄电池端电压可以反映蓄电池的存电程度，将测量出的端电压与表 2—1—2 进行比较，读出蓄电池的存电状态。

表 2—1—2 蓄电池存电程度

存电状态	100%	75%	50%	25%	0%
蓄电池电压	12.6 V 以上	12.4 V	12.2 V	12 V	11.9 V 以下

（2）检测电解液液面高度

电解液液面高度应高出保护网或隔板 10 ~ 15 mm，电解液不足时应加注蒸馏水。

1）外部检测（目测）。如图 2—1—10 所示，使用透明塑料外壳的蓄电池，检查液面高度时，在容器壁上刻有两条高度指示线。正常液面高度应介于两线之间，低于下线则为液面过低，应加入蒸馏水补充。

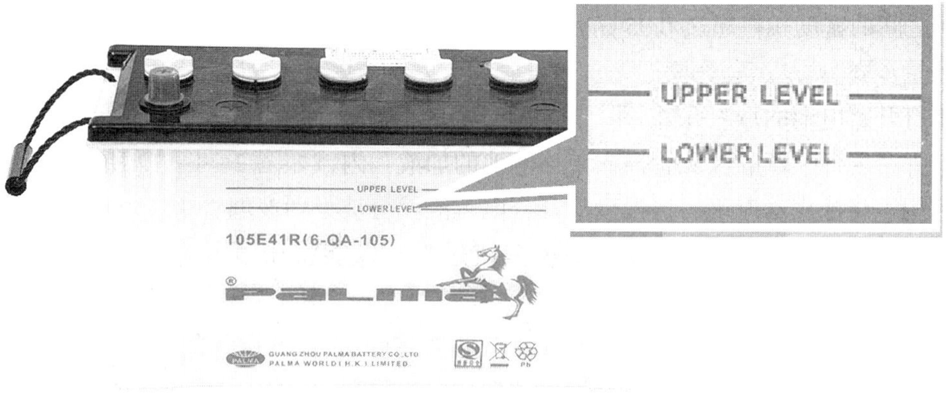

图 2—1—10 目测电解液液面高度

2）玻璃管测量法

①如图 2—1—11 所示，用一空心玻璃管插入蓄电池中，至电解液内极板片的上平面处。

②玻璃管内的电解液与电池液面同高，用大拇指按紧玻璃管上端，使管口密封。

③提起玻璃管，测量玻璃管内的液面高度，即为蓄电池电解液液面高度。标准值为 10 ~ 15 mm 高，过低应加入蒸馏水使之符合标准。

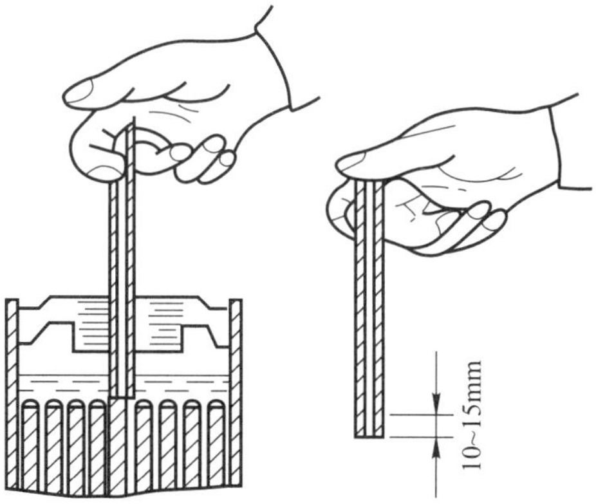

图 2—1—11 玻璃管测量法

（3）检测电解液密度

电解液密度的大小，是判断蓄电池容量的重要标志。测量蓄电池电解液密度时，蓄电池应处于稳定状态。蓄电池充、放电或加注蒸馏水后，应静置半小时后再测量。用吸式密度计测量电解液密度的方法如图 2—1—12 所示。

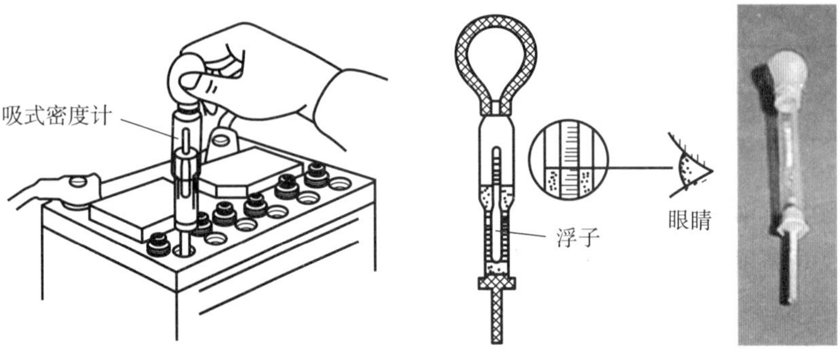

图 2—1—12　电解液密度检测

密度标准为 1.12 ~ 1.30 g/cm^3。密度每下降 0.01 g/cm^3，代表蓄电池放电 6%。如果单格电池之间的密度相差超过 0.05 g/cm^3，则该电池失效。

测量步骤：

①打开蓄电池的加液孔盖。

②把密度计下端的橡皮管插入单格电池的加液孔内，如图 2—1—12 所示。

③用手将橡皮球捏瘪，再慢慢放开，电解液就会被吸到玻璃管中。

④注意控制吸入时电解液不要过多或过少，以能将密度计浮子浮起而不会顶住为宜。

⑤使管内的浮子浮在玻璃管中央（不要相互接触），读密度计的读数。要求读数时使密度计刻度线与眼睛平齐，测量的密度值应用标准温度（+25℃）予以校正（同时测量电解液温度）。

（4）负荷试验检测

负荷试验要求蓄电池存电量不低于 75%，若用万用表测得的静止电动势低于 11.4 V，应先充足电，再进行测试。

1）用高率放电计测量。高率放电计是模拟起动机工作状态，检测蓄电池容量的仪表。它由一只电压表和一负载电阻组成，如图 2—1—13 所示。由于在检测时，蓄电池对负载电阻放电电流可达 250 A 以上，所以，能比较准确地判定蓄电池的容量和基本性能，是目前普遍使用的检测仪表。

以 12 V 蓄电池为例，使用方法如下：

①负极测试夹夹在蓄电池负极柱上（或将负极探针与负极柱接触），正极探针与正极柱接触。观察放电计的电压，此时读数显示蓄电池的空载电压值。通常显示在 11.8 ~ 13 V 范围内为正常。

②按下按钮开关，蓄电池开始瞬间大电流放电，测量在 3 ~ 5 s 内读出电压表的负载电压指示数值。

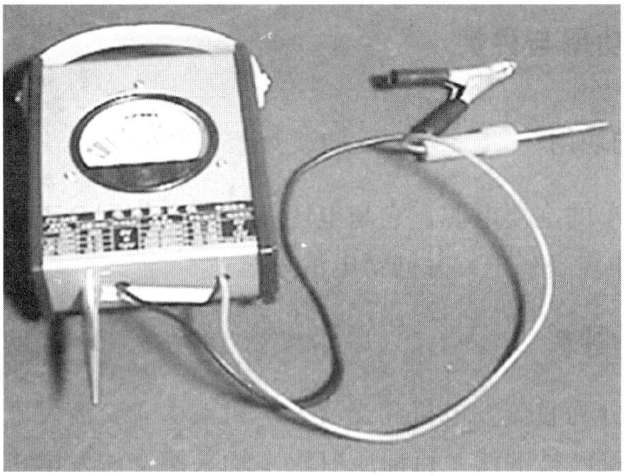

图 2—1—13 高率放电计

若指针稳定在 10 ~ 12 V 区间（绿色区域），说明蓄电池存电充足，不需要充电；若指针在 9 ~ 10 V 区间（黄色区域），说明蓄电池存电不足，需要充电；若指针在 9 V 以下区间（红色区域），说明蓄电池严重亏电，要立即充电，才能使用；如果空载电压基本符合要求，但负载时指针迅速下降至红色区域以下，说明蓄电池已经损坏。

注意：此项测量不能连续进行，必须间隔 1 min 后才可以再次检测，以防止蓄电池损坏。

2）随车起动测试。切断柴油发动机燃油供给，按正常操作步骤驱动起动机（发动机因为无供油而无法成功起动），用万用表测蓄电池的端电压，保持 15 s，对于 12 V 电池，起动时电压应不低于 9.6 V。若蓄电池电量不足，应先充足电，再作测试。

课题 2 交流发电机安装与检测

学习目标

1. 了解交流发电机的种类与功用。
2. 理解交流发电机的结构与工作原理。
3. 掌握交流发电机的安装与调试。
*4. 理解六管整流原理。
*5. 理解电压调节器的功用、种类，掌握连接方法。
*6. 掌握交流发电机的检测与维修。

一、交流发电机的功用与种类

1. 交流发电机的功用

交流发电机是汽车的主要电源，它与电压调节器互相配合工作，其主要任务是对除起动机以外的所有用电设备供电，并向蓄电池充电。

2. 交流发电机的种类

汽车用发电机可分为直流发电机和交流发电机，由于交流发电机在许多方面优于直流发电机，直流发电机已被淘汰，目前所有汽车均采用交流发电机，交流发电机按照不同的分类方法分为以下几类：

（1）按结构分

1）普通交流发电机。使用时需要配装电压调节器的发电机。

2）整体式交流发电机。发电机和电压调节器制成一个整体的发电机。

3）带泵交流发电机。和汽车制动系统用真空助力泵安装在一起的发电机，如图 2—2—1 所示。

图 2—2—1　带泵交流发电机

4）无刷交流发电机。不需要碳刷的发电机。

5）永磁交流发电机。磁极为永磁铁制成的发电机。

（2）按整流器形式分

按整流器形式分为六管交流发电机、八管交流发电机、九管交流发电机、十一管交流发电机。

（3）按磁场绕组搭铁形式分

1）内搭铁型交流发电机。磁场绕组的搭铁端（负极）直接搭铁（和壳体相联）。

2）外搭铁型交流发电机。磁场绕组的搭铁端（负极）接入调节器，通过调节器后再搭铁。

3. 国产交流发电机的型号

根据中华人民共和国汽车行业标准 QC/T73—93《汽车电气设备产品型号编制方法》的规定，汽车交流发电机型号由产品代号、电压等级代号、电流等级代号、设计序号、变型代号五部分组成，其排列及其含义如下：

JFZ	1	9	13	Z
①	②	③	④	⑤

①产品代号。产品代号用英文字母表示，例如，JF——普通交流发电机；JFZ——整体式（调节器内置）交流发电机；JFB——带泵交流发电机；JFW——无刷交流发电机。

②电压等级代号。电压等级代号用 1 位阿拉伯数字表示，1 表示 12 V 系统，2 表示 24 V 系统，6 表示 6 V 系统。

③电流等级代号。电流等级代号也用 1 位阿拉伯数字表示，其含义见表 2—2—1。

表 2—2—1　　电流等级代号的含义

代号	1	2	3	4	5	6	7	8	9
工作电流（A）	≤19	20 ~ 29	30 ~ 39	40 ~ 49	50 ~ 59	60 ~ 69	70 ~ 79	80 ~ 89	≥90

④设计序号。设计序号用 1 ~ 2 位阿拉伯数字表示，表示产品设计的先后顺序。

⑤变型代号。交流发电机以调整臂位置作为变型代号，从驱动端看，调整臂在左边用 Z 表示，在右边用 Y 表示，调整臂在中间不加标记。

二、交流发电机的结构

1. 普通交流发电机结构

车用交流发电机，多采用三相同步交流发电机，由 6 只二极管构成三相桥式全波整流器。

普通交流发电机主要由定子、转子、碳刷、整流二极管、前后端盖、风扇及带轮等组成。整体式交流发电机还将调节器与发电机装在了一起。

发电机转子用来建立磁场，转子旋转时定子中产生的交变电动势，经过二极管整流器整流后输出直流电。普通交流发电机必须配装电压调节器，在发动机转速变化时对发电机的输出电压进行控制，使其保持基本恒定，以满足汽车用电器的需求。

JF132 型普通交流发电机的组件如图 2—2—2 所示。

（1）转子

1）转子的组成。转子的功用是产生旋转的磁场。如图 2—2—3 所示，转子总成由转子轴、集电环、磁轭、磁场绕组（转子线圈）、爪极等组成。转子轴上压装着两块爪极，两块爪极各有六个鸟嘴形磁极，爪极空腔内装有磁场绕组和磁轭。磁场绕组由集电环供电，集电环由两个彼此绝缘的铜环组成，集电环压装在转子轴上并与轴绝缘，两个集电环分别与磁场绕组的两端相连。

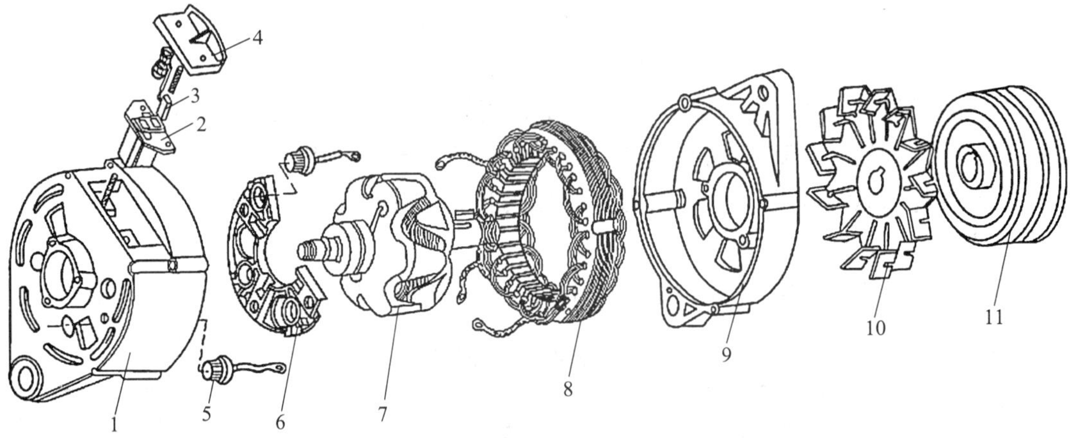

图 2—2—2　JF132 型交流发电机的组件

1—后端盖　2—碳刷　3—碳刷架　4—碳刷盖　5—整流二极管　6—整流板

7—转子　8—定子　9—前端盖　10—风扇　11—带轮

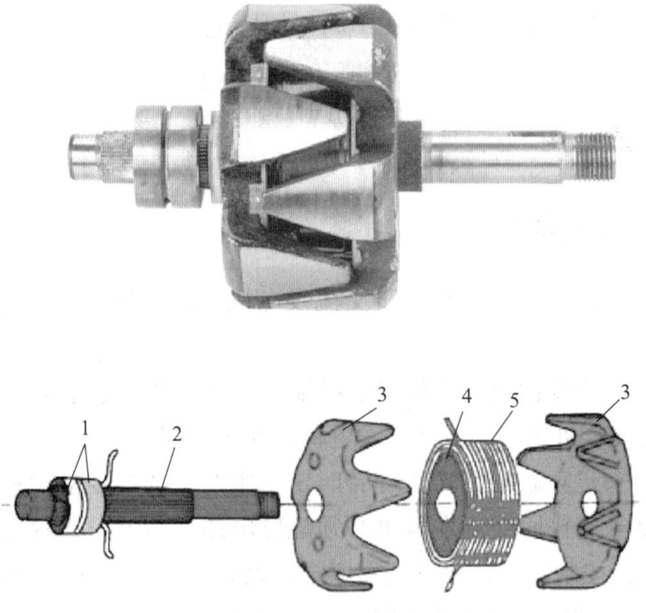

图 2—2—3　交流发电机转子总成

1—集电环　2—转子轴　3—爪极　4—磁轭　5—磁场绕组

2）磁场与磁路。如图 2—2—4 所示，当两集电环通入直流电时（通过碳刷），磁场绕组中就有电流通过，并产生轴向磁通，使爪极一块被磁化为 N 极，另一块被磁化为 S 极，从而形成六对相互交错的磁极。当转子转动时，就形成了旋转的磁场。

如图 2—2—5 所示，转子产生的磁场会通过定子铁芯，因此交流发电机的总磁路为：磁轭→ N 极→转子与定子之间的气隙→定子→定子与转子间的气隙→ S 极→磁轭。

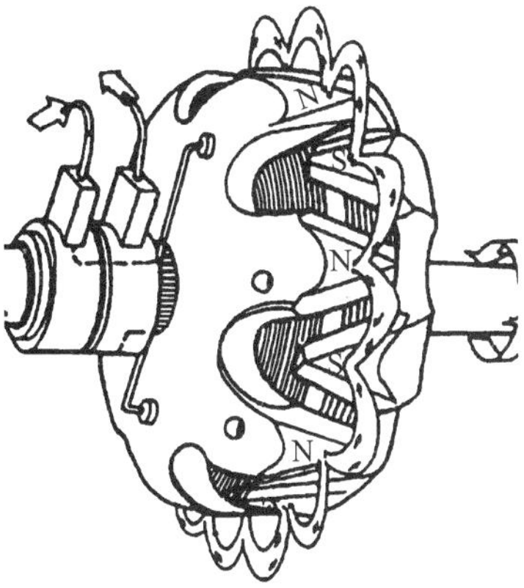

图 2—2—4　旋转磁场的产生

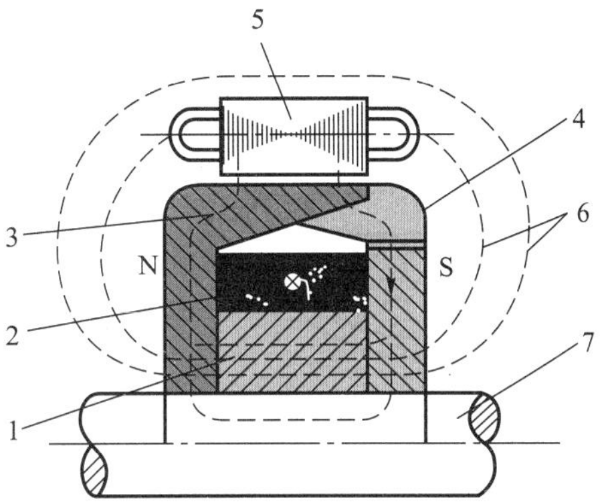

图 2—2—5　交流发电机的磁路

1—磁轭　2—磁场绕组　3、4—爪极　5—定子

6—漏磁通　7—转子轴

（2）定子

1）定子的组成与连接方式。定子的功用是产生交流电。如图 2—3—6 所示，定子总成由定子铁芯和定子绕组等组成。定子铁芯由内圈带槽的硅钢片叠成，定子绕组的导线就嵌放在铁芯的槽中。

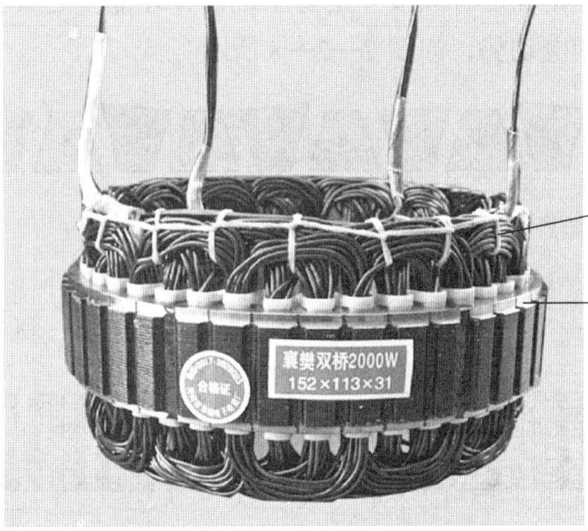

图 2—2—6　交流发电机定子总成

定子绕组有三相，如图 2—2—7 所示，三相绕组采用星形（高电压）接法或三角形（大电流）接法，都能产生三相交流电。

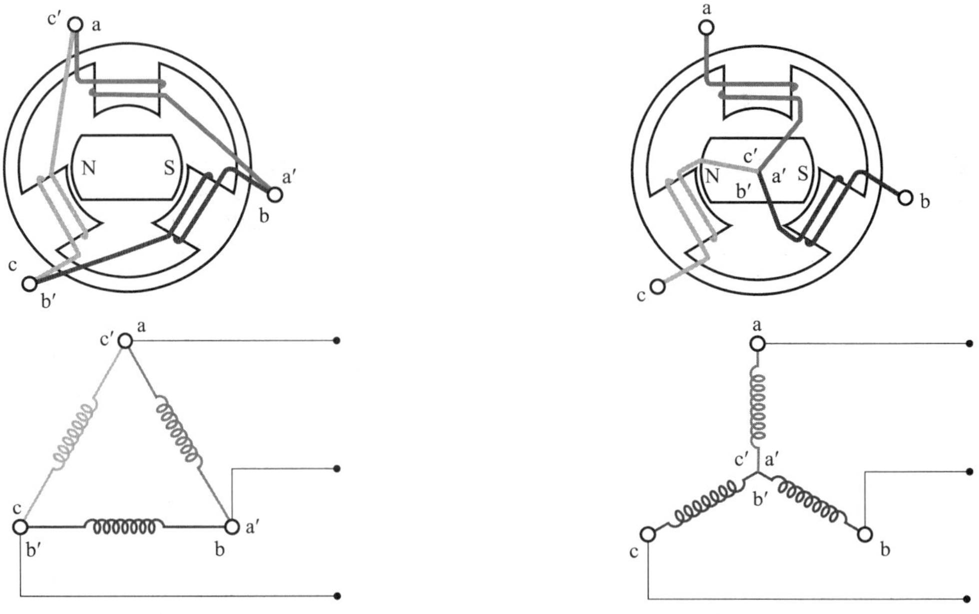

a）　　　　　　　　　　b）

图 2—2—7　定子绕组的连接方式

a）三角形接法　b）星形接法

2）定子绕组的绕制。三相绕组必须按一定要求绕制，才能使之获得频率相同、幅值相等、相位互差 120° 的三相电动势，如图 2—2—8 所示。

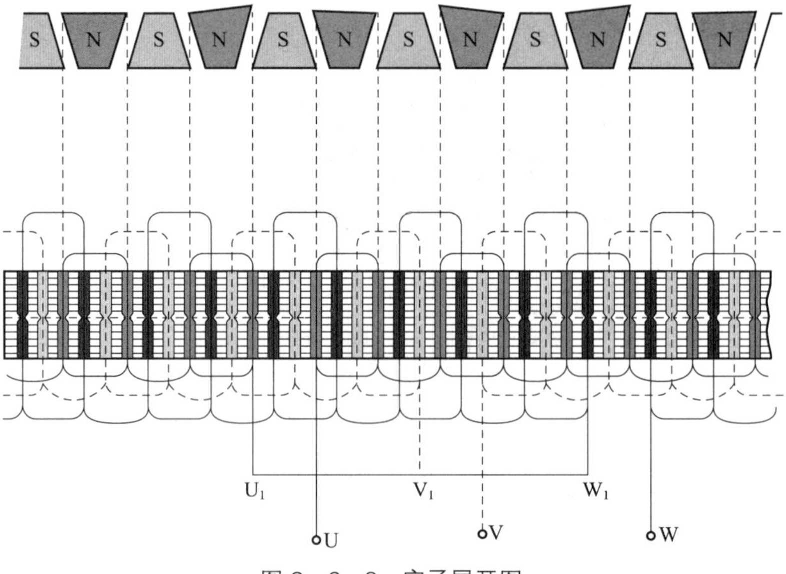

图 2—2—8　定子展开图

①每个线圈的两个有效边之间的距离应和一个磁极占据的空间距离相等。

②每相绕组相邻线圈始边之间的距离应和一对磁极占据的距离相等或成倍数。

③三相绕组的始边应相互间隔 2π+120° 电角度（一对磁极占有的空间为 360° 电角度）。

（3）整流器

交流发电机整流器的作用是将定子绕组的三相交流电变为直流电。6 管交流发电机的整流器是由 6 只二极管组成的三相全波桥式整流电路，6 只整流管分别压装（或焊装）在两块板上，整流器实物照片如图 2—2—9 所示。整流二极管在交流发电机内的连接方式如图 2—2—10 所示。

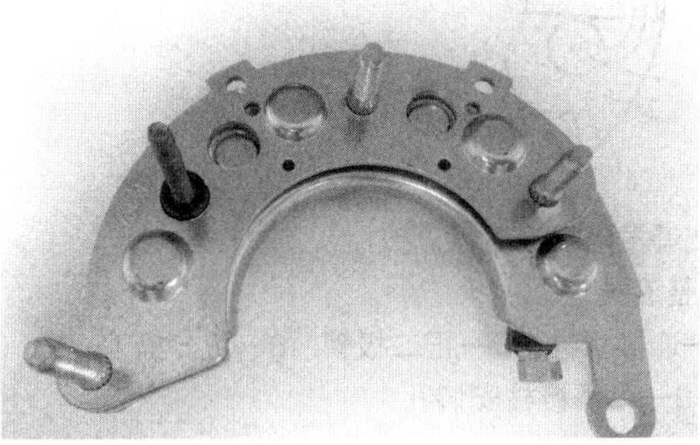

图 2—2—9　整流器

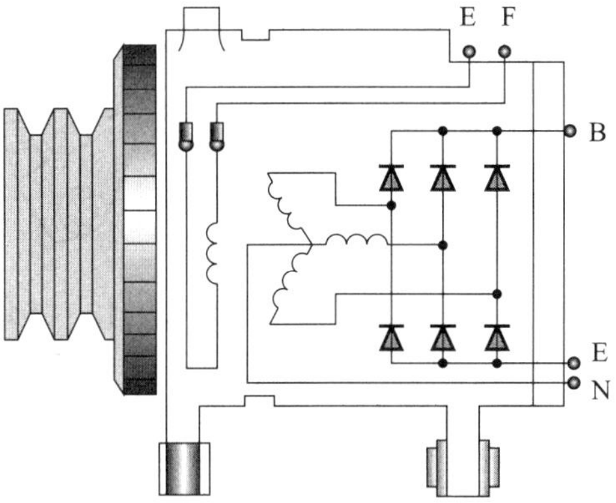

图 2—2—10　交流发电机内部电路图

汽车用硅整流二极管工作电流大，正向平均电流 50 A，浪涌电流 600 A；反向电压高，反向重复峰值电压 270 V，反向不重复峰值电压 300 V；只有一根引线，引出线为正极的管子叫正极管，引出线为负极的管子叫负极管，即整流二极管有正二极管和负二极管之分。

将正二极管安装在一块铝制散热板上，称为正整流板；将负二极管安装在另一块铝制散热板上，称为负整流板，也可用发电机后盖代替负整流板，如图 2—2—11 所示。

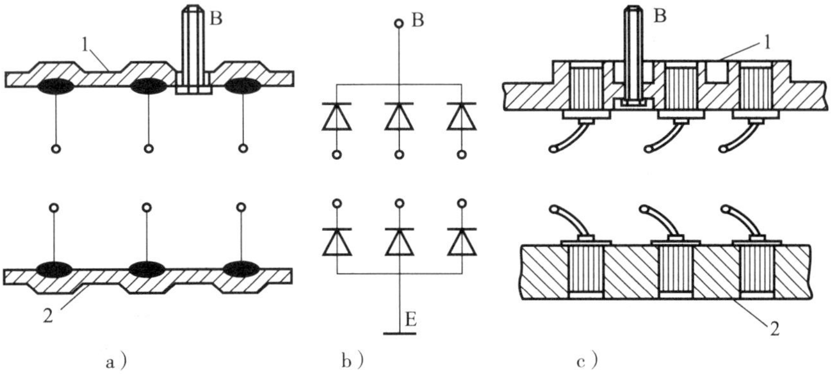

图 2—2—11　二极管安装示意图

a）焊接式　b）电路图　c）压装式

1—正整流板　2—负整流板

在正整流板上有一个输出接线柱 B（发电机的输出端），负整流板搭铁。负整流板一般通过螺钉和壳体相连，可以通过壳体搭铁。

整流板的形状各异，有马蹄形、长方形、半圆形等，如图 2—2—12 所示。

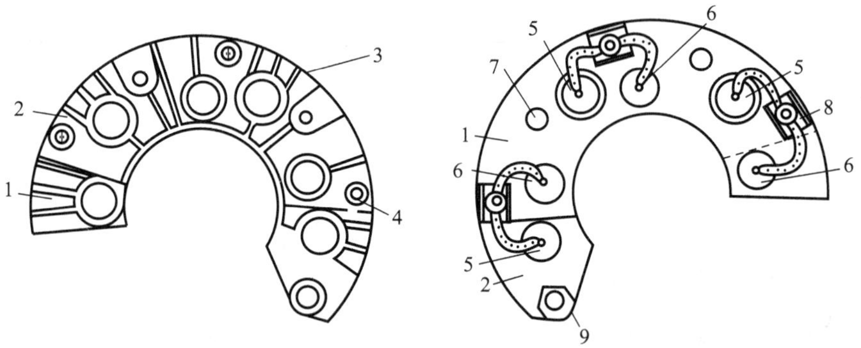

图 2—2—12 JF1522 型交流发电机整流器总成

a）整流板 b）整流器总成

1—负整流板 2—正整流板 3—散热片 4—连接螺栓 5—正二极管 6—负二极管 7—安装孔 8—绝缘垫 9—电枢接柱安装孔

（4）端盖与碳刷

端盖一般分两部分（前端盖和后端盖），起固定转子、定子、整流器和碳刷组件的作用。端盖一般用铝合金铸造，一是可有效地防止漏磁，二是铝合金材料散热性能好。

后端盖上装有碳刷组件，碳刷组件由碳刷、碳刷架和碳刷弹簧组成，如图 2—2—13 所示。碳刷的作用是将电源通过集电环引入磁场绕组。在带有内装式电压调节器的整体式交流发电机中，一般把电压调节器和碳刷做成一体，如图 2—2—14 所示。

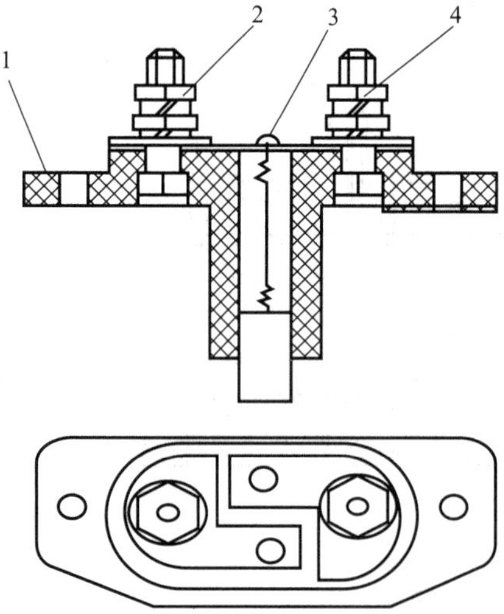

图 2—2—13 碳刷组件

1—碳刷架 2、4—“磁场”接线柱 3—碳刷与弹簧

图 2—2—14 内装式电压调节器

2. 无刷交流发电机结构

无刷交流发电机由于没有碳刷和集电环，所以不会因为碳刷和集电环的磨损和接触不良造成励磁不稳定或发电机不发电等故障，工作时无火花，也减小了无线电干扰。

无刷交流发电机分为爪极式、励磁机式和永磁式三种。爪极式无刷交流发电机的结构原理及磁路如图 2—2—15 所示。

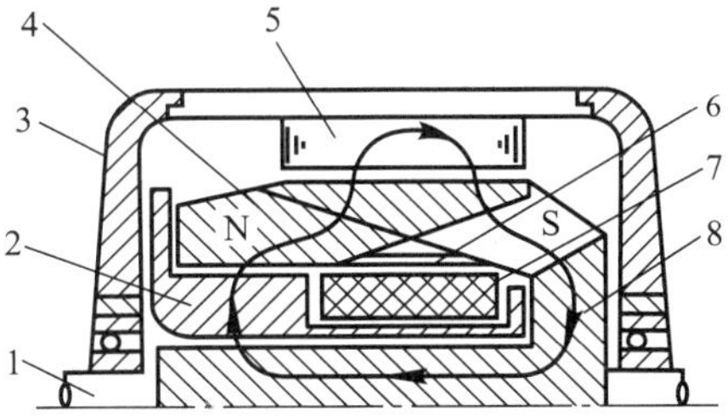

图 2—2—15　交流发电机的结构原理及磁路

1—转子轴　2—磁轭托架　3—端盖　4—爪极　5—定子铁芯　6—非导磁连接环　7—磁场绕组　8—转子磁轭

三、电压调节器的功用、种类与连接方法

1. 电压调节器的功用

由于交流发电机的转子是由发动机通过皮带驱动旋转的，且发动机和交流发电机的速比为 1.7 ~ 3，因此交流发电机转子的转速变化范围非常大，这样将引起发电机的输出电压发生较大变化，无法满足汽车用电设备的工作要求。

为了满足用电设备恒定电压的要求，交流发电机必须配用电压调节器，使其输出电压在发动机所有工况下基本保持恒定。

当发电机输出电压高于 28 V 时，电压调节器会切断励磁电流，使旋转磁场强度减弱，以降低输出电压；当输出电压低于 28 V 时，电压调节器自动恢复励磁绕组供电，使磁场加强，输出电压升高。

2. 电压调节器的种类

交流发电机电压调节器按是否有物理触点来分，可以分为触点式和电子式两大类。其中电子式调节器又分为晶体管调节器、集成电路调节器、电脑控制调节器三种。触点式（也称电磁振动式）电压调节器应用较早。这种调节器触点振动频率慢，存在机械惯性和电磁惯性，电压调节精度低，触点易产生火花，对无线电干扰大，可靠性差，寿命短，现已被淘汰。此处仅介绍电子式电压调节器。

（1）晶体管调节器

晶体管调节器采用了半导体技术，其优点是：三极管的开关频率高，且不产生火花，调节精度高，还具有重量轻、体积小、寿命长、可靠性高、电波干扰小等优点，现广泛应用于东风、解放及多种中低档车型。

（2）集成电路调节器

集成电路调节器除具有晶体管调节器的优点外，还具有超小型的特点，可安装于发电机的内部（又称内装式调节器，参见图 2—2—14 所示），减少了外接线，并且冷却效果得到了改善，现广泛应用于各种中高档工程车辆中。

（3）电脑控制调节器

电脑控制调节器由电负载检测仪测量系统总负载后，向发电机电脑发送信号，然后由发动机电脑控制发电机电压调节器，适时地接通和断开磁场电路，既能可靠地保证电器系统正常工作，使蓄电池充电充足，又能减轻发动机负荷，提高燃料经济性。

3. 电压调节器的工作原理

由交流发电机的工作原理可知，交流发电机的三相绕组产生的相电动势的有效值为 $E_{\phi}=C_{e}\Phi n$（V），这里 C_{e} 为发电机的结构常数，n 为转子转速，Φ 为转子的磁极磁通，也就是说发电机所产生的感应电动势与转子转速和磁极磁通成正比。

当转速升高时，E_{ϕ} 增大，输出端电压 U_{B} 升高，当转速升高到一定值时（空载转速以上），输出端电压达到极限，要想使发电机的输出电压 U_{B} 不再随转速的升高而上升，只能通过减小磁通 Φ 来实现。磁极磁通 Φ 又与励磁电流 I_{f} 成正比，减小磁通 Φ 也就是减小励磁电流 I_{f}。

所以，交流发电机调节器的工作原理是：当交流发电机的转速升高时，调节器通过减小发电机的励磁电流 I_{f} 来减小磁通 Φ，使发电机的输出电压 U_{B} 保持不变。

4. 交流发电机与调节器的使用注意事项

交流发电机与调节器的结构简单，维护方便，若正确使用，不仅故障少而且寿命长；若使用不当，则会很快损坏。因此在使用和维护中应注意以下几点：

（1）蓄电池的极性必须是负极搭铁，不能接反。否则，会烧坏发电机或调节器的电子元件。

（2）发电机运转时，不能用短接的方法检查发电机是否发电，否则会烧坏二极管。

（3）整流器和定子绕组连接时，禁止用兆欧表或 220 V 交流电源检查发电机的绝缘情况。

（4）发电机与蓄电池之间的连接要牢靠，避免突然断开时产生过电压损坏发电机或调节器的电子元件。

（5）一旦发现交流发电机或调节器有故障应立即检修，及时排除故障，不应再连续运转。

（6）交流发电机的电压等级必须与调节器电压等级相同，交流发电机的搭铁类型必须与调节器搭铁类型相同，调节器的功率不得小于发电机的功率。

（7）线路连接必须正确，特别是各种车型调节器的安装位置及接线方式各不相同，故接线时要特别注意。

（8）调节器必须受点火开关控制，发电机停止转动时，应将点火开关断开，否则会使发电机的磁场电路一直处于接通状态，不但会烧坏磁场线圈，还会引起蓄电池电量损失。

*四、交流发电机的检测与维修

1. 发电机的正常工作状态

点火开关置于“ON”挡时，由蓄电池给发电机提供励磁电流，此电流经过充电状态指示灯，使之点亮。当发动机起动后，发电机开始自励发电，充电指示灯熄灭，此时发电机的 B+ 和 D+ 端子电压应为 28 V 左右，中性点 N 端子电压应为 14 V 左右。

2. 发电机与调节器常见故障的诊断

（1）不发电

1）故障现象。发动机起动后充电指示灯仍不熄灭，蓄电池端电压没有升高。

2）故障原因

①传动带断裂；传动带松弛或有油污，引起打滑。

②发电机励磁线路或充电线路断路。

③电压调节器故障。

④发电机故障：电刷与滑环接触不良；整流二极管击穿、断路；转子绕组短路、断路或搭铁；定子绕组短路、断路或搭铁。

3）诊断方法。发电机不发电故障诊断流程如图 2—2—16 所示。

（2）充电电流过小

1）故障现象。在蓄电池亏电的情况下，发动机中高速运转时充电电流很小，或蓄电池经常亏电，起动无力。

2）故障原因

①充电线路接触不良。

②传动带打滑。

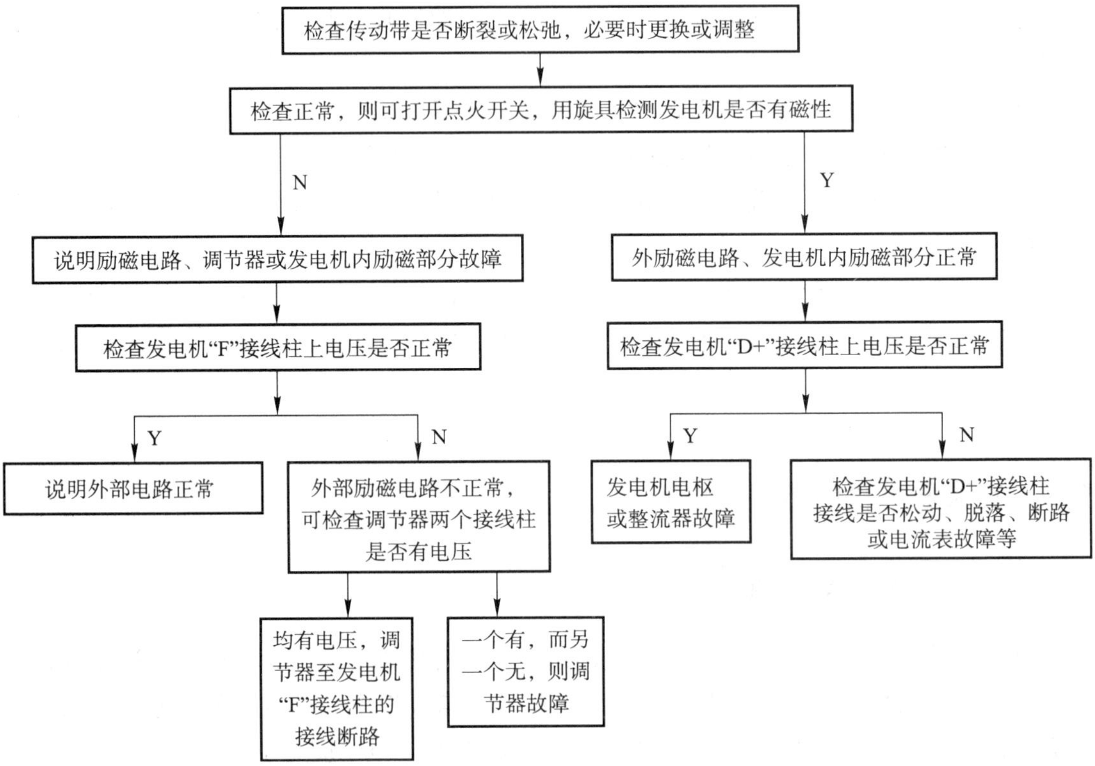

图 2—2—16　发电机不发电故障诊断流程图

③发电机故障：定子绕组一相短路或接触不良；整流器个别二极管断路；电刷与滑环接触不良；定子绕组短路、断路或搭铁。

④调节器调节电压过低。

3）诊断方法

①检查传动带是否打滑、检查导线的连接是否牢固。

②检查是发电机功率不足还是调节器调节电压偏低。发动机中高速运转，用万用表测量前照灯接通前后蓄电池端电压变化，如无明显下降，说明发电机功率足够，故障原因为调节器调节电压偏低。反之，如果蓄电池由充电转为放电，或蓄电池端电压明显下降，说明发电机功率不足。

若故障在发电机，应解体发电机检查；若故障在电子调节器，应更换调节器。

（3）充电电流过大

1）故障现象。在蓄电池不亏电的情况下，充电电流仍在 10 A 以上，或蓄电池电解液消耗过快，灯泡和其他用电设备容易烧坏。

2）故障原因

①调节器调节电压过高。

②调节器故障，使励磁电路无法切断。

③发电机励磁线路与 B+ 短接。

④ 12 V 发电机用了 24 V 调节器。

3）诊断方法。检查调节器标称电压与发电机是否相符，发电机接线是否正确，如果正确，说明调节器故障，应更换。

（4）充电不稳

1）故障现象。发动机正常运转时，电流表指针不断摆动或充电指示灯忽明忽灭。

2）故障原因

①充电线路连接松动。

②传动带有时打滑。

③发电机故障：内部线圈有局部断路或短路；电刷与滑环接触不良。

④调节器线路接触不良。

3）诊断方法。检查传动带是否打滑，线路是否接触不良。如果正常，应检修发电机。

（5）发电机异响

1）故障现象。发动机运转过程中，发电机发出异常的响声。

2）故障原因

①传动带过紧或过松。

②轴承损坏、润滑不良、轴承松旷、转子与定子相碰。

③电刷磨损过大或与滑环角度偏斜。

④发电机安装位置不正确。

3）诊断方法。一旦出现发电机异响，应立即检查，以免造成更严重的故障，首先检查发电机安装位置是否正确，传动带松紧度是否合适，如无异常，应拆检发电机。

（6）充电指示灯故障

1）故障现象。点火开关处于“ON”挡时充电指示灯不亮。

2）故障原因

①指示灯烧坏。

②励磁电路断路。

3）诊断方法。检查指示灯是否烧坏，如果正常，则检查励磁电路。

3. 发电机检修

当发生充电故障时，应先就车检查，区分是外部线路问题、调节器问题还是发电机问题，确定是发电机故障后再拆检发电机，不要盲目拆解。检修发电机时，一般拆下后端盖、电刷架和调节器即可。主要检查电刷和轴承的磨损情况，整流器有无损坏，定子绕组和转子绕组有无短路、断路和搭铁故障，电刷与滑环的接触情况等。

（1）转子的检查

1）转子绕组短路与断路检查。如图 2—2—17 所示，用数字式万用表的低电阻挡检测两滑环间的电阻。如果阻值为无穷大，则说明励磁绕组断路；如果阻值过小，则说明励磁绕组短路。一般阻值为 3.5 ~ 6 Ω。

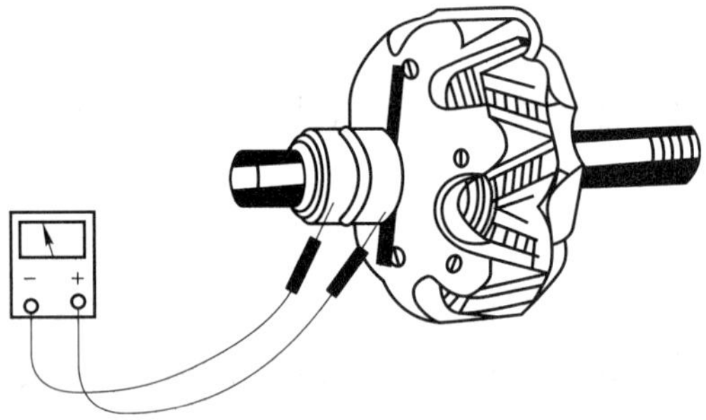

图 2—2—17　转子绕组短路与断路检查

2）转子绕组搭铁检查。如图 1—3—18 所示，用万用表导通挡检测两滑环与转子轴（或铁芯）之间的绝缘情况。每个滑环与转子轴之间，其阻值都应是无穷大，如果阻值很低，说明励磁绕组搭铁。

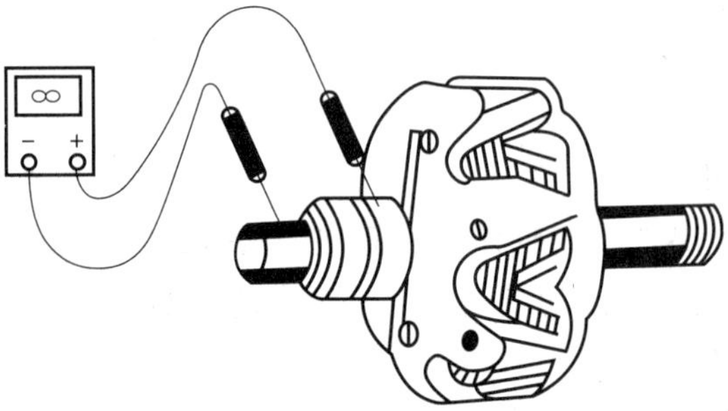

图 2—2—18　转子绕组搭铁检查

无论励磁绕组是短路、断路还是搭铁，都必须更换转子。但是，更换转子的费用与更换发电机的费用接近，所以在一般情况下，当励磁绕组需要更换时，就可以直接更换发电机总成。

3）滑环的检查。滑环表面应平整光滑，无明显烧损，否则用 P100 号纱布打磨。两滑环间隙处应无积污。滑环圆度误差不超过 0.025 mm，厚度不小于 1.5 mm。

4）转子轴检查。用百分表检查轴弯曲，以径向圆跳动公差不超过 0.1 mm 为合格，否则应予以校正。

（2）定子的检查

1）定子绕组短路与断路检查。如图 2—2—19 所示，用数字式万用表的低电阻挡检测定子绕组三个接线端每两个之间的电阻。正常时，阻值小于 1 Ω 且相等。阻值为无穷大，说明断路。

说明：定子绕组短路很难检测。因为一个正常定子绕组的阻值非常低。如果所有其他部件的检测均属正常，但输出电压却很低，其原因可能是定子绕组匝间短路。无论定子绕组是断路、短路还是搭铁，均需更换定子总成。

2）定子绕组搭铁检查。如图 2—2—20 所示，用万用表导通挡检测定子绕组接线端与定子铁芯之间的电阻，其阻值应是无穷大，如果阻值很低，说明定子绕组搭铁。

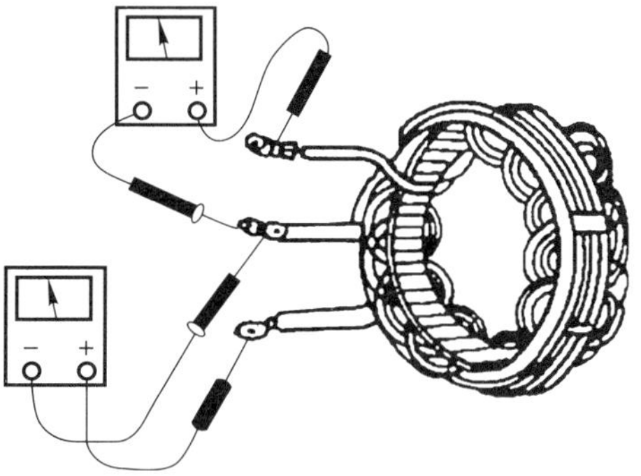

图 2—2—19 定子绕组短路与断路检查

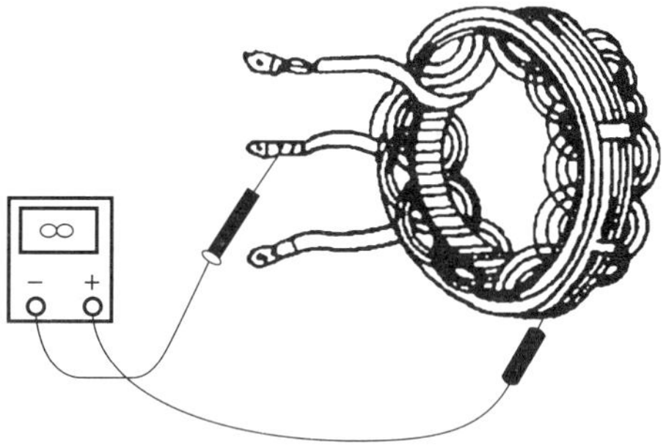

图 2—2—20 定子绕组搭铁检查

（3）整流器的检查

1）检测正极管。用数字式万用表的导通挡，黑表笔接整流器端子“B”，红表笔先后接整流器各接线柱，万用表均应导通，否则说明二极管断路，应更换整流器总成；调换两表笔进行测试，此时应均不导通，否则说明二极管短路，也应更换整流器总成。

2）检测负极管。用数字式万用表的导通挡，红表笔接整流器端子“E”，黑表笔分别接整流器各接线柱，万用表均应导通，否则说明二极管断路，应更换整流器总成；调换两表笔进行测试，此时应均不导通，否则说明二极管短路，也应更换整流器总成。

3）不解体检测二极管。在不分解发电机的情况下，用万用表的导通挡位，黑表笔接发电机“B+”接线柱，红表笔接发电机外壳金属部分。若阻值在 40 ~ 50 Ω 之间，说明无故障；若阻值在 10 Ω 左右，说明有失效的二极管，必须拆检；若阻值为零，说明有不同极性的二极管击穿。

4）电刷组件的检查。电刷表面不得有油污，且应在电刷架中活动自如，电刷磨损不得超过标准长度的一半（标准长度为 10.5 mm）；当电刷从电刷架中露出 2 mm 时，电刷弹簧力一般为 2 ~ 3 N；电刷架应无烧损，破裂或变形。

4. 电子调节器的检测

（1）晶体管调节器的检测

检测时先按搭铁形式将可调直流电源、调节器与 24 V 灯泡按图 2—2—21 所示用导线连接好，然后逐渐提高电源电压，灯泡开始逐渐发亮，继续提高电压，当电压达到 28 V 左右时，灯泡应熄灭，这种情况说明调节器完好。如果灯泡从开始一直不亮或亮了以后一直不熄灭，说明调节器有故障。

如果不清楚晶体管调节器的搭铁形式，也可以用图 2—2—21 的电路进行测试，将直流电源调节到 24 V，如果灯泡按图 a 连接时发亮，则为内搭铁型。如果按图 b 连接时发亮，则为外搭铁型。

如果调节器的引出端多于三个，可将 D+ 与 B 连接为一点，再进行检测。

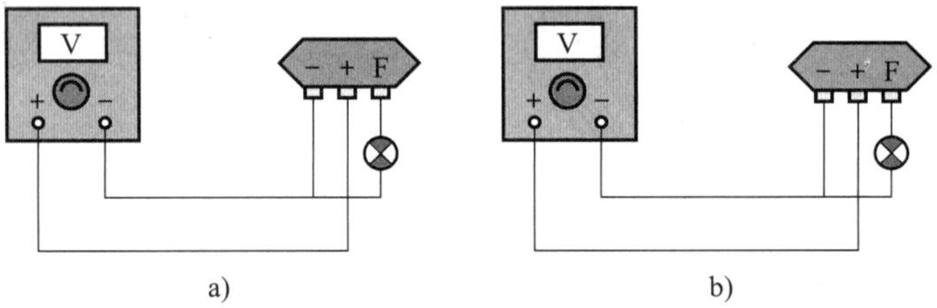

图 2—2—21　晶体管电压调节器测试电路

a）内搭铁型晶体管调节器测试电路　b）外搭铁型晶体管调节器测试电路

（2）集成电路电压调节器的检测

集成电路电压调节器一般为内装式，检测前应先将其从发电机内拆下，并弄清楚各引线含义，以防检测时电源极性接错。

集成电路电压调节器一般有 3 引线和 4 引线两种，3 引线的采用发电机电压检测法，4 引线的采用蓄电池电压检测法。

3 引线的集成电路调节器检测方法同晶体管调节器一样，4 引线调节器有 B+、D+、F、E 四根引线，检测时 B+、D+ 两根引线连接在一起，检测方法也与晶体管调节器相同。

*五、六管整流原理与中性点电压

1. 六管整流原理

交流发电机定子的三相绕组中，感应产生的是交流电，是靠六只二极管组成的三相桥式整流电路变为直流电的。二极管具有单向导电性，当给二极管加上正向电压时，二极管导通。当给二极管加上反向电压时，二极管截止。二极管的导通原则：当三只二极管负极端相连时，正极端电位最高者导通；当三只二极管正极端相连时，负极端电位最低者导通。三相桥式整流电路及电压波形如图 2—2—22 所示。

对于三个正极管子（VD1、VD3、VD5 正极和定子绕组始端相联），在某瞬时，电压最高一相的正极管导通。对于三个负极管子（VD2、VD4、VD6 负极和定子绕组始端相联），在某瞬时，电压最低一相的负极管导通。但同时导通的二极管总是两只，正、负各一只。

三相桥式整流电路中二极管的依次循环导通，使得负载 RL 两端得到一个比较平稳的脉动直流电压。

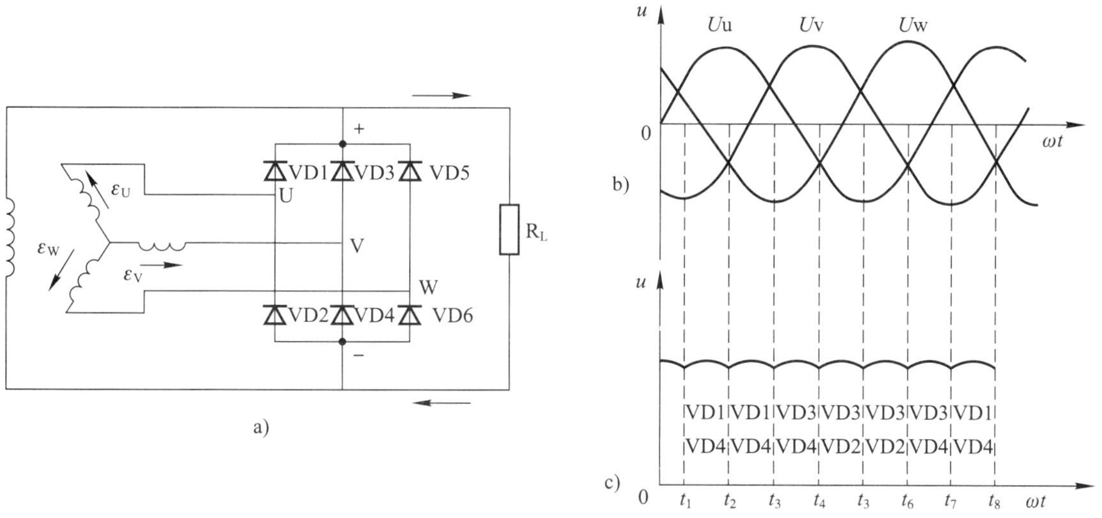

图 2—2—22　三相桥式整流电路及电压波形

a）整流电路　b）整流前电压波形　c）整流后电压波形

2. 中性点电压

有的发电机具有中性点接线柱（图 2—2—23），是从三相绕组的中性点引出来的，标记为“N”。输出电压为 U_N，称为中性点电压。如图 2—2—24 所示，中性点电压的瞬时值是一个三次谐波电压，中性点电压的平均值为发电机输出电压（平均值）的一半。

带有中性点接线柱的发电机可用中性点电压来控制各种用途的继电器。

有的发电机没有中性点接线柱，但是也把中性点电压充分利用了，这些发电机在中性点处接上两只整流二极管，和三相绕组的六只整流二极管一道输出，可提高发电机功率。

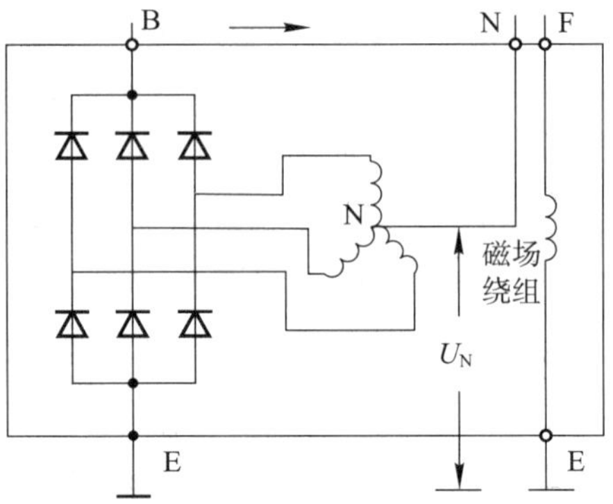

图 2—2—23　带中心抽头的交流发电机

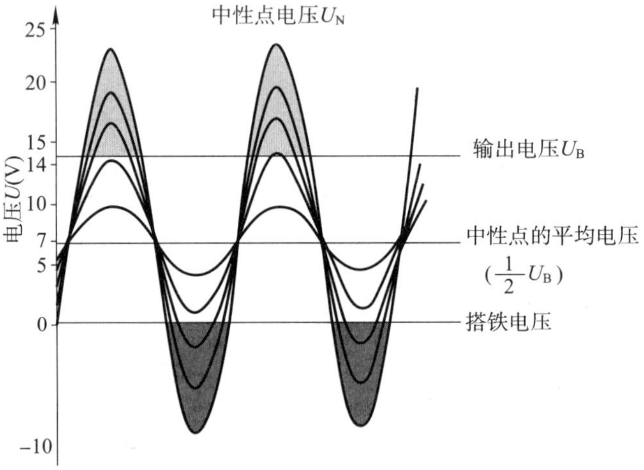

图 2—2—24　不同转速时的中性点电压

课题 3　电源系统安装与调试

学习目标

1. 能正确识读电源系统电路图。
2. 能独立完成工程车辆电源系统的安装与调试。

工程车辆电源系统由蓄电池、起动电缆（电瓶线）、发电机、电源总开关按钮、电磁式电源总开关、点火开关、充电指示灯（组合式仪表板内）组成。

一、电源系统开关及电路图分析

1. 电磁式电源总开关

电磁式电源总开关也称为电源继电器，一般安装在电瓶箱附近，用于接通或切断蓄电池输出电路，在工程车辆长时间停放时切断电源总电路可以减少蓄电池的电量损耗。

电磁式电源总开关的外形及工作原理如图 2—3—1 所示。一般电磁式电源总开关有两对接线柱，比较细的一对是控制接线柱，连接电磁线圈。比较粗的一对是主接线柱，连接其内部的大容量主触点。当电磁线圈得电时，主触点被吸合，电源主电路被接通。

a)

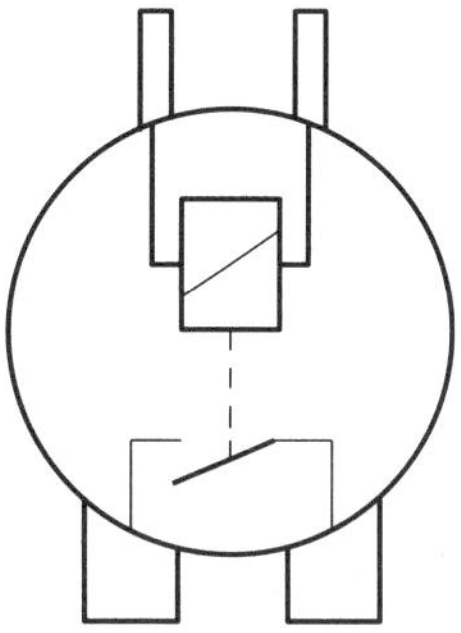

b)

图 2—3—1 电磁式电源总开关

a）外形 b）工作原理示意图

电源总开关可以安装在蓄电池正、负两极任一端，根据电气系统的具体需要来决定控制蓄电池正极还是负极。一般工程车辆的电源总开关控制搭铁端（负极），但对于包含不能断电的电控单元的工程车辆，则安放在蓄电池正极，用电源总开关控制所有可断电电路的电源线。电磁式电源总开关控制正极的连接方法如图 2—3—2 所示。电源总开关按钮闭合时，电源继电器内的线圈得电，其触点被吸合，接通蓄电池和起动机间的电源主电路。

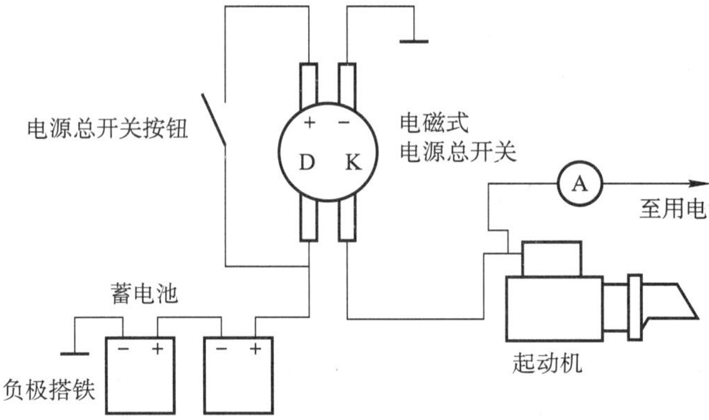

图 2—3—2　电磁式电源总开关连接示意图

2. 点火开关

在充电电路中，发电机的他励供电电路必须受点火开关控制，发电机停止转动时，应将点火开关断开，否则会使发电机的励磁电路一直处于接通状态，不但会烧坏励磁绕组，而且会引起蓄电池亏电。

图 2—3—3 所示为点火开关的外形和挡位，充电时，点火开关应顺时针旋转至“ON”挡，充电完毕后及时关闭点火开关至“LOCK”挡（需压下点火钥匙并逆时针转动）。

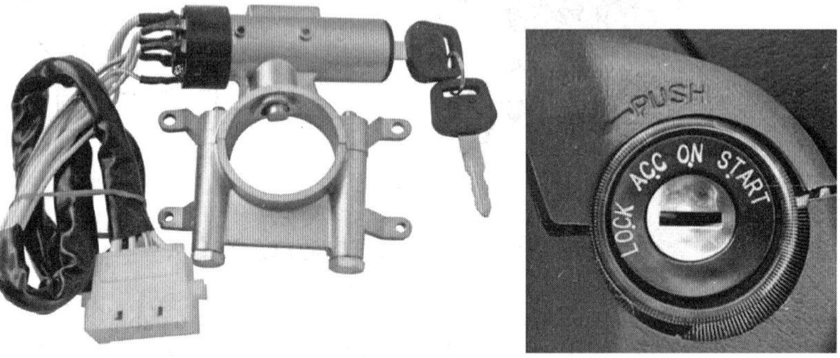

图 2—3—3　点火开关

3. 电源系统电路的工作原理

如图 2—3—4 所示，为总开关控制搭铁端的电源系统电路图，按下电源总开关按钮，其 1、5 端子间的触点接通，电源继电器 KO 的线圈得电，产生电磁吸力，使蓄电池负极与车架间的触点闭合，蓄电池搭铁；电源总开关按钮内含有一只串接了限流电阻的红色发光二极管（LED），二极管正极通过限流电阻直接与蓄电池正极相连，负极搭铁，当蓄电池负极搭铁后，二极管将点亮，显示电源正常。

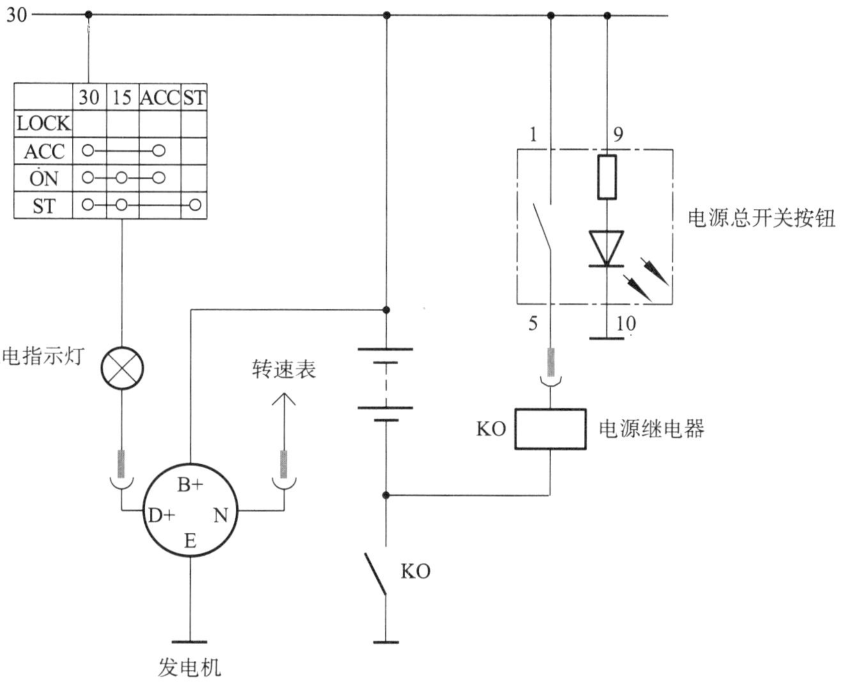

图 2—3—4　电源系统电路图

发电机 B+ 端子与蓄电池正极相连，E 端子（在发电机内部与外壳相连）搭铁，D+ 端子通过充电指示灯与点火开关 1、5 线相连。当点火开关旋至“ON”挡时，D+ 端子从蓄电池获得励磁电流实现他励（此时尚未发电，D+ 端子电压低于蓄电池电压），流过充电指示灯的励磁电流使充电指示灯点亮；当发电机转速达到怠速转速以上时，其发电电压（D+、B+ 端子电压）将高于蓄电池电压，发电机转入自励，此时充电指示灯两端电压都等于发电电压，充电指示灯熄灭，显示发电机正常发电。

二、工程车辆电源电路的安装与调试

1. 电源电路安装步骤

（1）将两块蓄电池安放在电瓶箱内。

（2）用短起动电缆将一块蓄电池的正极与另一块蓄电池的负极连接，使两块电池串联成电池组。

（3）用螺栓将电磁式电源总开关固定在电瓶箱外壁。

（4）用短电缆穿过电瓶箱侧壁的孔连接蓄电池组负极和电磁式电源总开关主接线柱之一。

（5）清理车架搭铁点，除去搭铁螺纹孔四周的油漆，用起动电缆连接电磁式电源总开关另一个主接线柱和车架。

（6）用导线直接将电磁式电源总开关线圈负极接线柱与步骤4所连的主接线柱相连。

（7）将电磁式电源总开关线圈正极接线柱串联电源总开关按钮后与蓄电池正极相连。

（8）电源总开关按钮9号端子接常火线，10号端子搭铁。

（9）发电机“B+”端子用红色导线与蓄电池正极连接，“E”端子（或外壳）搭铁。

（10）点火开关“30”端子连接蓄电池正极，“15”端子连接充电指示灯电源端，充电指示灯另一端连接至发电机“D+”端子。

2. 电源电路调试步骤

（1）闭合电源总开关按钮，此时应听到电磁式电源总开关吸合的声音，且电源总开关按钮内的电源指示灯点亮。

（2）将点火开关旋至“ON”挡，此时充电指示灯应点亮。

（3）起动发动机带动发电机发电，此时充电指示灯应熄灭。

（4）如果现象不正确，应按照电路图检查，排除故障后重新调试，直至结果正确。

*课题4　电源系统故障诊断与维修

学习目标

1. 了解电源系统常见故障的现象和原因。
2. 能独立完成工程车辆电源系统的故障诊断与维修。

一、电源系统常见故障

电源系统电气原理如图2—4—1所示。电源系统常见故障有：

1. 全车无法上电。
2. 全车无法断电。
3. 发动机起动后蓄电池充电指示灯不灭。

4. 送电后蓄电池充电指示灯不亮。

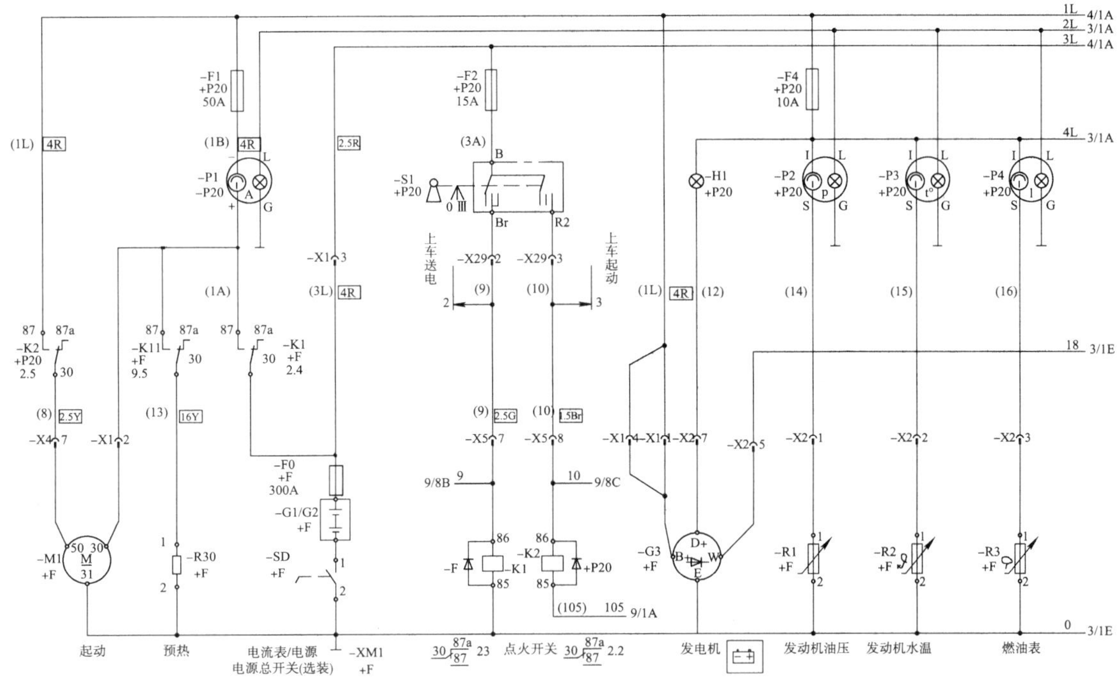

图 2—4—1　电源系统电气原理图

二、电源系统故障原因分析

1. 全车无法上电故障原因分析

（1）蓄电池使用过久或发电机不发电造成的蓄电池亏电。

（2）电源回路断路，包括：

1）电源总开关接线松脱，损坏造成的触点不能闭合。

2）蓄电池负极与车架搭铁接触不良；蓄电池接线柱接线松脱。

3）保险丝 F2 熔断。

4）点火开关损坏，不能闭合。

5）电源继电器 K1 损坏，包括线圈烧坏、触点不能闭合。

6）电流表 P1 损坏或接线柱接线松脱。

7）断路器 F1 断开。

8）电源回路中线路断裂、相关电气元件接线松脱、插接头松脱、端子退针、端子接触不良等造成的回路断路。

2. 全车无法断电故障原因分析

（1）电源继电器发生故障，包括继电器损坏导致的触点闭合后不断开、机械卡滞造成的触点无法分开。

（2）点火开关损坏常闭。

3. 发动机起动后充电指示灯不灭故障原因分析

（1）充电指示灯信号线经常搭铁。

（2）发电机损坏。

4. 送电后充电指示灯不亮

（1）充电指示灯损坏。

（2）充电指示灯回路断路。

三、电源系统故障诊断与维修

1. 全车无电故障诊断与维修流程

如图 2—4—2 所示。

2. 全车无法断电故障诊断与维修流程

如图 2—4—3 所示。

3. 发动机起动后电瓶充电指示灯不灭故障诊断与维修流程

如图 2—4—4 所示。

4. 送电后电瓶充电指示灯不亮故障诊断与维修流程

如图 2—4—5 所示。

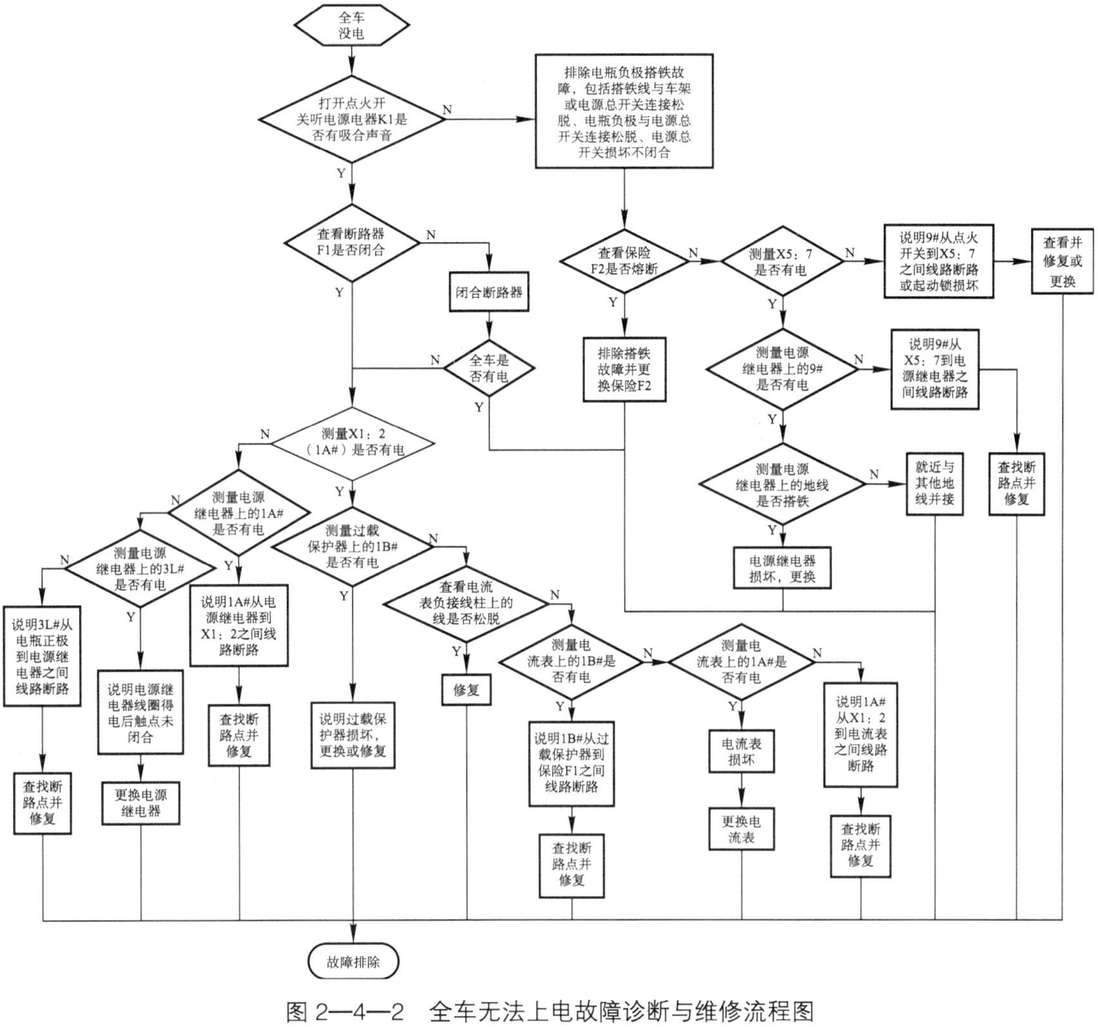

图 2—4—2　全车无法上电故障诊断与维修流程图

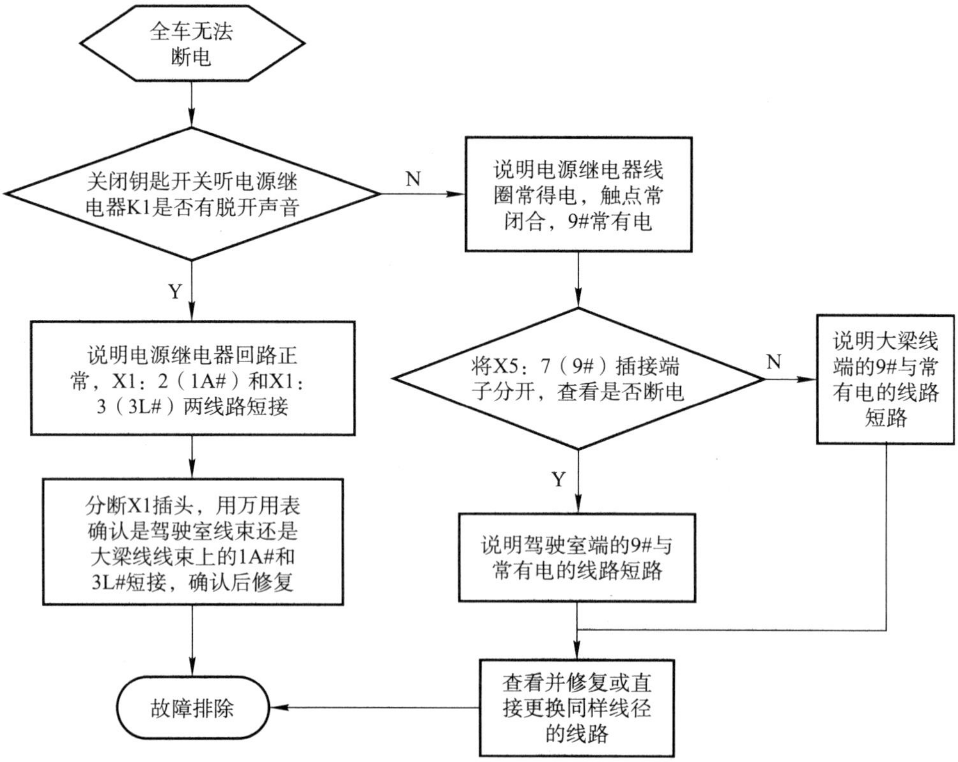

图 2—4—3　全车无法断电故障诊断与维修流程图

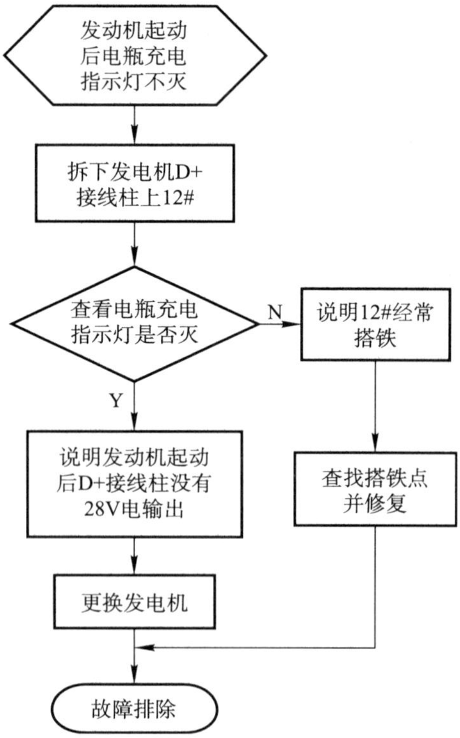

图 2—4—4　充电指示灯不灭的故障诊断与维修流程图

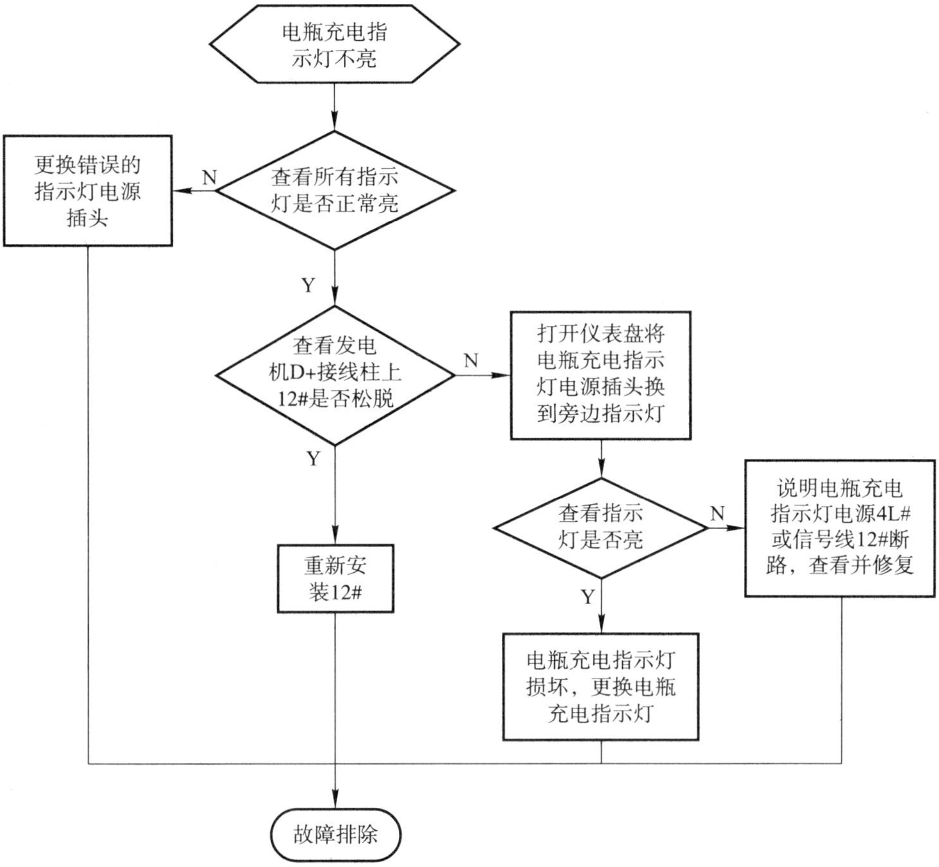

图2—4—5　充电指示灯不亮的故障诊断与维修流程图

模块三 起动系统安装、调试与维修

使发动机从静止状态过渡到工作状态的全过程，称为发动机的起动。完成起动所需要的装置叫起动系统。起动系统由蓄电池、点火开关、起动继电器、起动机等组成。起动系统的功用是通过起动机将蓄电池的电能转换成机械能，起动发动机运转。

课题 1 起动机检测

学习目标

1. 了解起动系统的组成。
2. 了解起动机的组成、结构和工作原理。
3. 掌握起动机的检修方法。

一、起动机的功用、种类和型号

1. 起动机的功用

发动机必须依靠外力带动曲轴旋转后，才能进入正常的工作状态，通常把汽车发动机在外力作用下，开始转动到怠速运转的全过程，称为发动机的起动。起动系统的作用就是供给发动机曲轴转动转矩，使发动机达到必须的起动转速，以便使发动机进入自行运转状态。当发动机进入自行运转状态后，便结束任务停止工作。

发动机常用的起动方式，有人力起动、辅助汽油机起动和电力起动。

（1）人力起动是用手摇或绳拉，属于最简单的一种，现在汽车上仍有部分车型将人力手摇起动作为后备方式保留，但由于工程车辆均采用大功率柴油机，无法用人力起动。

（2）辅助汽油机起动方式只有在少数重型车辆上采用。

（3）电力起动机是由直流电动机通过传动机构将发动机起动，它具有操作简单，起动迅速可靠，重复起动能力强等优点，绝大多数工程车辆采用这种方式起动，电力起动机简称为起动机，均安装在发动机飞轮壳的座孔上，用螺栓紧固。

2. 起动机的种类

起动机是起动系统的核心装置，其技术状态好坏直接影响汽车的起动性能。车用起动机种类繁多。

（1）按总体结构不同分

1）普通起动机。此类起动机无特殊结构和装置。

2）永磁起动机。此类起动机电动机磁极用永磁材料（铁氧体或钕铁硼等）制成。

3）减速起动机。此类起动机传动机构设有减速装置。可采用高速、小型、低转矩电动机，质量和体积比普通起动机可减小 30% ~ 35%。

（2）按传动机构啮合方式不同分

1）强制啮合式。此类起动机依靠电磁力拉动杠杆机构，拨动驱动齿轮强制啮入飞轮齿圈。工作可靠性高，现代工程车辆广泛采用。

2）电枢移动式。此类起动机依靠磁极磁通的电磁力使电枢产生轴向移动，从而将驱动齿轮啮入飞轮齿圈。结构比较复杂，东欧国家采用较多，如太脱拉 T111、T138，斯柯达 706R，却贝尔 D250、D420、D450 等汽车用起动机。

3）齿轮移动式。此类起动机依靠电磁开关推动电枢轴孔内的啮合推杆，使驱动齿轮啮入飞轮齿圈。

3. 起动机的型号

根据我国汽车行业推荐标准 QC/T73—1993《汽车电气设备产品型号编制方法》规定，汽车起动机的型号组成如下：

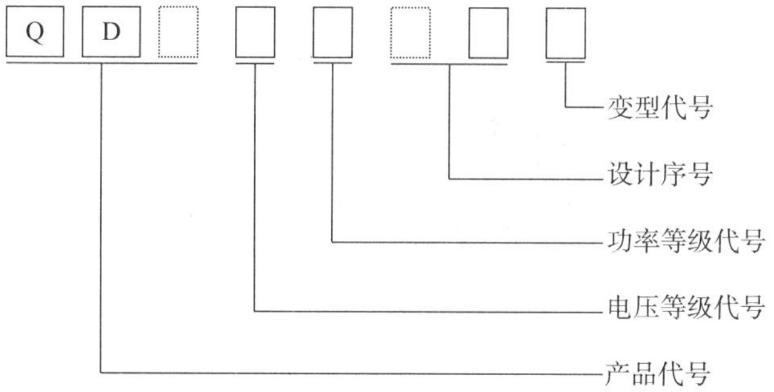

（1）产品代号

产品代号有 QD、QDJ、QDY 三种，分别表示普通起动机、减速起动机、永磁起动机或永磁减速起动机。字母“Q”“D”“J”“Y”分别为“起”“动”“减”“永”字汉语拼音的第一个大写字母。

（2）电压等级代号

电压等级代号用 1 位阿拉伯数字表示，1 表示 12 V，2 表示 24 V。

（3）功率等级代号

功率等级代号用 1 位阿拉伯数字表示，含义见表 3—1—1。

（4）设计序号

按产品设计先后顺序，由 1 ~ 2 位阿拉伯数字组成。

（5）变型代号

主要电气参数和基本结构不变的情况下，一般电气参数的变化或某些结构的改变称为变型，以汉语拼音大写字母 A、B、C……顺序表示。

如 QD2615：表示额定电压为 24 V、功率为 5 ~ 6 kW，第 15 次设计的起动机。

表 3—1—1　　起动机功率等级代号的含义

功率等级代号	1	2	3	4	5	6	7	8	9
起动机功率（kW）	≤ 1	1 ~ 2	2 ~ 3	3 ~ 4	4 ~ 5	5 ~ 6	6 ~ 7	7 ~ 8	≥ 8

二、起动机的结构和工作原理

不同型号的起动机，只是在外形、安装尺寸和操纵机构，以及工作电路上有所差异，但其基本结构、作用和工作原理却是相同的。如图 3—1—1 所示，一般起动机由直流电动机、传动机构和控制机构三大部分组成。常用的直流串励式起动机的内部结构如图 3—1—2 所示。

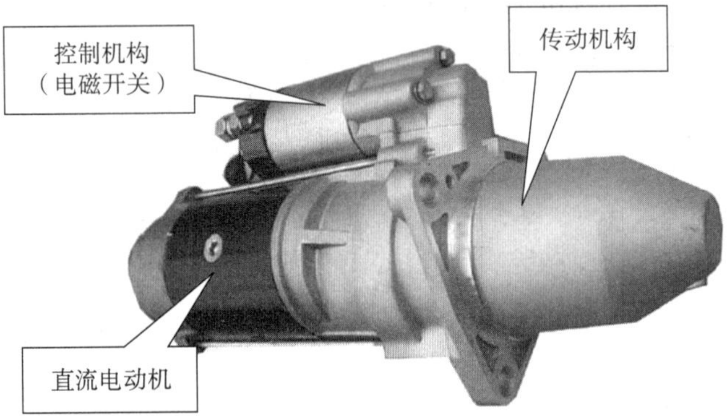

图 3—1—1　起动机

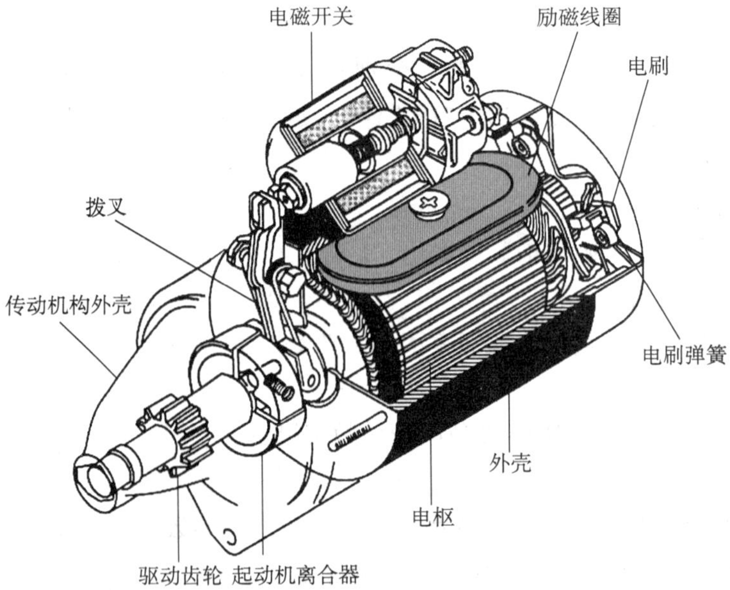

图 3—1—2　典型起动机的结构

1. 直流电动机

直流电动机主要由壳体、磁极、电枢（含换向器）和碳刷组件等组成。

图 3—1—3　直流电动机结构

（1）壳体

壳体由钢管制成，其功用是安装磁极和固定机件。磁极通过磁极铁芯固定在壳体内壁上。壳体上有一个用于连接电磁开关“C”端子和直流电动机磁场绕组的孔，由于流通的电流很大（高达 1 000 A），一般用没有绝缘层的镀锌铜片或编制铜带作导线，所以孔内有绝缘护套以防止导线对壳体短路（搭铁）。

（2）磁极

磁极又称定子，其功用是产生磁场，如图 3—1—4 所示。电磁式电动机的磁极由铁芯和磁场绕组（定子绕组）组成，铁芯用低碳钢制成马蹄形，并用螺钉固定在电动机壳体的内壁上，磁场线圈套装在铁芯上。为了增大起动机的电磁转矩，一般采用四个磁极。功率超过 7.5 kW 的大功率起动机有的采用六个磁极。磁场线圈用矩形裸体铜线绕制，并与电枢绕组串联，如图 3—1—5 所示。四个磁场线圈的连接方式有两种：一种是四个绕组串联后再与电枢绕组串联，如图 3—1—5a 所示；另一种是两个绕组先串联后并联，然后再与电枢绕组串联，如图 3—1—5b 所示。目前普遍采用后一种连接方式。无论采用哪一种连接方式，其磁场线圈通电产生的磁极必须 N、S 极相间排列。

（3）电枢

电枢又称转子，其功用是产生电磁转矩，如图 3—1—6a 所示，主要由电枢铁芯、电枢绕组、电枢轴和换向器组成。

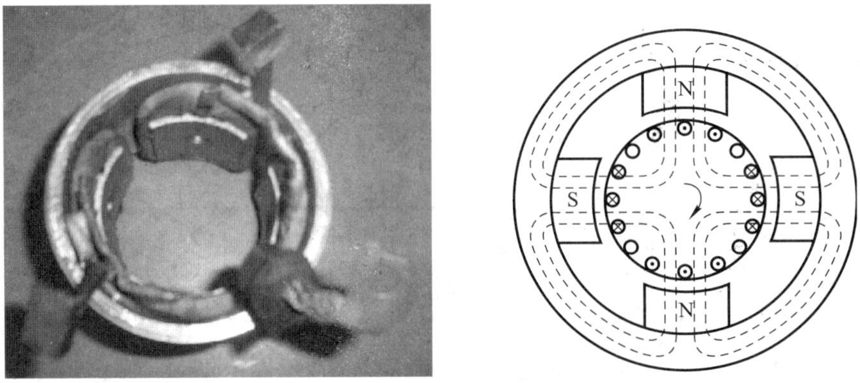

图 3—1—4　磁极外观与磁场分布

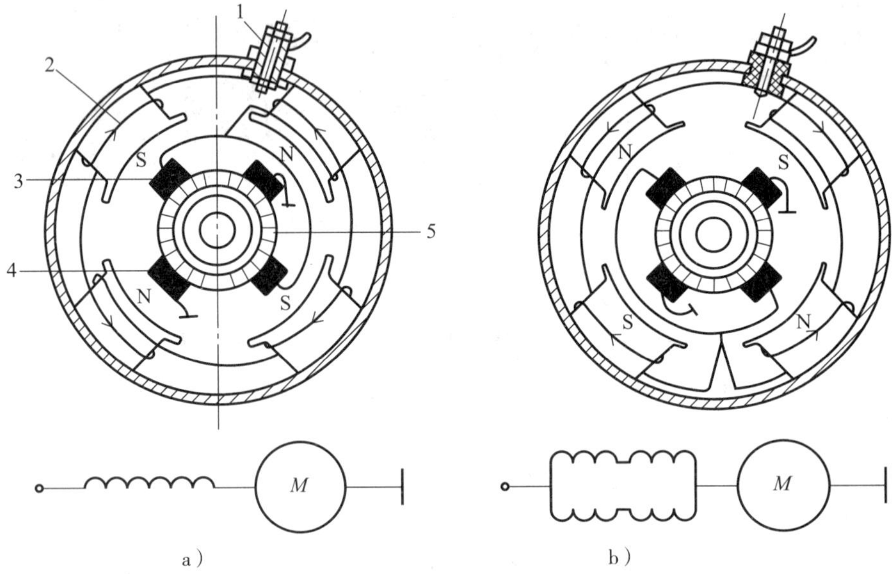

图 3—1—5　磁场线圈连接方式

a）四个绕组相互串联　b）两个绕组先串联后并联

1—“C”端子　2—磁场线圈　3—正碳刷　4—负碳刷　5—换向器

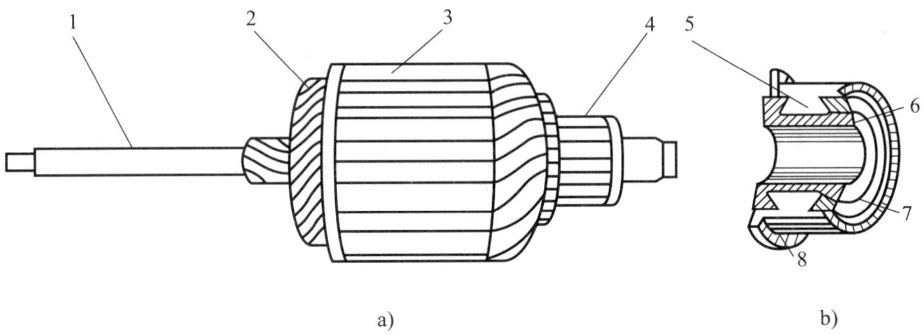

图 3—1—6　起动机电枢的结构

a）电枢总成　b）换向器

1—电枢轴　2—电枢绕组　3—铁芯　4—换向器　5—换向片　6—轴套　7—压环　8—焊线凸缘

1）电枢铁芯。电枢铁芯由薄硅钢片叠装而成。硅钢片中心有花键孔，以备装在电枢轴上；沿外圆周有许多均布的缺口，叠装后形成槽，用以安装电枢绕组。

2）电枢绕组。为了得到较大的转矩，流经电枢绕组的电流很大，为 200 ~ 600 A。因此，电枢是用较粗的矩形裸铜线，绕制成波形绕组。为了防止裸铜线线间短路或搭铁，裸铜线与裸铜线、裸铜线与铁芯之间，均用绝缘性能良好的绝缘纸隔开。由于裸铜线较粗，为防止它在离心力的作用下甩出，在槽口的两侧铁芯上，需要挤紧。电枢线圈整体用树脂固定，从而提高了它的耐热性和抗振性。

3）换向器。换向器的功用是将通入碳刷的直流电流转换为电枢绕组中导体所需的交变电流，以使不同磁极下导体中电流的方向保持不变。换向器由许多截面呈燕尾状的薄铜片和云母叠压而成，安装在转子轴上，一端带有焊接电枢绕组线头用的突缘，如图 2—1—6b 所示。燕尾状铜片称为换向片，换向片与换向片之间以及换向片与轴套、压环之间均绝缘。电枢绕组各线圈两端，均焊在对应的换向片上。通过换向器和碳刷的接触，将蓄电池的电流引进来。

4）电枢轴。起动机电枢轴上制有传动键槽，用以与起动机离合器配合。另外，在小齿轮啮合式的电枢轴上，切制出螺旋形花键，因此，小齿轮的前进力也用电枢的旋转力而获得。电枢轴一般采用前后端盖和中间支撑板三点支撑，其轴承采用石墨青铜制成的平轴承。为防止轴向窜动，轴的尾端肩部与后端盖之间装有止推垫圈。

（4）碳刷组件

碳刷组件的功用是将电流引入电动机，主要由碳刷、碳刷架和碳刷弹簧组成。

碳刷用铜粉与石墨粉压制而成，起动机碳刷的含铜量为 80%左右，石墨含量为 20%左右。加入较多铜粉的目的是减小电阻，提高导电性能和耐磨性能。碳刷安装在碳刷架内，借弹簧压力紧压在换向器上，碳刷弹簧的压力一般为 12 ~ 15 N。

碳刷架有四个，固定在支架或端盖上，直接固定在支架或端盖上的碳刷架称为搭铁碳刷架或负碳刷架，安装在两个负碳刷架中的碳刷称为负碳刷；用绝缘垫片将碳刷架绝缘固定在碳刷支架或端盖上的碳刷架称为正碳刷架，安装在两个正碳刷架内的碳刷称为正碳刷。

2. 传动机构

传动机构的作用是在起动时使驱动齿轮与飞轮齿圈啮合，将起动机转矩传给发动机曲轴；在起动后，使电动机和飞轮齿圈自动脱开，防止电动机因超速旋转而损坏。

起动机的传动装置主要由单向离合器和拨叉组成。单向离合器有滚柱式离合器、弹簧式离合器和摩擦片式离合器三种。摩擦片式离合器可以传递较大转矩，主要用于柴油发动机汽车，滚柱式和弹簧式离合器主要用于汽油发动机汽车。

（1）滚柱式单向离合器

1）结构。滚柱式单向离合器的结构如图 3—1—7 所示。传动导管 3 与外座圈 5 制成一体，外座圈内圆制成“+”字形空腔。驱动齿轮 7 另一端的内座圈伸入外座圈的空腔内，将“+”字形空腔分割成楔形腔室，如图 3—1—8 所示。

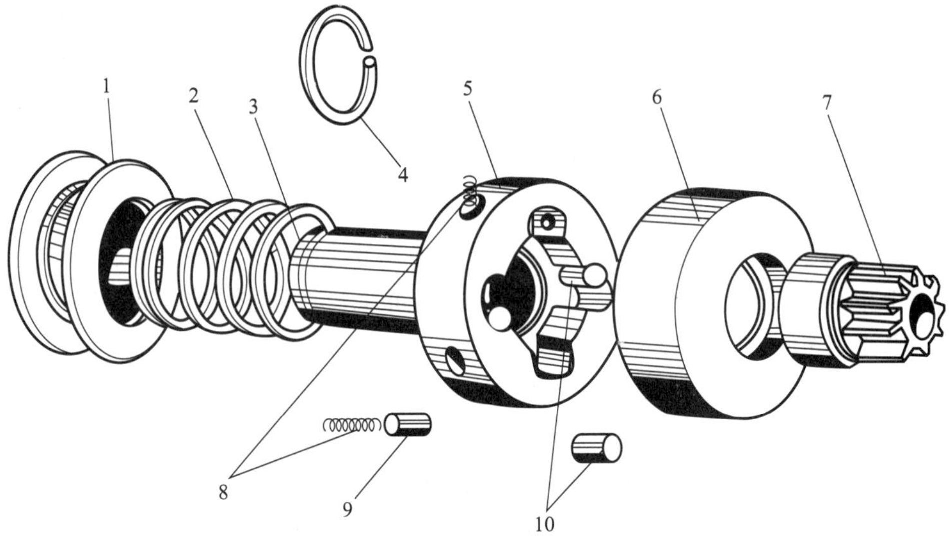

图 3—1—7 滚柱式单向离合器的结构

1—拨环 2—弹簧 3—传动导管 4—卡簧 5—外座圈 6—外壳 7—驱动齿轮 8—滚柱弹簧 9—弹簧帽 10—滚柱

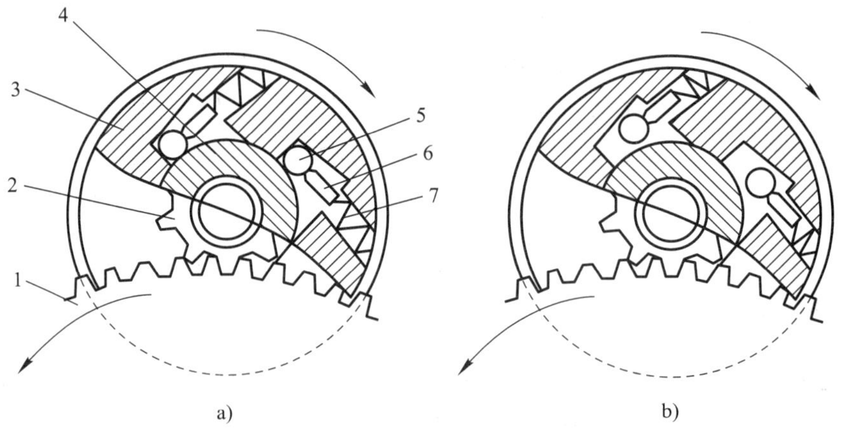

图 3—1—8 滚柱式单向离合器工作原理图

a）传递动力 b）切断动力

1—发动机飞轮 2—驱动齿轮 3—外座圈 4—内座圈 5—滚柱 6—弹簧帽 7—弹簧

滚柱有 4 ~ 6 只，安放在楔形腔室内。弹簧一端套上弹簧帽，并安放在外座圈的径向小孔中，弹簧帽压在滚柱上，弹簧另一端压在铁皮外壳上，铁皮外壳将内外座圈包装在一起。当起动机未工作时，弹簧张力将滚柱压向楔形室较窄一端。

传动导管套装在电枢轴上，导管内圆制有内螺旋键槽，与电枢轴上的外螺旋键槽配合而传递动力。制成一体的驱动齿轮和内座圈套装在电枢轴的光轴部分，既可轴向移动，也可绕光轴转动。

2）工作过程

①起动发动机时，传递动力。起动发动机时，驾驶员操纵点火开关，在控制装置（电磁开关）的作用下，拨叉下端便拨动离合器向外移动，驱动齿轮 2 与发动机飞轮齿圈 1 进入啮合。当电动机驱动转矩小于发动机阻力转矩时，电枢轴仅带动传动导管与外座圈 3 转动，此时驱动齿轮 2、内座圈 4 和飞轮 1 并不转动，在内座圈与滚柱之间的摩擦力矩和弹簧力矩作用下，滚柱滚向楔形室较窄一侧并将外座圈 3 与内座圈 4 卡成一体，如图 3—1—8a 所示，动力便经电枢轴、传动导管和外座圈、滚柱、内座圈和驱动齿轮传到发动机飞轮齿圈。当电动机驱动力矩达到或超过发动机阻力转矩时，驱动齿轮便带动飞轮旋转，直到发动机被起动为止。在起动发动机时，单向离合器的驱动齿轮为主动部件，发动机的飞轮为被动部件。

②起动发动机后，切断动力。发动机起动后，曲轴在活塞的作用下高速旋转，发动机的飞轮转为主动部件，离合器的驱动齿轮转为被动部件。由于飞轮齿圈与驱动齿轮之间的传动比较大，因此发动机一旦被起动，其飞轮便带动驱动齿轮高速旋转。由于驱动齿轮的转速远远高于电枢轴的转速，因此内座圈与滚柱之间的摩擦力矩便使滚柱克服弹簧力矩滚向楔形室较宽一侧，如图 3—1—8b 所示，滚柱将在内、外座圈之间跳跃滚动，发动机的动力不会传递给电枢轴，即动力联系切断，此时电枢轴仅由电枢绕组产生的电磁力矩驱动而空转，从而避免电枢超速旋转。

（2）弹簧式单向离合器

弹簧式单向离合器安装在电枢的延长轴上，如图 3—1—9 所示，驱动齿轮的右端空套在花键套筒左端的外圆面上，两个扇形块装入驱动齿轮右端的相应缺口中，并伸入花键套筒左端的环槽内，使驱动齿轮与花键套筒之间既可以一起做轴向移动，又可以相对滑转。离合弹簧在自由状态下的内径小于齿轮和花键套筒相应外圆面的外径，在安装状态下弹簧紧套在外圆面上，弹簧与护套之间有间隙。起动时，起动机的电枢轴带动花键套筒旋转，有使弹簧收缩的趋势，弹簧被箍紧在相应外圆面上。于是，起动机的转矩靠弹簧与外圆面之间的摩擦作用传递给驱动齿轮，通过飞轮环齿带动曲轴旋转，使发动机起动。发动机一旦起动，驱动齿轮的转速超过花键套筒的转速，弹簧张开，驱动齿轮在花键套筒上滑转，与电枢轴脱开，防止电动机超速。

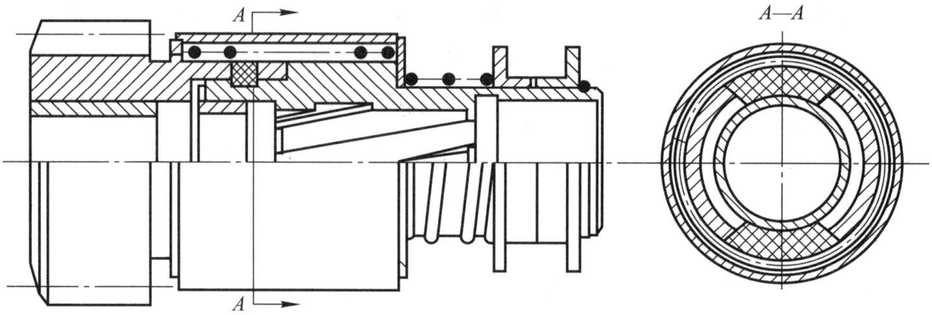

图 3—1—9　弹簧式单向离合器

（3）摩擦片式单向离合器

摩擦片式单向离合器如图 3—1—10 所示。它主要由主动鼓、驱动齿轮导向轴、碟形垫片、主动摩擦片、被动摩擦片、调整垫片和被动鼓等组成。其主动鼓与电枢制成一体，被动鼓通过螺旋键槽与驱动齿轮导向轴配合。导向轴与驱动齿轮是用长方形键配合。离合器带有碟形垫片，用以限制最大扭矩，防止起动机负荷过大而损坏。

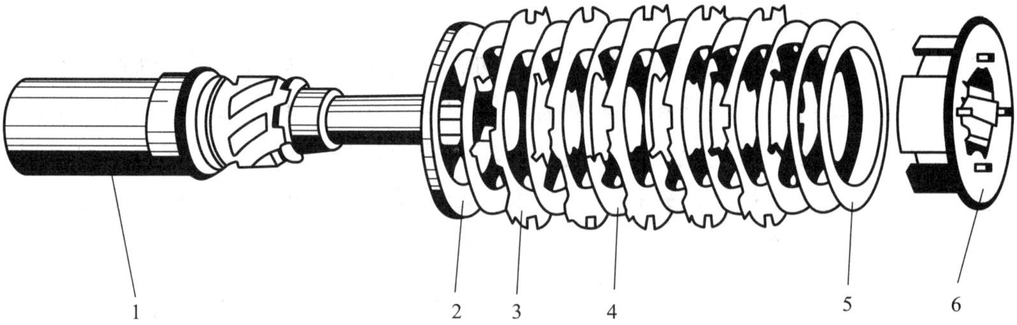

图 3—1—10　摩擦片式单向离合器

1—驱动齿轮导向轴　2—碟形垫片　3—主动摩擦片　4—被动摩擦片　5—调整垫片　6—被动鼓

3. 控制装置

控制装置的作用是操纵单向离合器和飞轮齿圈的啮合与分离，控制起动机电路的接通与切断。电磁式控制装置一般指电磁开关。

（1）控制装置结构

控制装置一般是指电磁式控置装置。

1）电磁开关。起动机的控制装置在起动机上称为电磁开关，主要作用是控制起动机驱动齿轮与发动机飞轮啮合和分离，以及控制起动机主电路（电流可以高达 1 000 A）的通断。

电磁开关主要由电磁铁机构和电动机开关两部分组成。电磁铁机构主要由固定铁芯、活动铁芯、吸引线圈和保持线圈等组成。固定铁芯与活动铁芯安装在一个铜套内。固定铁芯固定不动，活动铁芯可在铜套内作轴向移动。活动铁芯前端固定有推杆，推杆前端安装有接触片；活动铁芯后端用调节螺钉与拨叉连接。铜套外面安装有一个复位弹簧，其作用是使活动铁芯等可移动部件复位。

2）电动机开关。电动机开关由接触片和触点组成。接触片固定在活动铁芯推杆的前端；两个触点分别与起动机“30”端子和“C”端子制成一体。（在汽油车起动机两触点的旁边，还有一块与附加电阻短路接线柱相连的小铜片，称为附加电阻短路开关。）

（2）控制装置工作原理

电磁开关工作过程如图 3—1—11 所示。

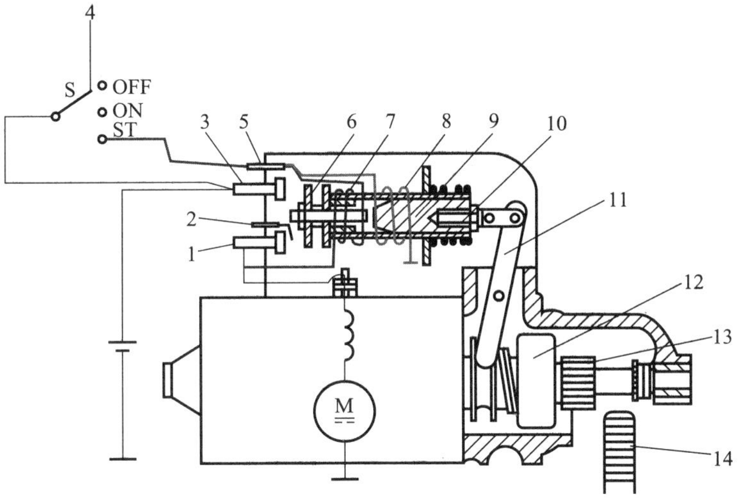

图 3—1—11　控制装置工作原理示意图

1—“C”端子　2—点火线圈附加电阻短路接线柱（柴油机没有）　3—“30”端子　4—点火开关　5—“50”端子　6—接触片　7—吸引线圈　8—保持线圈　9—活动铁芯　10—调节螺钉　11—拨叉　12—单向离合器　13—驱动齿轮　14—发动机飞轮

当点火开关接通至起动挡（“START”）时，其电路为蓄电池正极→“30”端子 3 →点火开关 4 →“50”端子 5 →吸引线圈和保持线圈线路。

吸引线圈电路：蓄电池正极→“30”端子 3 →点火开关 4 →“50”端子 5 →吸引线圈 7 →“C”端子 1 →电动机磁场绕组→电枢绕组→搭铁→蓄电池负极。

保持线圈电路：蓄电池正极→“30”端子 3 →点火开关 4 →“50”端子 5 →保持线圈 8 →搭铁→蓄电池负极。

此时，吸引线圈和保持线圈磁场方向相同，活动铁芯在电磁力作用下克服复位弹簧的作用向左移动，压动推杆使起动机开关接触片与触点靠近，与此同时带动拨叉将驱动小齿轮一边缓慢旋转，一边推向飞轮齿圈啮合。当驱动小齿轮与飞轮齿圈接近完全啮合时，开关接触盘已将触点接通，起动机主电路接通，直流电动机产生强大转矩，通过接合状态的单向离合器传给发动机飞轮齿圈，起动发动机。

主开关接通后，吸引线圈被主开关短路，活动铁芯在保持线圈电磁力作用下保持在吸合位置。

当驾驶员松开点火钥匙，点火开关从起动挡自动回到行车挡（“ON”），起动挡断开。此时电磁开关接触片仍将触点接通，吸引线圈与保持线圈串联形成通路。吸引线圈和保持线圈电流的路径为：蓄电池正极→“30”端子3→接触盘→“C”端子1→吸引线圈7→“50”端子5→保持线圈8→搭铁→蓄电池负极。此时两线圈磁场方向相反，产生的电磁力相互削弱，故在回位弹簧的作用下，活动铁芯等可移动部件自动回位，开关接触片与触点断开，电动机主电路即被切断，起动机停止工作。驱动齿轮未退出前，单向离合器保护起动机不被发动机反拖。

4. 起动机控制电路

工程车辆上装配的起动机功率较大，不能直接使用点火开关控制起动机，必须使用起动继电器。图3—1—12所示为用继电器控制的起动电路示意图，当点火开关闭合时，起动继电器线圈得电，触点闭合，使“50”端子得电，起动机开始运转；起动完毕后，点火开关断开，起动继电器失电，触点断开，使“50”端子断电，起动机停止运转。

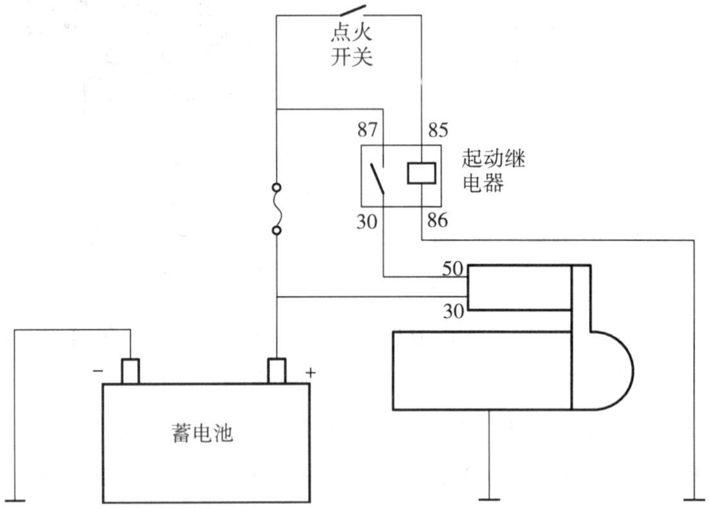

图3—1—12　起动机控制电路示意图

*三、起动机的检测与维修方法

通过诊断，当确定是起动机故障时，需拆下起动机进行检修。若故障部位在电磁开关，则更换电磁开关；若故障部位在直流电动机或单向离合器，则需进一步拆检。

1. 电磁开关的检测

（1）吸引线圈的检测

如图 3—1—13 所示，拆下“C”端子，用起动电缆连接蓄电池正极桩与起动机“30”端子，负极桩连接起动机外壳导电处，此时保持线圈通电，但磁力不足以使电磁开关吸合；用导线将电磁开关“C”端子搭铁，此时吸引线圈与保持线圈同时通电，且磁场方向相同，若电磁开关吸合，则吸引线圈正常，继续进行保持线圈的检测。

（2）保持线圈的检测

如图 3—1—14 所示，在上一步的基础上，断开电磁开关“C”端子搭铁线，此时只有保持线圈通电，电磁开关应保持吸合状态不变，若铁芯弹回，则保持线圈有故障。如果现象正常，继续进行复位弹簧检测。

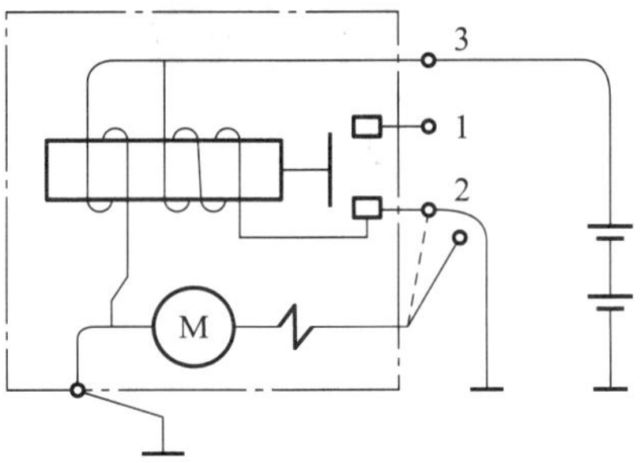

图 3—1—13　吸引线圈的检测
1—“30”端子　2—“C”端子　3—“50”端子

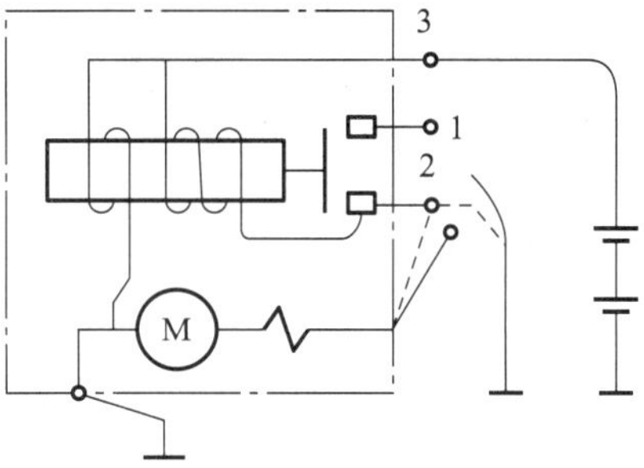

图 3—1—14　保持线圈的检测
1—“30”端子　2—“C”端子　3—“50”端子

（3）复位弹簧的检测

如图 3—1—15 所示，在上一步的基础上断开蓄电池与“50”端子间的起动电缆和外壳搭铁电缆，此时，吸引线圈和保持线圈都断电，活动铁芯应该在复位弹簧的作用下回弹复位。

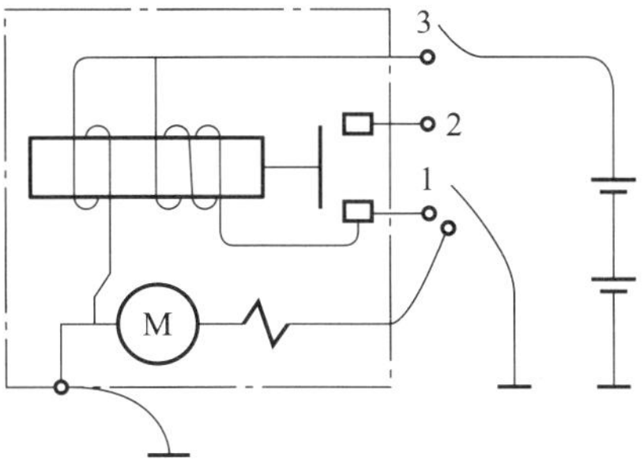

图 3—1—15　复位弹簧的检测
1—“30”端子　2—“C”端子　3—“50”端子

2. 励磁绕组的检测

励磁绕组导线截面积较大，通电电流非常大，易出现的故障是短路与搭铁，断路的可能性很小，重点检查的是短路与搭铁故障。

用万用表欧姆挡测量励磁绕组电阻，若阻值接近于零，则为短路故障，如图 3—1—16 所示。

用万用表欧姆挡测量碳刷（或“C”端子）与起动机外壳的电阻，若为无穷大，则正常；若接近于零，则为励磁绕组搭铁故障，如图 3—1—17 所示。

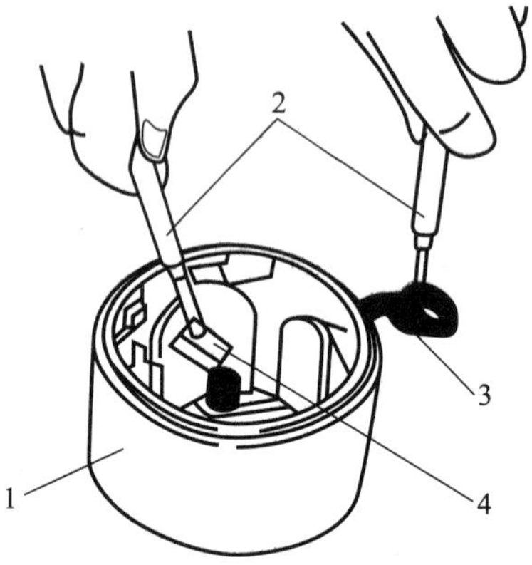

图 3—1—16　励磁绕组短路故障的检测
1—起动机外壳　2—万用表表笔　3—“C”端子　4—碳刷

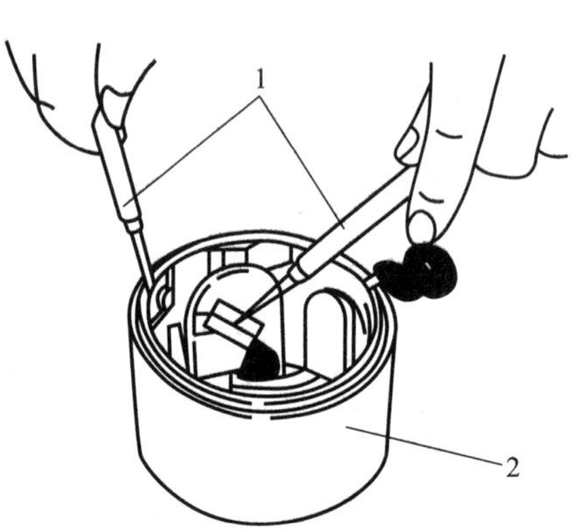

图 3—1—17　励磁绕组搭铁故障的检测
1—万用表表笔　2—起动机外壳

课题 2　起动系统安装与调试

学习目标

1. 掌握起动电路的工作原理。
2. 能正确安装与调试起动电路。

一、起动电路图分析

起动电路的控制元件是点火开关，其作用是接通和切断起动继电器线圈控制电路，以实现驾驶员的远距离操纵。起动电路图如图 3—2—1 所示，起动时，将点火开关顺时针旋转到起动挡（“START”），此时起动继电器 K2 线圈得电，使其连接在起动机“50”端子上的触点闭合；起动机“30”端子是供电端，始终通过起动电缆与蓄电池正极直接连接，“50”端子是控制端，当“50”端子得电时，起动机就开始运转，带动发动机起动；发动机成功起动后，松开钥匙，点火开关会自动弹回行车挡（“ON”）。

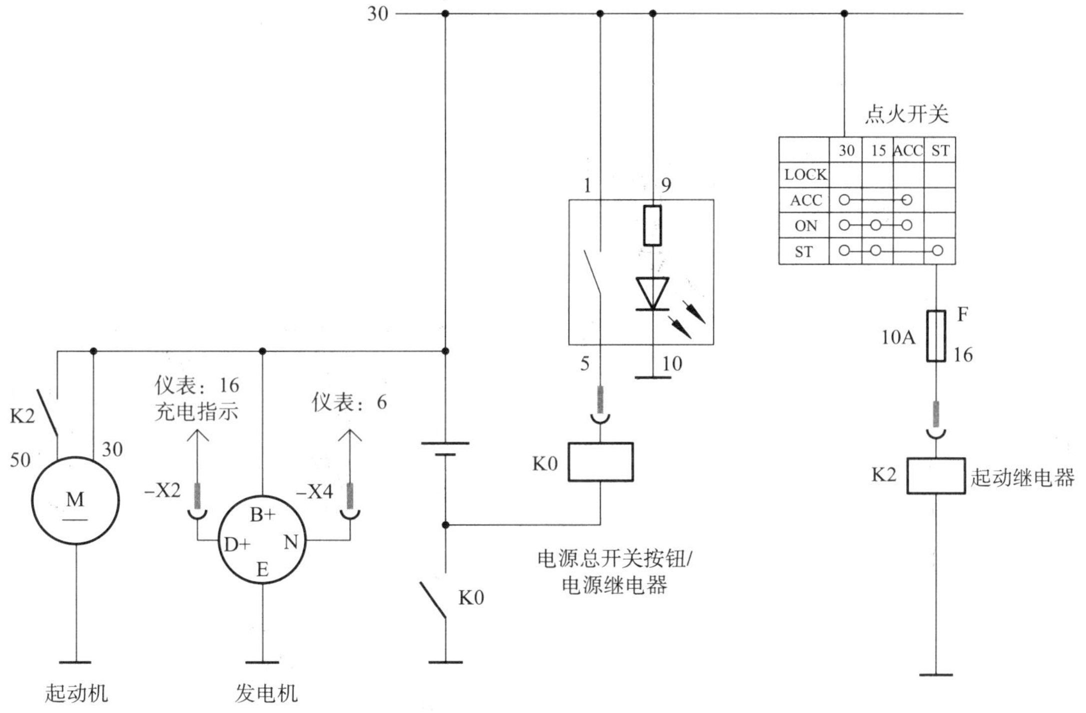

图 3—2—1　起动电路图

二、起动电路的安装与调试

1. 起动电路的组成

蓄电池、起动电缆、点火开关、起动机、起动继电器。

2. 起动电路的安装步骤

（1）安装起动电路前应先断开蓄电池搭铁电缆，以防操作时产生电火花，损坏电子元件。

（2）在电源电路的基础上，将点火开关“START”端子连接保险丝盒起动保险丝供电端；起动保险丝另一端连接至起动继电器控制端，起动继电器事先用螺栓紧固在车架上，保证外壳搭铁良好。

（3）用起动电缆连接起动机“30”端子与蓄电池正极桩。

（4）起动继电器触点接线柱分别连接“30”端子与“50”端子。

（5）起动机外壳通过发动机外壳搭铁。

3. 起动电路的调试步骤

（1）闭合电源总开关按钮，此时应听到电磁式电源总开关吸合的声音，且电源总开关按钮内的电源指示灯点亮。

（2）将点火开关旋至“START”挡，此时起动机起动运转。

（3）发动机起动后立即松开点火开关（自动弹回“ON”挡），起动机停止运转。

（4）如果现象不符合上述情况，应按照电路图检查排故，排除故障后重新调试，直至结果正确。

（5）注意事项

1）起动机每次起动时间不得超过 5 s，再次起动应间隔至少 15 s，使蓄电池得以恢复。如果第二次起动仍不成功，应在检查与排除故障的基础上间歇 2 min 以后再进行第三次起动。

2）冬季或低温情况下起动时，应对蓄电池采取保温措施。

3）发动机起动后，应立即切断起动控制电路，使起动机停止工作。

*课题 3　起动系统故障诊断与维修

学习目标

1. 了解起动系统常见故障的现象和故障原因。
2. 掌握起动系统常见故障的诊断与排除方法。

一、起动系统常见故障现象

1. 发动机无法起动

（1）将点火开关拧至起动挡位时起动机没有转动的声音，起动继电器无吸合声音。

（2）将点火开关拧至起动挡位时起动机没有转动的声音，起动继电器有吸合声音。

（3）将点火开关拧至起动挡位时起动机有转动的声音，但起动不了。

2. 发动机无法熄火

（1）关闭点火开关（断电），可以熄火，但按下熄火开关无法熄火。

（2）关闭点火开关（断电），无法熄火。

二、起动系统故障相关原因

图 3—3—1 所示为工程车辆起动系统电路图，随着我国环保标准的提高，目前所有新生产的工程车辆均装配达到国三标准以上的电控柴油机。

柴油发动机熄火最终都是通过断油实现的。国三电控发动机可以通过关闭点火开关或操纵熄火开关让发动机喷油器不再喷油，实现熄火；国二机械式喷油泵发动机可通过机械软轴将喷油泵油量调节装置牵引至停油位置，切断发动机的燃油供给，实现熄火。在此仅对电控发动机起动系统故障进行分析。

三、起动系统故障原因

1. 发动机无法起动故障原因

（1）将点火开关拧至起动挡位时起动机没有转动的声音，起动继电器无吸合声音的故障原因：

1）变速箱不在空挡状态。

2）变速箱在空挡状态，空挡信号回路断路，造成空挡信号未能发送给发动机 ECU。

3）起动继电器 K2 线圈回路断路，包括点火开关损坏、插接件插针松脱退针、线路断裂、起动继电器线圈损坏。

（2）将点火开关拧至起动挡位时起动机没有转动的声音，起动继电器有吸合声音的故障原因：

1）起动继电器 K2 触点回路断路，包括起动继电器触点损坏、插接件插针松脱退针、线路断裂。

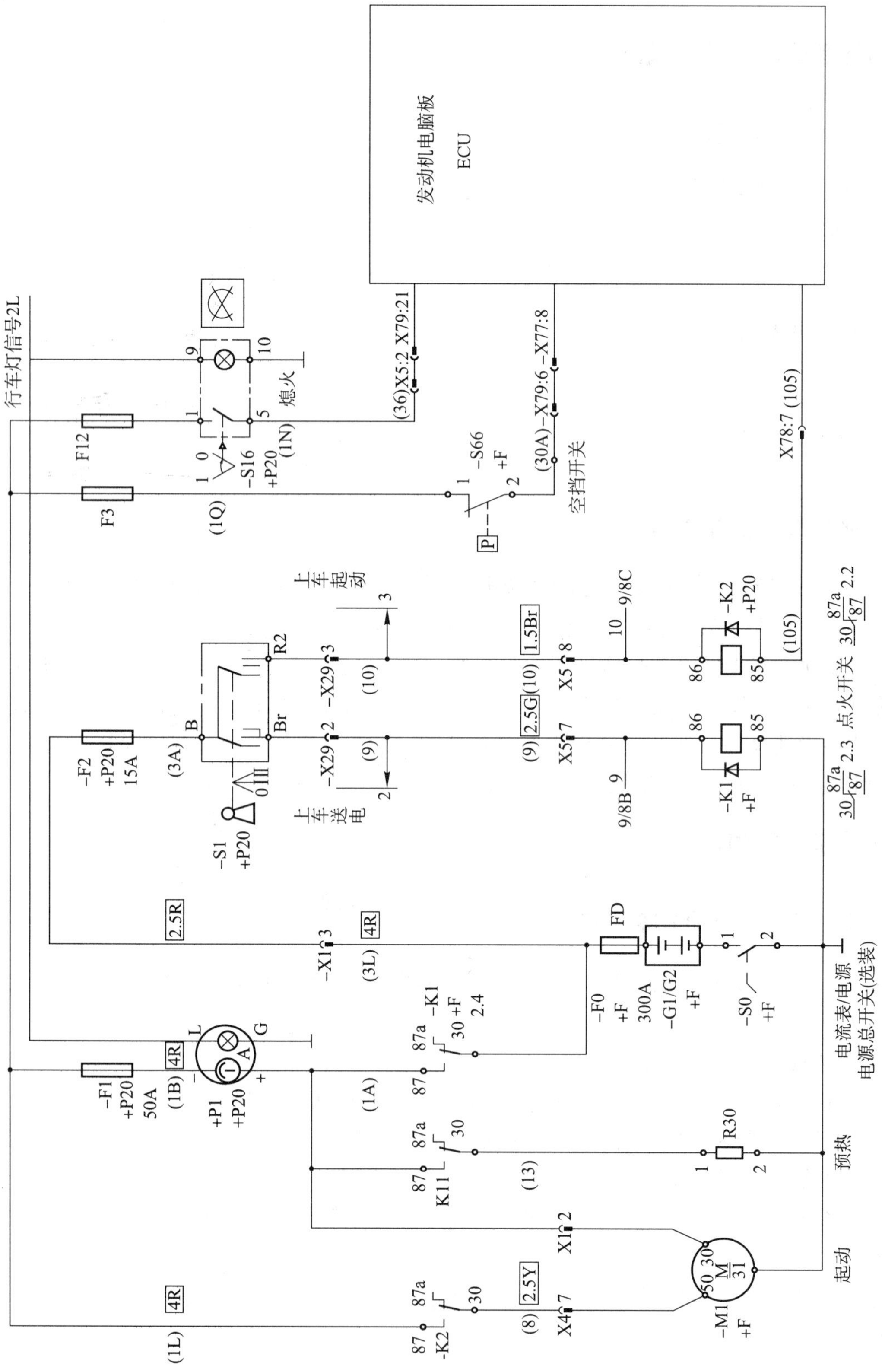

图 3—3—1　工程车辆起动系统电路图

2）起动机损坏。

（3）将点火开关拧至起动挡位时起动机有转动的声音，但起动不了发动机的故障原因：

1）发动机进油回路故障。

2）蓄电池亏电（正常情况下，发动机起动前蓄电池电压为 25 V 左右，发动机起动瞬间蓄电池压降低 2 ~ 4 V）。

3）蓄电池负极与车架搭铁处接触不良。

4）发动机使用年限较久，阻尼较大。起动电缆过长，电阻较大，致使起动电流小。

2. 发动机无法熄火的故障原因

（1）熄火控制回路断路，包括保险丝熔断、熄火开关损坏、各插接件松脱退针、线路断裂等。

（2）发动机“飞车”。

四、起动系统故障排除步骤及方法

1. 发动机无法起动故障排除步骤及方法

发动机无法起动故障检测和排除流程如图 3—3—2 所示。

2. 发动机无法熄火故障排除步骤及方法

发动机无法熄火故障检测和排除流程如图 3—3—3 所示。

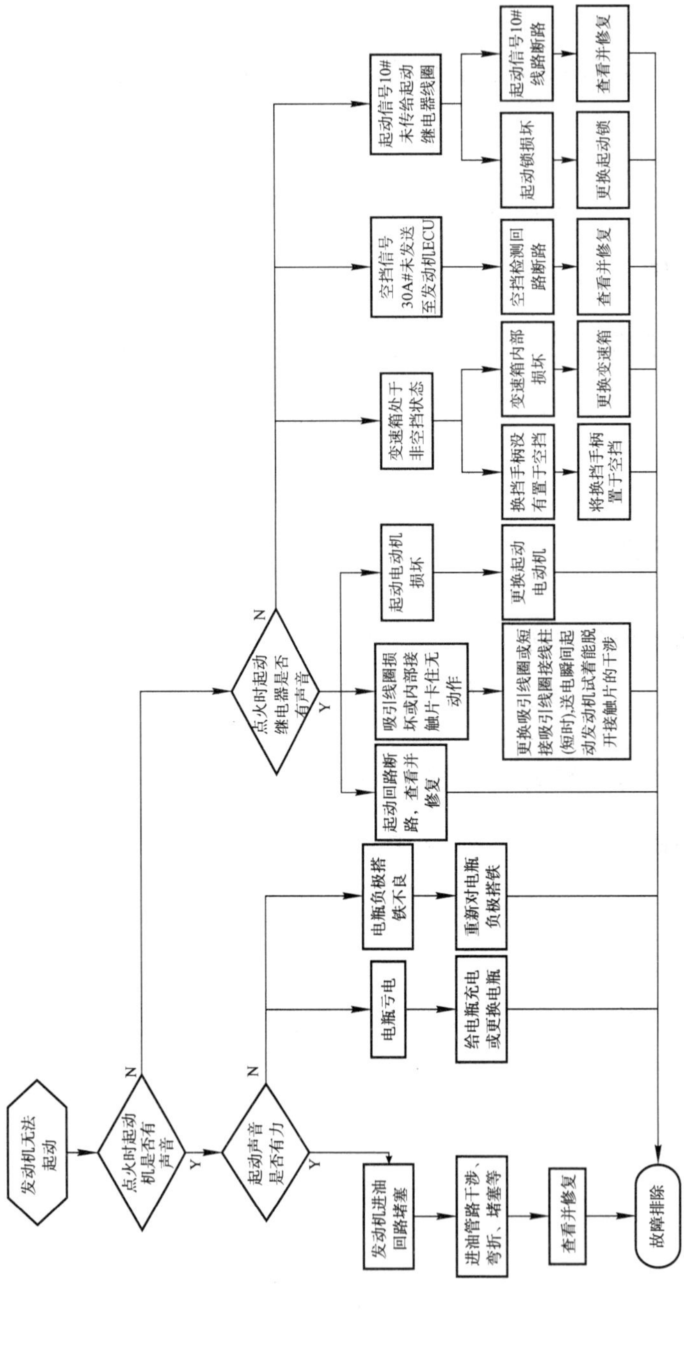

图 3—3—2　发动机无法起动故障检测和排除流程图

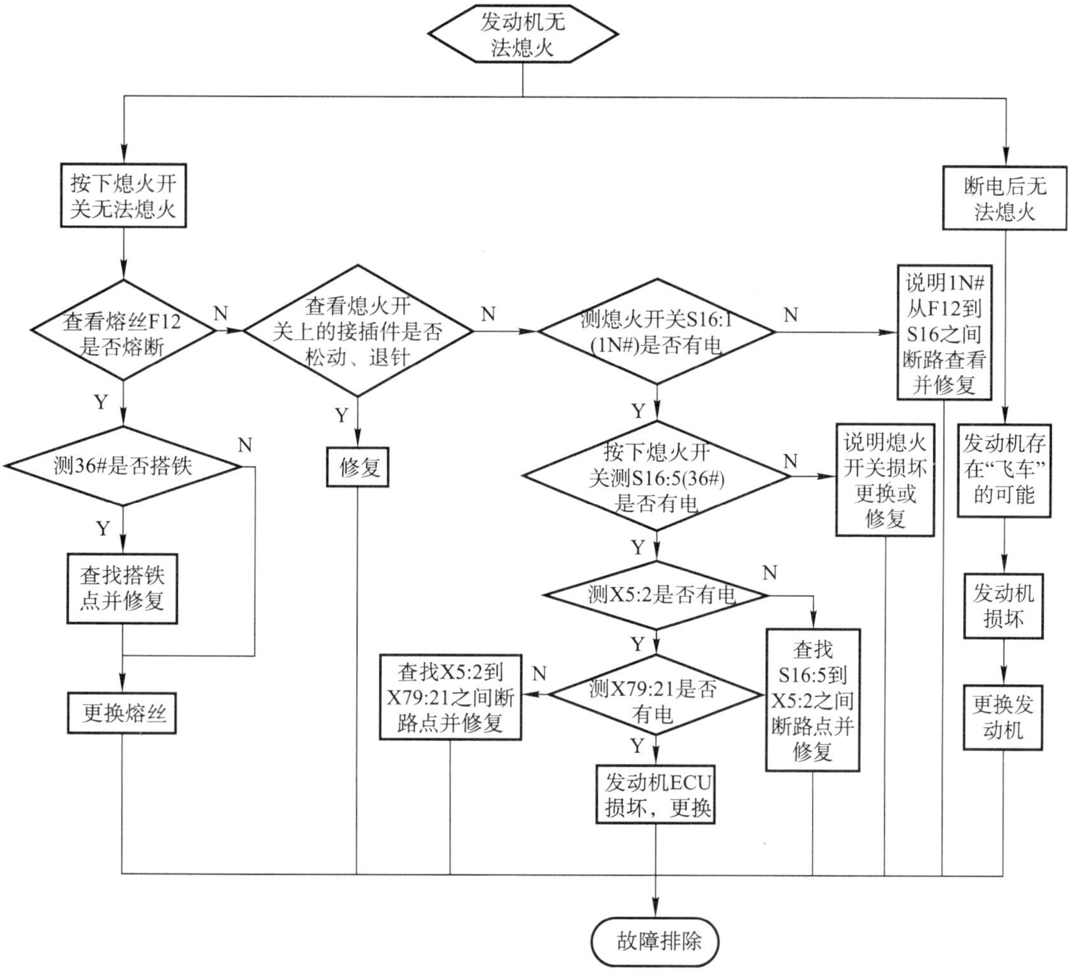

图 3—3—3　发动机无法熄火故障检测和排除流程图

模块四 照明系统安装、调试与维修

照明系统用于在夜间或低能见度的情况下为车辆提供必要的照明，是车辆安全行驶和作业的必备系统之一。

课题 1 全车灯具的使用

学习目标

1. 掌握工程车辆灯具的位置、名称、颜色、作用。
2. 了解交通法规中关于灯光使用的规定。

一、关于车辆灯光的交通法规

《道路交通安全法实施条例》对于灯光的使用有以下明确的规定。

1. 夜间路灯开启期间，或者遇有雾、雨、雪、沙尘、冰雹等低能见度的情况下行驶时，应当开启前照灯、示廓灯和后位灯。

2. 转弯、变更车道、超车、掉头、靠边停车时应当提前 100 m 至 50 m 开启转向灯。

3. 机动车通过有交通信号灯控制的交叉路口，转弯时，开启转向灯，转弯时不能使用远光灯。

4. 同方向行驶的后车与前车近距离行驶时，不得使用远光灯。

5. 在没有中心隔离设施或者没有中心线的道路上，夜间会车应当在距相对方向来车 150 m 以外改用近光灯，在窄路、窄桥与非机动车会车时应当使用近光灯。

6. 机动车在夜间通过急弯、坡路、拱桥、人行横道或者没有交通信号灯控制的路口时，应当交替使用远近光灯示意。

7. 机动车在道路上发生故障或者发生交通事故，妨碍交通又难以移动的，应当按照规定开启危险报警闪光灯并在车后 50 m 至 100 m 处设置警告标志，夜间还应当同时开启示廓灯和后位灯。

8. 夜间超车时，应远近光灯交替使用，提醒前方车辆。

9. 在照明较好的城区不宜使用远光灯。

二、灯具的分类

汽车灯具按照功用可以分为照明灯与信号灯两大类，按照灯具所在的位置可分为车外灯具与车内灯具，如图 4—1—1 所示。另外，按照灯光开关的挡位还可分为小灯和大灯。

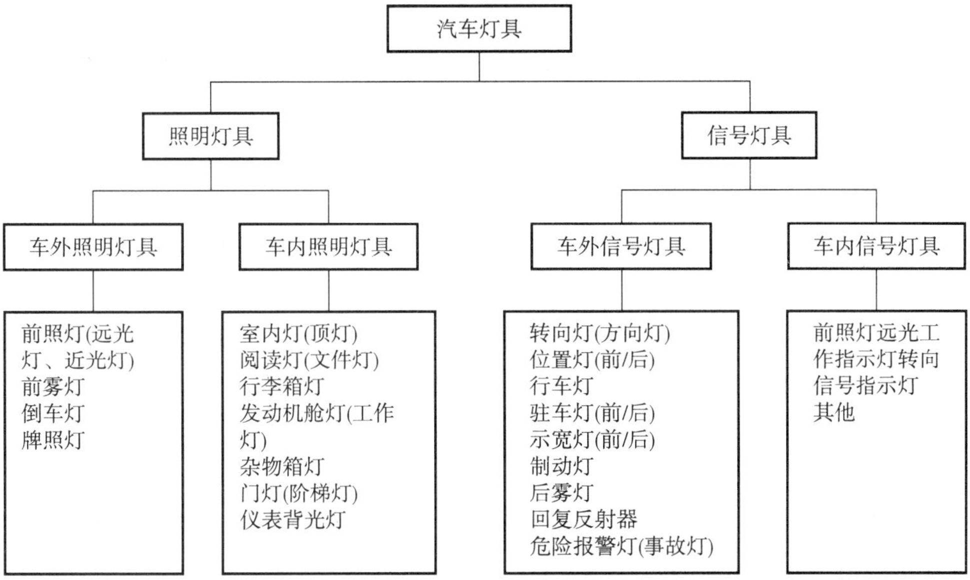

图 4—1—1　汽车灯具的分类

1. 外部照明与信号灯

（1）前照灯

前照灯也称为大灯，具备提供远距离照明的远光和提供近距离照明且防止对方行人或驾驶员炫目的近光功能。

前照灯光色为白色，安装于车辆前部，左右对称安装（二轮、三轮摩托车允许安装一具或多具双光束灯具）。四灯制安装时，其中一对提供远、近光双光束灯的，对称安装在外侧，另一对提供单远光的，对称安装于内侧。

（2）转向灯

转向灯是用于向其他使用道路者表明车辆动态的信号装置。光色为黄色或琥珀色，安装于车辆头部与尾部两侧，左侧灯亮表示左转，右侧灯亮表示右转，灯不亮，车辆直行。分前转向灯、后转向灯、侧转向灯（辅助转向灯）。

（3）制动灯

制动灯用于车辆后方其他道路使用者，表明车辆正在制动，光色为红色，安装于车辆后方。

（4）牌照灯

牌照灯用于照明后牌照板空间的装置，该装置可由几个光学元件组成，光色为白色。

（5）位置灯

位置灯也称小灯、示廓灯、标识灯，用于夜间行车或停车时，显示其宽度、轮廓。功率为 5 ~ 10 W，分前位灯（白色）和后位灯（红色）。

（6）回复反射器

通过外来光源照射后的反射光，向位于光源附近的观察者表明车辆存在的装置。

（7）前雾灯

用于改善在雾、雪、雨或尘埃情况下道路照明的灯具。光色为白色或黄色。

（8）后雾灯

在有大雾的情况下，从车辆后方观察，使得车辆更为易见的灯具。光色为红色。

（9）倒车灯

照明车辆后方道路和警告其他使用道路者，车辆正在或即将倒车的灯。光色为白色。国家标准中对于倒车灯数量的规定为：对于长度不大于 6 m 的车辆，必备 1 只，选装 1 只；长度大于 6 m 的所有车辆，必备 2 只，选装 2 只。

（10）驻车灯

用于引起人们注意，在某区域内有一静止车辆存在的灯具。在此情况下，驻车灯代替前位灯和后位灯。光色为前：白色，后：红色。

（11）其他灯具

示廓灯、侧标识灯为位置灯的延伸。

用于车辆前方的灯具，光色只能是白色、黄色，不允许红色出现。工程车辆灯具的外形和位置如图 4—1—2 所示。

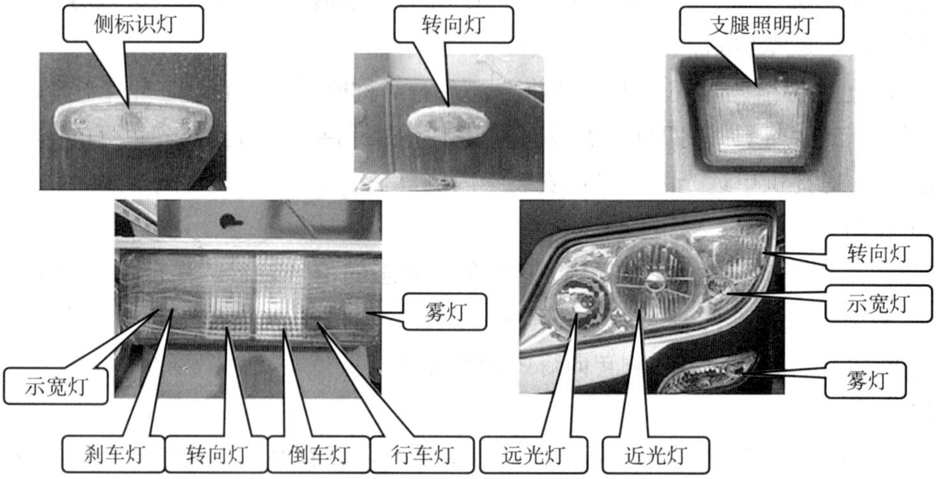

图 4—1—2　工程车辆灯具

2. 内部照明灯

仪表灯、顶灯、阅读灯、门灯、行李箱灯及各类指示灯（如按钮指示灯）。

目前内部照明灯尚未有强制执行的国际国内标准，照明要求按生产厂家自行的规定执行。

三、灯光组合开关

常见的灯光组合开关有拨杆式（图 4—1—3a）和旋钮式（图 4—1—3b）两种，工程车辆上多采用拨杆式灯光组合开关。有些车型的雾灯开关整合在灯光组合开关上，其他车型的前、后雾灯则分别用按钮控制。

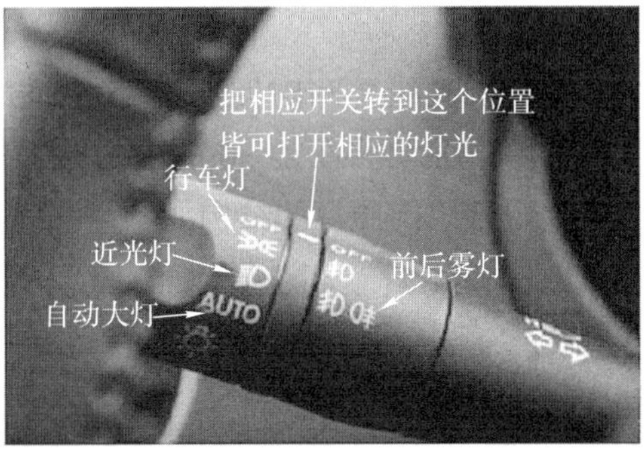

a)

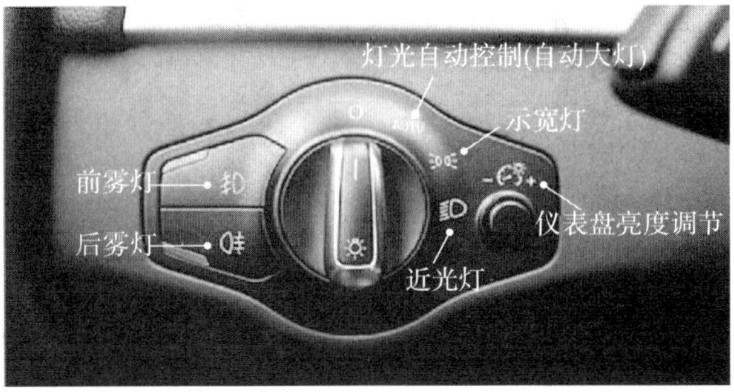

b)

图 4—1—3　灯光组合开关

a）拨杆式灯光组合开关　b）旋钮式灯光组合开关

课题 2　前照灯电路安装、调试与维修

学习目标

1. 了解前照灯的结构与分类。
2. 理解前照灯电路工作原理，能正确安装前照灯电路并调试。

3. 掌握前照灯电路常见故障原因与排故方法。

一、前照灯的结构与分类

1. 前照灯的结构

前照灯俗称大灯，用于夜间或光线昏暗时照明道路。远光功率为 40 ~ 60 W、近光功率为 22 ~ 55 W，灯光为白色。近光要将车前 30 m 内的路面均匀照亮；远光要将车前 100 m 内的路面均匀照亮。典型组合式前照灯的结构如图 4—2—1 所示。

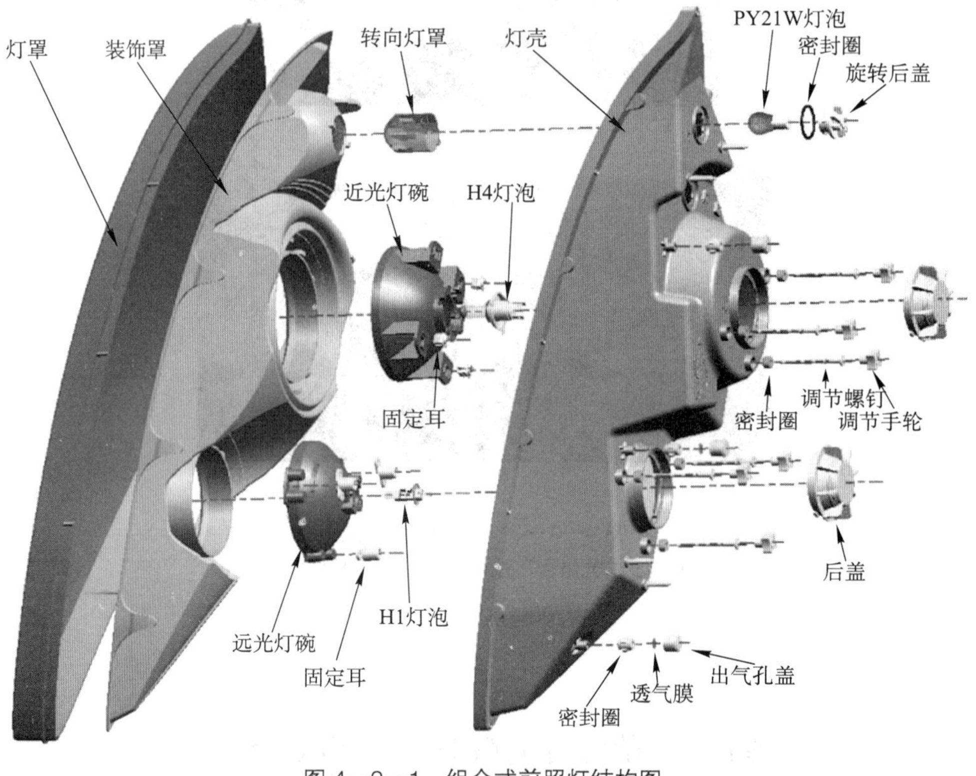

图 4—2—1 组合式前照灯结构图

（1）前照灯的光学系统组成

如图 4—2—2 所示为前照灯的光学系统由反射镜、配光镜、灯泡三部分组成。

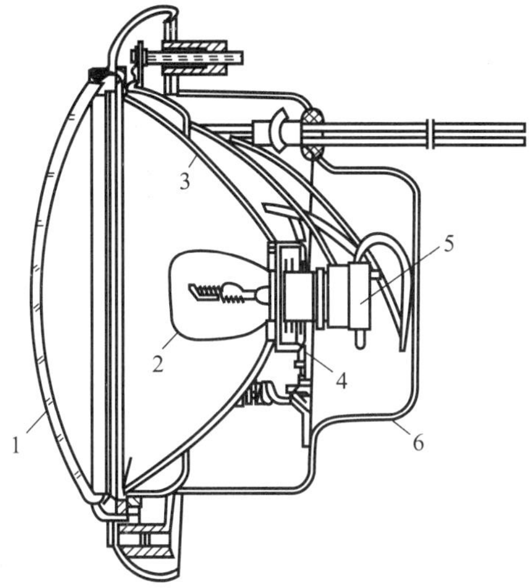

图 4—2—2　前照灯的光学系统

1—配光镜　2—灯泡　3—反射镜　4—插座　5—接线盒　6—灯壳

1）反射镜（如图 4—2—3）。一般反光镜制成抛物面，可将处于其焦点处的灯泡发出的光线聚合成平行光束并导向前方。一般采用薄钢板冲压而成，内表面镀铬、铝或银，然后抛光。

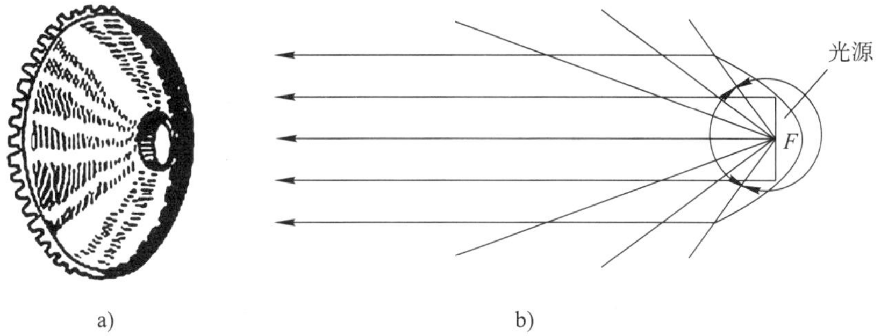

图 4—2—3　反射镜

a）反射镜形状　b）反射镜聚光作用光路图

2）配光镜（俗称散射玻璃，如图 4—2—4 所示）。将反射的光束折射，使路段的照明更加均匀。用透明玻璃压制而成，现在已开始广泛使用塑料配光镜，它质量轻，耐冲击性能好。

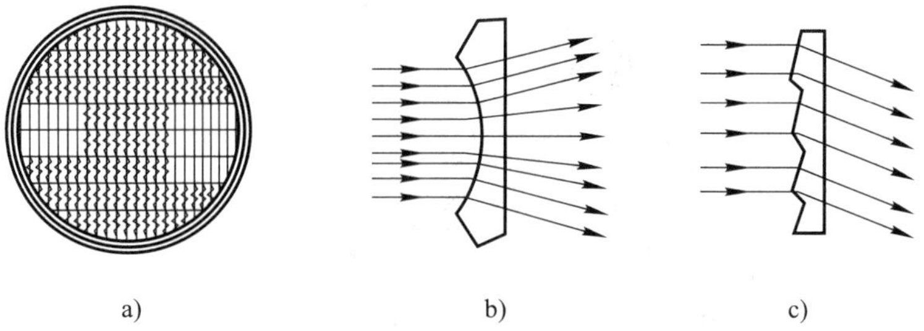

图 4—2—4　配光镜

a）配光镜外形　b）光线横向发散变宽　c）光线向下折射到路面

3）灯泡。灯泡是所有灯具的光源，属于标准件。

灯泡按发光原理分为白炽灯泡和卤素灯泡。

①白炽灯泡（普通充气灯泡）。充气灯泡即白炽灯泡（图 4—2—5），用钨丝作灯丝，灯泡内部充的保护气体是低压惰性气体（氩、氖或氮气），发光效率较低，一般用于转向灯、示廓灯、牌照灯等。发光能力为 16 lm/W，主要型号有 P21 W、P21W5、W5W、W16W、R10W 等。

图 4—2—5　白炽灯泡

②卤素灯泡。灯泡内部充有防止钨丝氧化的保护气体溴化物或碘化物，它可以使钨丝在点亮高温蒸发后，在冷却过程中通过还原反应使高温蒸发的钨返回到钨丝上，提高了灯泡的使用寿命，并且发光效率高（发光能力 30 ~ 40 lm/W）。

车用大灯，目前绝大部分均使用卤素灯泡。

（2）前照灯防眩目措施

夜间会车时，前照灯发出的强光束会使迎面来的汽车驾驶员眩目，很容易发生交通事故，所以必须采取措施。

1）采用双丝灯泡。远光灯丝位于反射镜的焦点上，对面无车时使用；近光灯丝位于反射镜焦点的上方或前方，对面来车时使用。近光灯丝由于光线较弱，经反射后的光线大部分射向车前的下方，所以可避免对方驾驶员眩目，如图 4—2—6 所示。

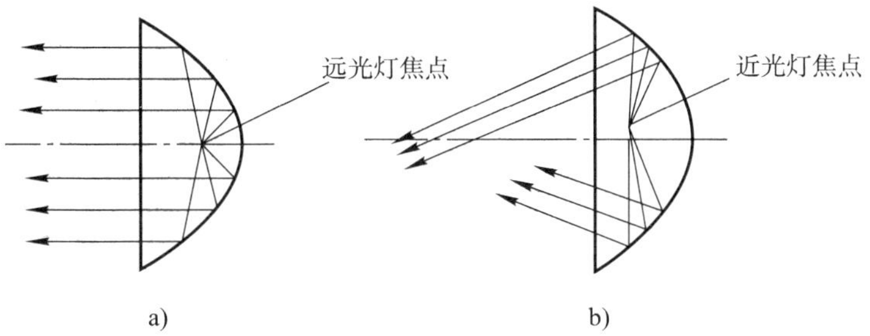

图 4—2—6　远、近光的光路

2）采用带遮光罩的双丝灯泡。上述双灯丝灯泡仍有部分光线向上反射，为了克服此缺陷，在近光灯丝的下方装有遮光罩。当使用近光灯时，遮光罩能将近光灯丝射向反射镜下部的光线遮挡住，无法反射，提高防眩目效果，目前广泛使用，如图 4—2—7 所示。

3）采用非对称光制式防眩灯。这是一种新型的防眩目前照灯，安装时将遮光罩偏转一定的角度，使其近光的光形分布不对称，将近光灯右侧光线倾斜升高 15°，如图 4—2—8 所示。

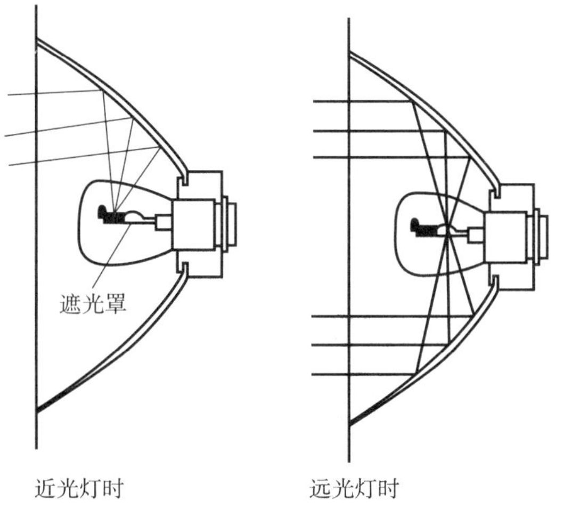

图 4—2—7　带遮光罩的双丝灯泡远、近光的光路

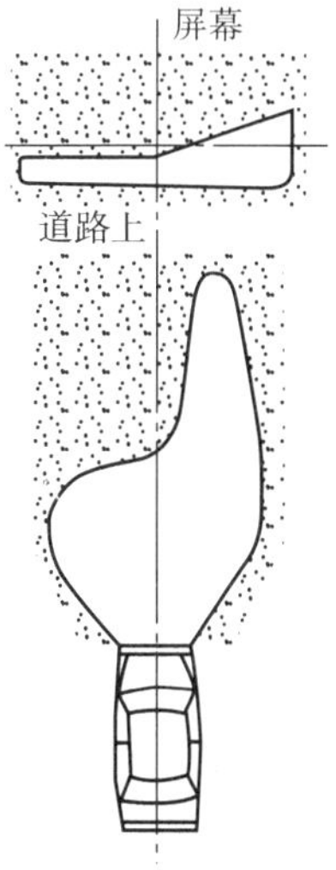

图 4—2—8　非对称光制

2. 前照灯的分类

前照灯共分为四种：半封闭式前照灯、封闭式前照灯、投射式前照灯、高亮度弧光灯。

（1）半封闭式前照灯

结构参见图 4—2—1 所示，配光镜靠卷曲反射镜边缘上的齿片而紧固在反射镜上，二者之间垫有橡胶皮密封圈，灯泡从反射镜后端装入。当需要更换配光镜时，应撬开反射镜边缘上的齿片，装上配光镜后，再将齿片处复原。

（2）封闭式前照灯（又称真空灯）

结构如图 4—2—9 所示，反射镜和配光镜制成一体，形成一只灯泡，里面充满惰性气体，密封性好，照明效果好，使用寿命长，但灯丝烧断后需更换整个总成，成本高。

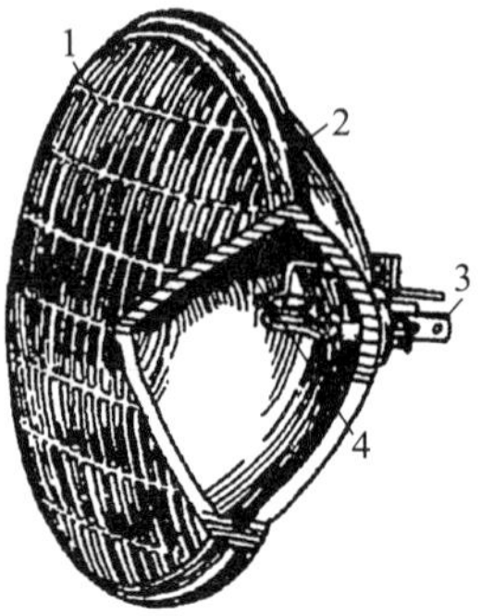

图 4—2—9　封闭式前照灯
1—配光镜　2—反射镜　3—插头　4—灯丝

（3）投射式前照灯

结构如图 4—2—10 所示，装无刻纹的配光镜，采用卤素灯泡，反射镜为椭圆，它有两个焦点，第一个焦点放置灯炮，第二个焦点在灯光中形成，在第二个焦点附近设有遮光板，可遮挡向上的光线，形成明暗分明的配光。投射式前照灯可用光束较多，经济实用。

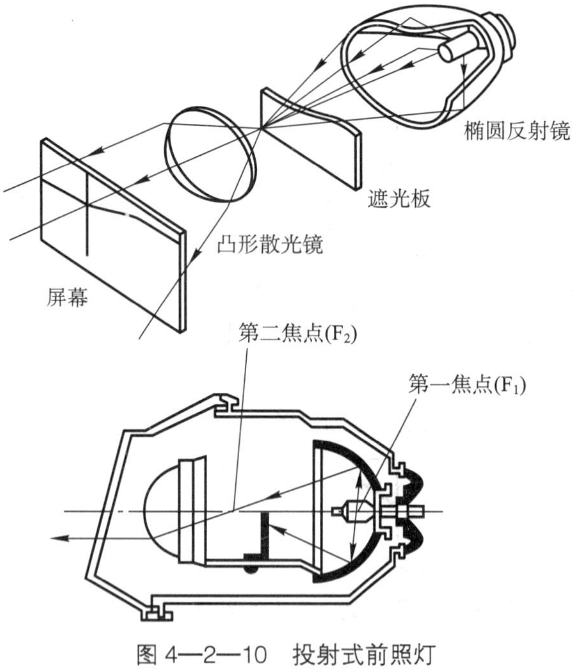

图 4—2—10　投射式前照灯

（4）高亮度弧光灯

高亮度弧光灯也称为氙气灯，结构如图 4—2—11 所示，由弧光灯组件、电子控制装置和功率输出级三个部件组成。弧光灯组件的灯泡无灯丝，内装两个电极，在抗紫外线水晶石英玻璃管内填充多种化学气体，如氙气等惰性气体，然后再透过增压器将车载 12 V 电源瞬间增至 23 000 V，在高电压下，氙气电离导电，并在电源两极之间产生光源。

氙气灯的性能较卤素灯有了显著提升，它的光通量是卤素灯的 2 倍以上，电能转化为光能的效率也比卤素灯提高了 70% 以上。

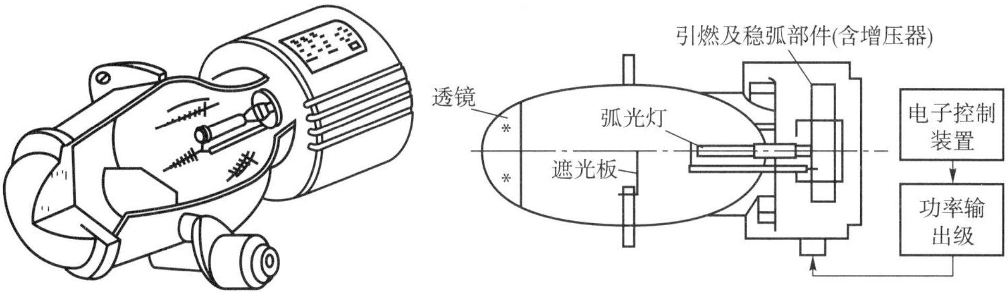

a）　　　　b）

图 4—2—11　高亮度弧光灯

a）外形　b）原理示意

除上述四种灯以外，还有最新发展的 LED 光源，采用发光二极管固体发光技术，发光效率高达 100 lm/W，是今后光源的发展方向。

二、前照灯电路图分析

典型前照灯电路图如图 4—2—12 所示。

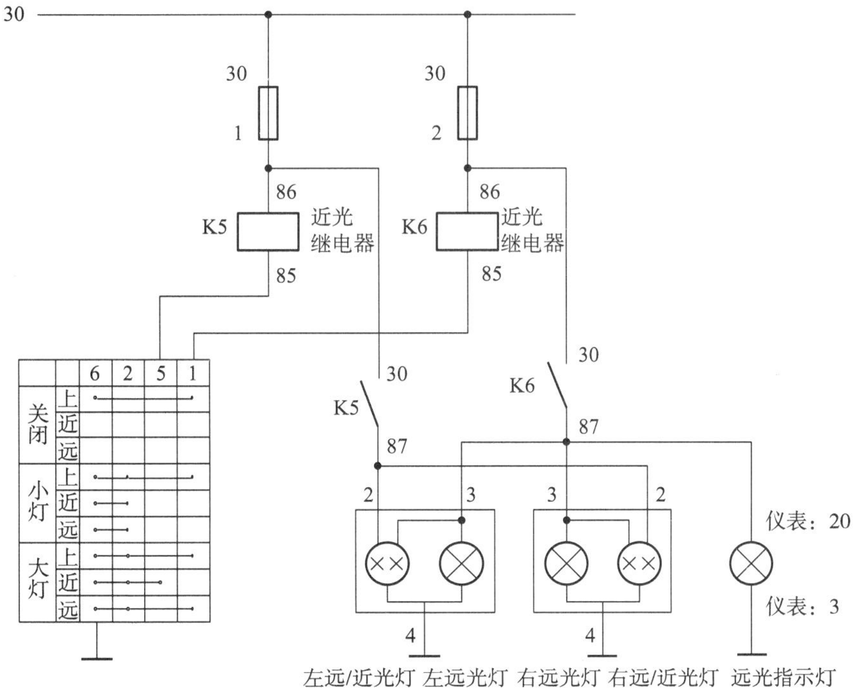

图 4—2—12　前照灯电路图

1. 灯光组合开关部分

电路图中的灯光组合开关各挡位的功能用表格的形式表达。此开关向驾驶员的方向拨动是闪远光操作（“上”），在闪远光位置上再继续拨动直到听到“咔嗒”声是远、近光切换（“近”“远”）。

组合开关的6号线搭铁，2号线控制小灯，5号线控制近光，1号线控制远光。

2. 组合式前照灯部分

单侧的组合式前照灯内包含一只远光单灯丝灯泡（内侧），一只远、近光双灯丝灯泡（外侧），还有一只示宽灯灯泡（图中未出现）。在组合式前照灯局部电路中，三只灯泡共用搭铁线4，2号线控制近光灯丝，3号线控制两个远光灯丝。内侧的单远光灯丝供电端在前照灯内部已与远、近双灯丝灯泡中的远光灯丝供电端连接。

3. 远光指示灯

远光指示灯位于仪表板内，由仪表20号线供电，3号线搭铁。远光指示灯与远光灯丝并联，与远光灯同时亮、灭，指示远光灯的状态。

4. 电路整体分析

操作灯光组合开关，处于大灯近光挡时，组合开关5号线与6号线连通搭铁，近光继电器线圈得电，其触点闭合，近光灯点亮；组合开关处于大灯远光挡位时，其1号线与6号线连通搭铁，远光继电器线圈得电，其触点吸合，远光灯点亮，同时，远光指示灯点亮。

三、前照灯电路的安装与调试

1. 前照灯电路的组成

灯光组合开关、远光保险丝、近光保险丝、远光继电器、近光继电器、组合式前照灯。

2. 前照灯电路的调试步骤

（1）在已连接电源电路的基础上，按照电路图连接前照灯电路。

（2）闭合电源总开关按钮，此时应听到电磁式电源总开关吸合的声音，且电源总开关按钮内的电源指示灯点亮。

（3）灯光组合开关分别置于“OFF”挡和小灯挡，向驾驶员方向轻拨手柄做闪远光操作，远光灯与远光指示灯应点亮。

（4）灯光组合开关旋转至大灯挡，近光灯应点亮。

（5）灯光组合开关保持在大灯挡，切换至远光，此时远光灯与远光指示灯应点亮，近光灯熄灭。

（6）按上述方法重新将大灯切换回近光，再旋转至“OFF”挡，关闭电源。

（7）如果不正常，应按照电路图检查排故，排除故障后重新调试。

3. 前照灯的调整方法

前照灯检查和调整的方法如下：

（1）按规定将轮胎气压充足，让汽车处于空载状态并停放在平坦的场地上确保车身水平正直，车头对正墙壁或特制的屏幕，使前照灯配光镜与墙壁或屏幕间保持 10 m 的距离；紧固前照灯螺钉，擦净配光镜。

（2）测出左、右前照灯的离地高度，用粉笔在墙壁或屏幕上标出一条高度为左、右前照灯离地高度 80%的水平线，再画两条中垂线，分别与汽车的左、右前照灯对正。这两条中垂线与墙壁上水平线的交点 Fl、F2 即是前照灯光轴焦点（注：F1、F2 两点间的距离等于汽车左、右前照灯之间的距离）。闭合灯光开关，观察灯光光束中心是否处在 Fl 或 F2 点上（可分别遮住其中一侧前照灯进行检查）。如有偏差，应进行调整。调整时，可拧动前照灯的上下、左右调整螺钉，对前照灯灯体进行上、下、左、右的调整，如图 4—2—13 所示。

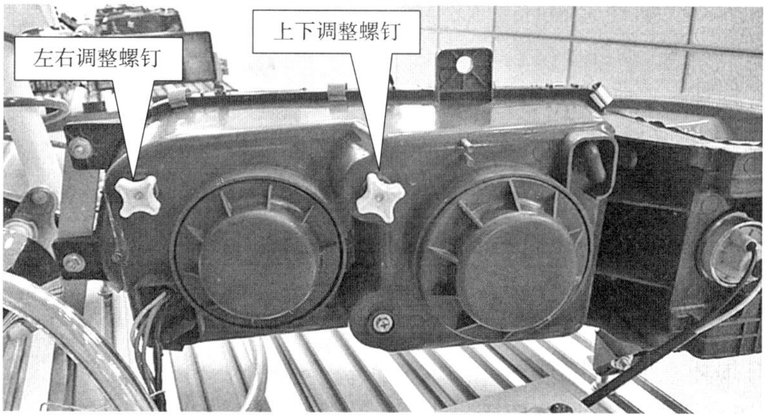

图 4—2—13 前照灯的调试位置

若不具备上述检查条件，也可用以下简易方法进行检查：夜间将车停在直而平坦的公路中间，闭合灯光开关，用变光开关接通两只前照灯的近光，遮住一只前照灯，检查另一只前照灯的光束是否照射在车前约 30 m 处的路面中央，如有偏差，应进行调整。然后，再用同样的方法检查和调整另一只前照灯。

* 四、前照灯电路故障的检测与维修

1. 前照灯电路常见故障现象

（1）近光灯不亮

包括：两只近光灯都不亮；其中一只近光灯不亮。

（2）远光灯不亮

1）两只远光灯都不亮。

2）一只远光灯不亮。

3）远光指示灯不亮。

4）有的车型安装氙气大灯，由于增压器（HID 电子镇流器或安定器）故障造成远光灯不亮。

（3）远近光灯都不亮。

2. 前照灯电路故障原因

工程车辆前照灯电路如图 4—2—14 所示，其中 K5 为远光继电器，K4 为近光继电器。

（1）近光灯不亮故障原因

1）近光灯回路断路，包括线路断裂、保险丝熔断、插接件松脱、端子退针。

2）组合开关 S34 损坏不闭合。

3）近光继电器 K4 损坏。

4）近光灯损坏。

（2）远光灯不亮故障原因

1）远光灯回路断路，包括线路断裂、保险丝熔断、插接件松脱、端子退针。

2）组合开关 S34 损坏不闭合。

3）远光继电器 K5 损坏。

4）远光灯损坏。

5）氙气灯损坏、增压器故障。

（3）远、近光灯都不亮故障原因

1）远、近光灯回路断路，包括线路断裂、保险丝熔断（概率最大）、组合开关 S34 损坏不闭合、插接件松脱、端子退针。

2）远、近光继电器都损坏。

3）远、近光灯都损坏。

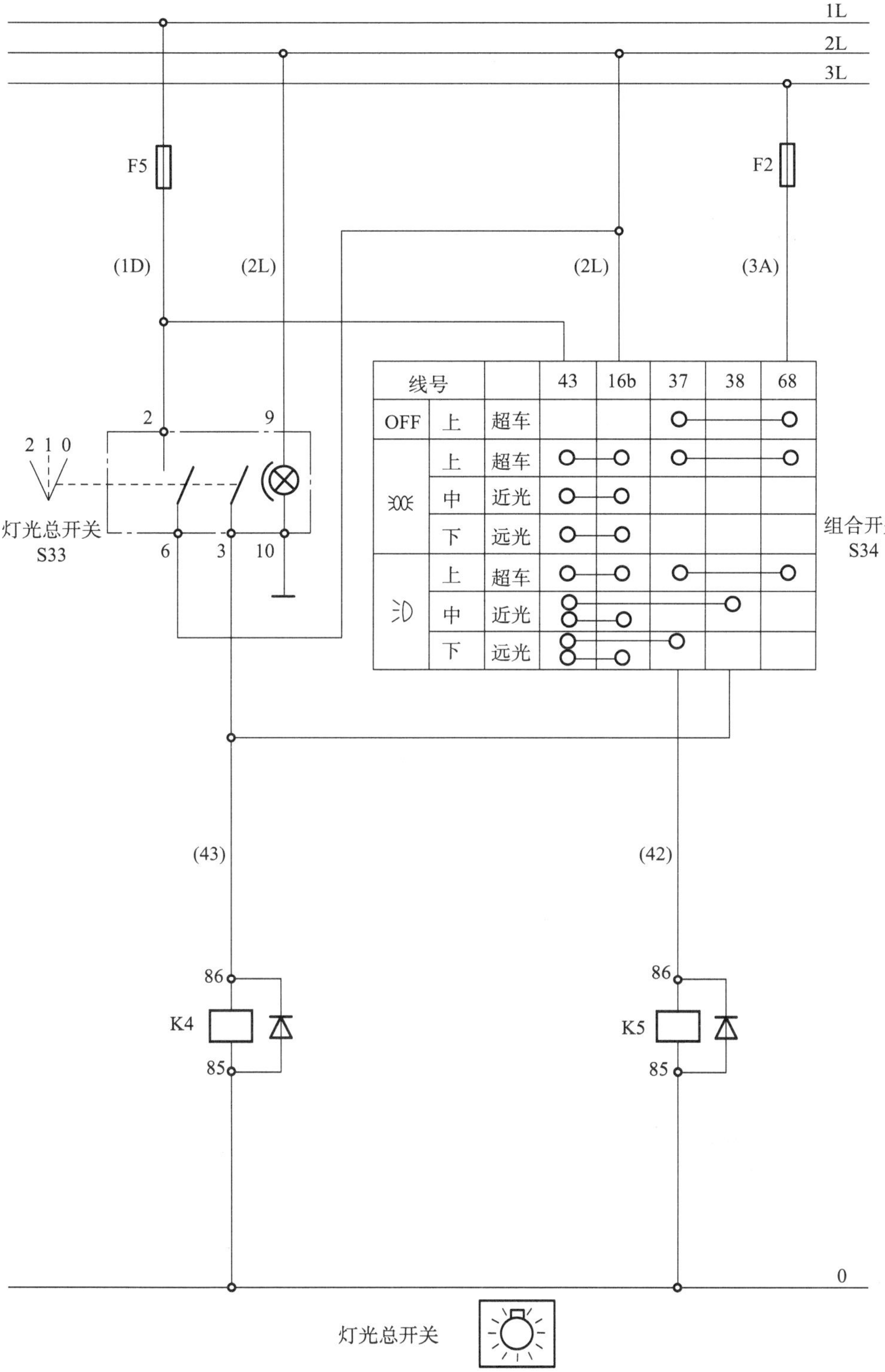
1L
2L
3L
F5
F2
(1D)
(2L)
(2L)
(3A)
2
9
2 1 0
灯光总开关
S33
6
3
10
线号
43
16b
37
38
68
OFF
上
超车
中
近光
下
远光
组合开关
S34
(43)
(42)
86
K4
85
86
K5
85
0
灯光总开关

a）

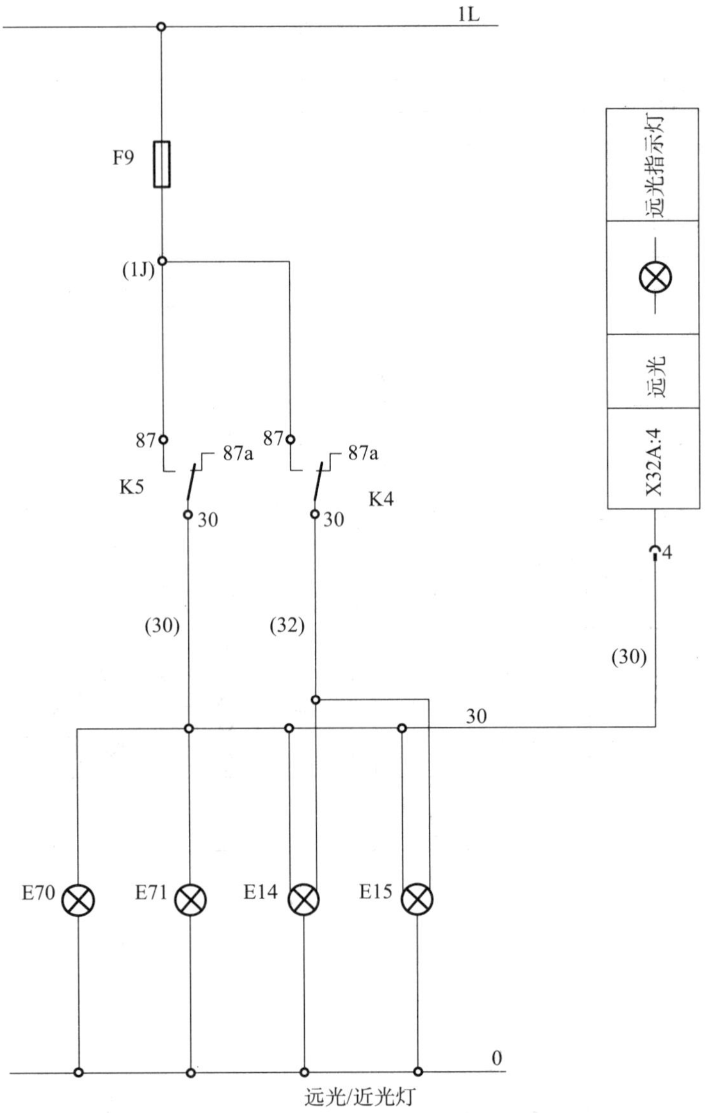

b）

图 4—2—14　前照灯电路图

a）控制电路　b）负载电路

3. 前照灯电路故障排除步骤与方法

（1）近光灯不亮

近光灯不亮故障检测和排除流程如图 4—2—15 所示。

（2）远光灯不亮

1）远光灯不亮故障检测和排除流程如图 4—2—16 所示。打开远光灯的时候近光灯中的远光灯丝同时亮（近光灯为双灯丝灯泡），正常状态下，会有四只灯亮；排故方法与近光灯相似。区别：控制远光继电器线圈的保险丝是 F2 和 42# 线，触点两端是 1J# 和 30# 线。

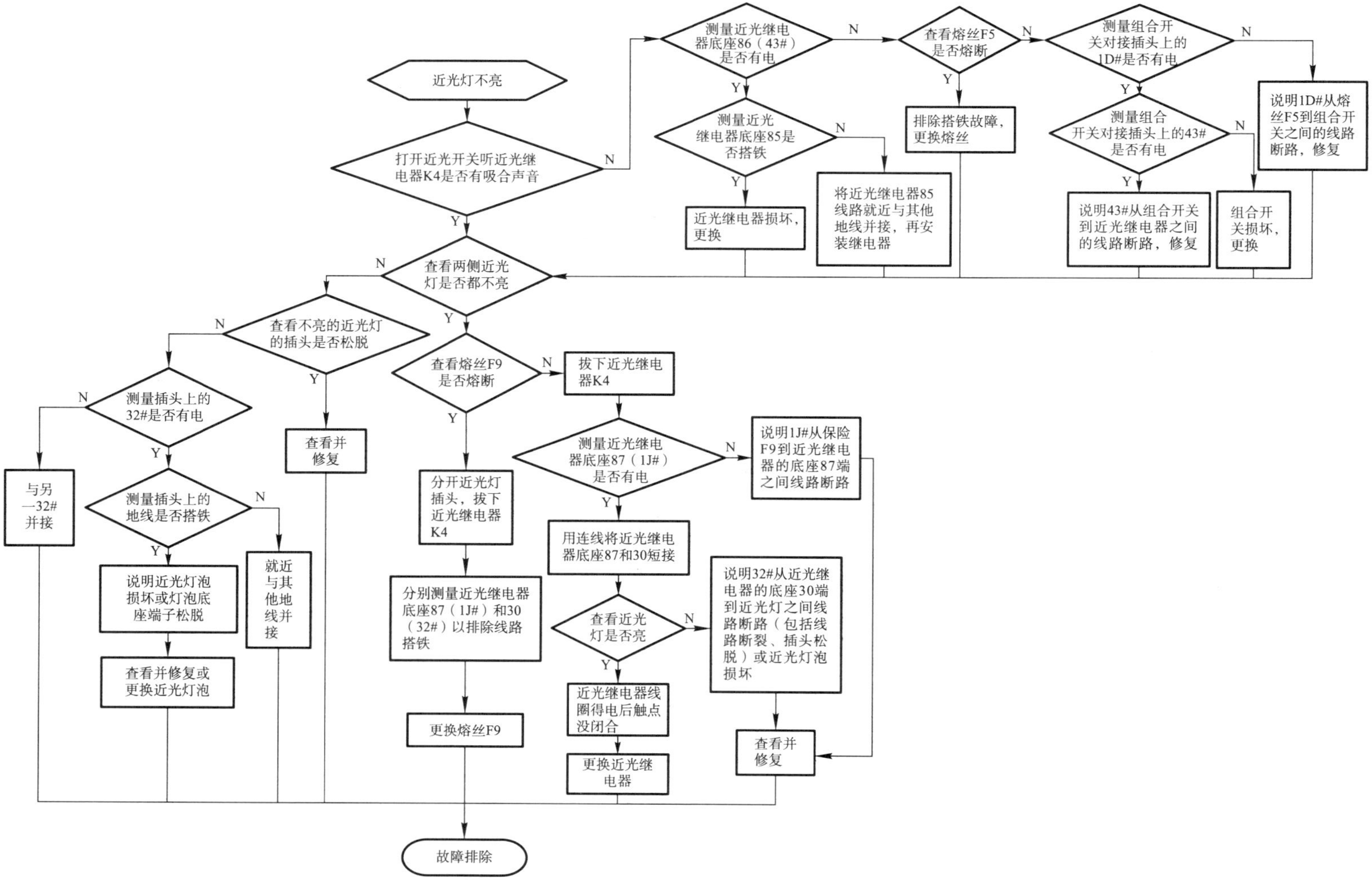

图 4—2—15　近光灯不亮故障检测和排除流程图

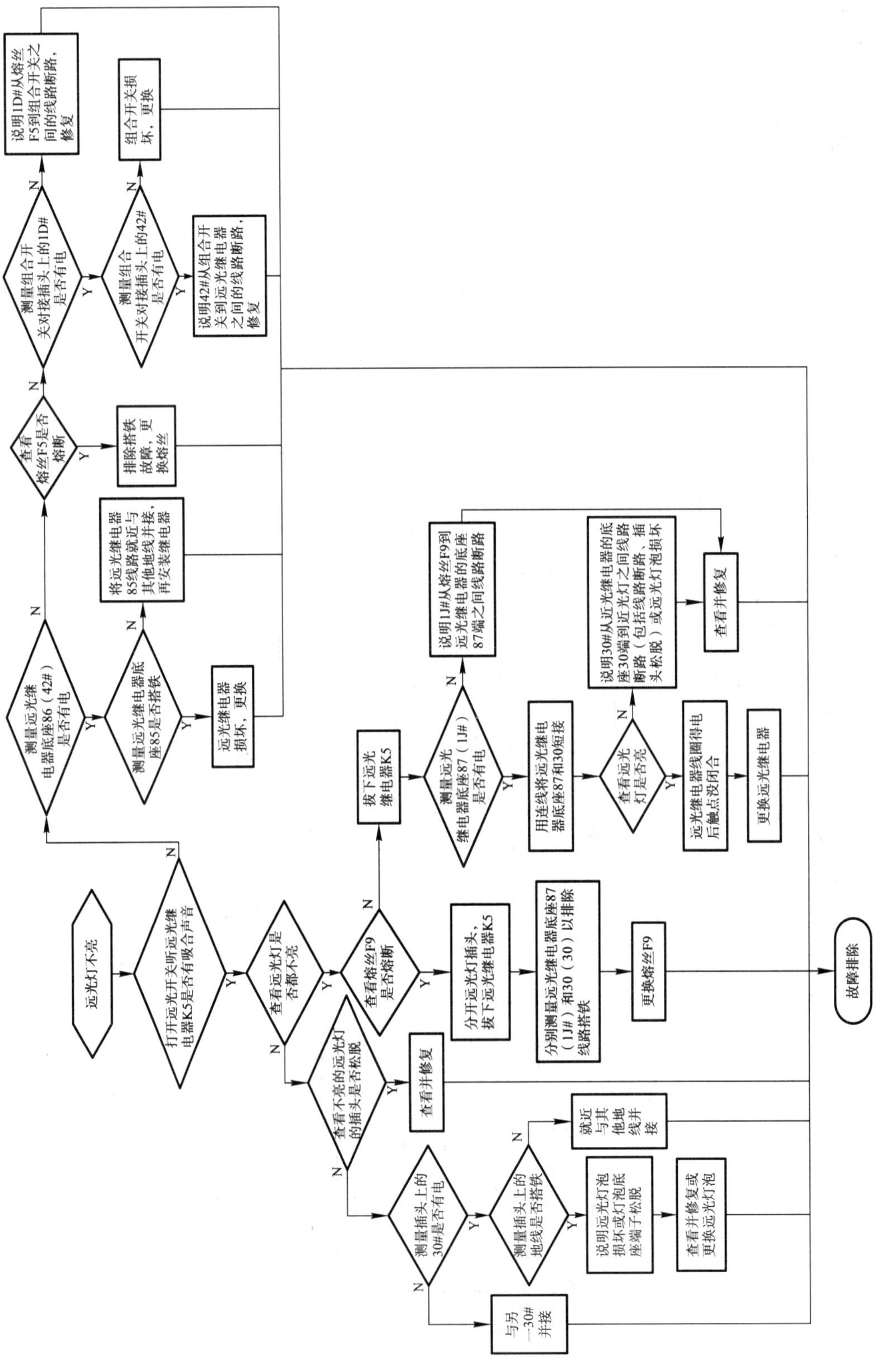

图 4—2—16 远光灯不亮故障检测和排除流程图

2）仪表盘上的远光指示灯不亮，其他远光指示灯均亮的故障检测和排除流程如图 4—2—17 所示。

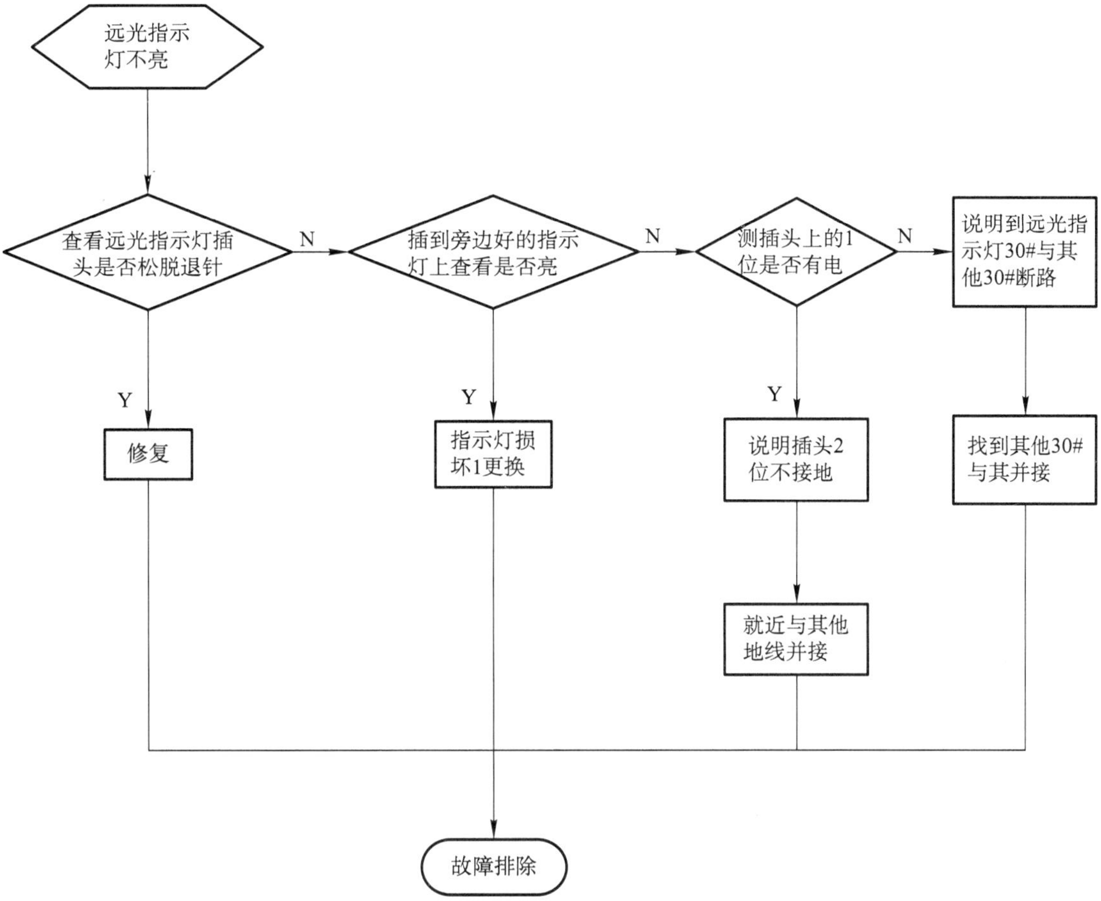

图 4—2—17　远光指示灯不亮故障检测和排除流程图

（3）远、近光灯都不亮

远、近光灯都不亮故障检测和排除流程如图 4—2—18 所示。

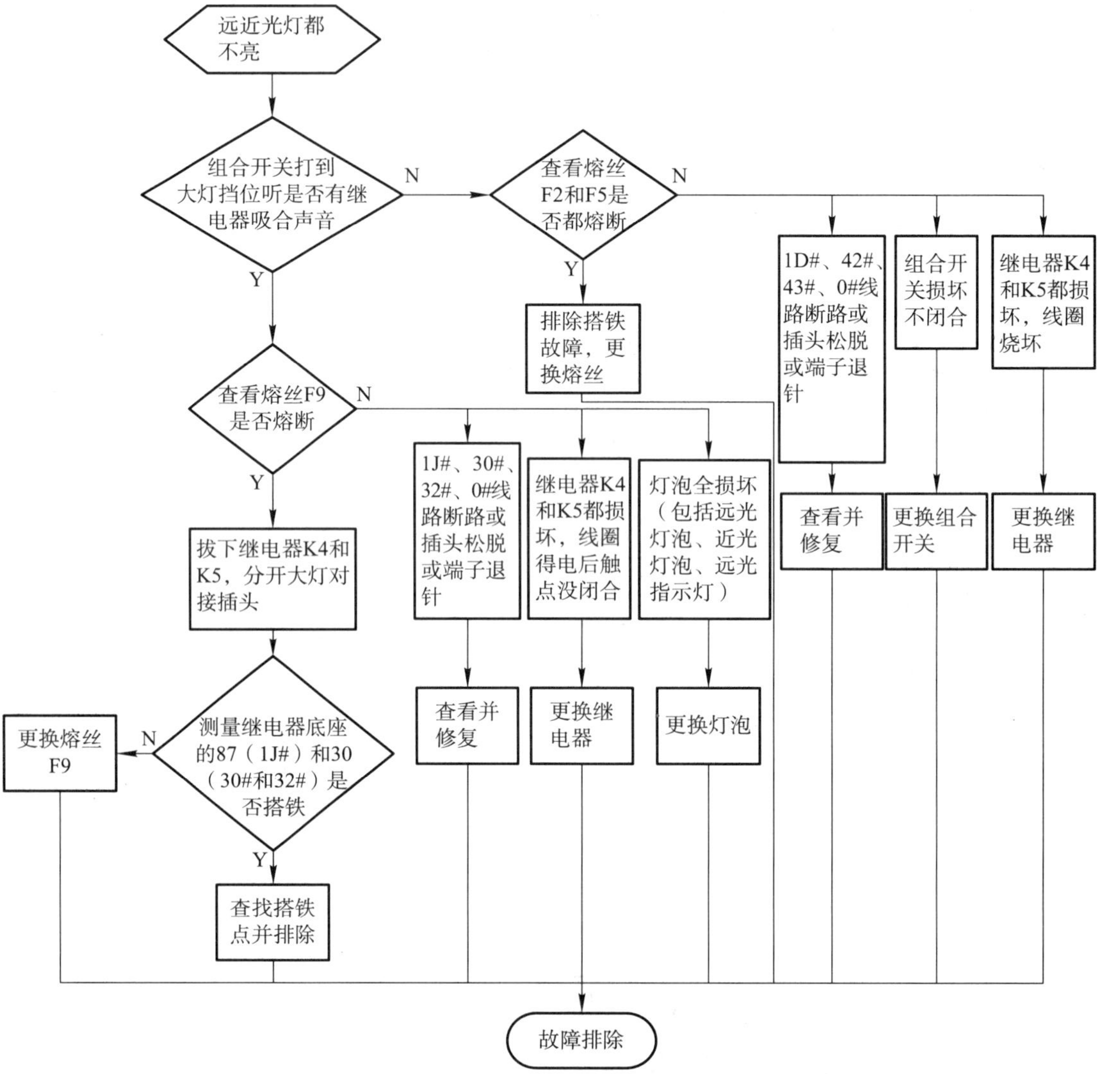

图 4—2—18 远、近光灯都不亮故障检测和排除流程图

课题 3 小灯电路安装、调试与维修

学习目标

1. 了解工程车辆小灯的种类和作用。

2. 理解小灯电路的工作原理，能正确安装小灯电路并调试。

3. 掌握小灯电路常见故障原因与排故方法。

一、小灯的种类与作用

小灯指灯光组合开关置于小灯挡时点亮的所有灯，包括：示宽灯、示廓灯、牌照灯、仪表背光灯、开关背光灯等。用于夜间行车或停车时，显示其宽度、轮廓或存在。汽车起重机小灯位置如图 4—3—1 所示。

a）

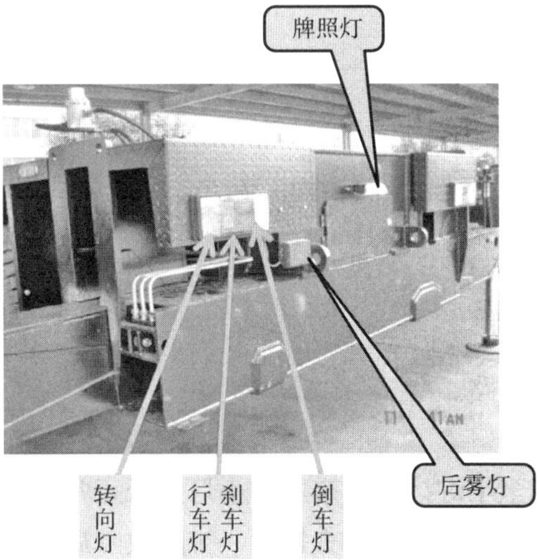

b）

图 4—3—1　汽车起重机小灯位置图

二、小灯电路图分析

典型小灯电路图如图 4—3—2 所示，灯光组合开关置于小灯挡时，小灯继电器 K4 的线圈搭铁得电，其触点闭合给所有小灯供电。

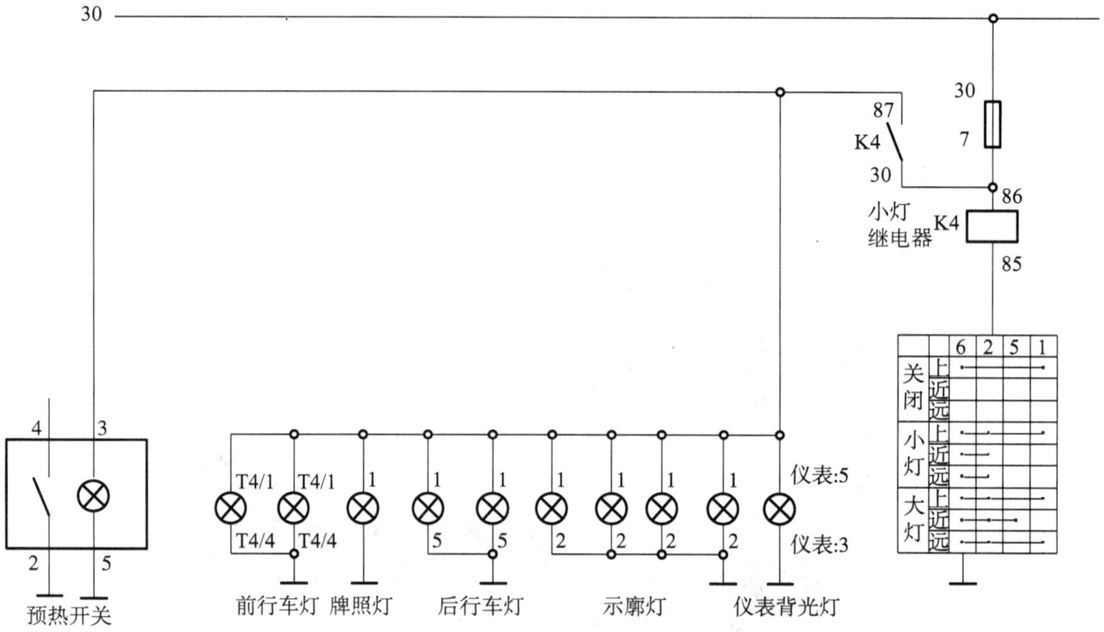

图 4—3—2 小灯电路图

三、小灯电路的安装与调试

1. 小灯电路的组成

灯光组合开关、小灯保险丝、小灯继电器、前行车灯、组合仪表、示廓灯、后行车灯、牌照灯、开关背光灯。

2. 小灯电路的调试步骤

（1）按照电路图连接电路。

（2）打开电源总开关。

（3）灯光组合开关旋至小灯挡，检查所有小灯是否正常点亮。

（4）如果不正常，应按照电路图检查排故，排除故障后重新调试。

* 四、小灯电路故障的检测与维修

现以汽车起重机底盘小灯电路为例介绍小灯电路常见故障现象、相关原理和检测与维修方法。

1. 小灯电路常见故障现象

（1）所有小灯都不亮。

（2）个别灯不亮

1）前行车灯不亮。

2）后行车灯不亮。

3）牌照灯不亮。

4）前示廓灯不亮。

5）水平仪夜视灯不亮。

6）侧标识灯不亮。

7）上车示廓灯不亮。

8）仪表背光灯不亮。

9）翘板开关夜视灯不亮。

2. 小灯电路故障原因

以下以汽车起重机小灯电路图为例说明，如图 4—3—3 所示。

（1）所有小灯都不亮故障原因

1）小灯回路断路，包括：保险丝 F5 熔断、线路断裂、插接件松脱、端子退针、单线制小灯负极搭铁不良。

2）组合开关损坏不闭合。

3）小灯全部损坏（概率很低）。

（2）个别灯不亮故障原因

1）个别小灯回路断路，包括：线路断裂、插接件松脱、端子退针、单线制小灯负极搭铁不良。

2）个别小灯损坏（概率最高）。

3. 小灯电路故障排除步骤与方法

（1）所有小灯都不亮故障排除步骤与方法

所有小灯都不亮故障排除步骤与方法如图 4—3—4 所示。

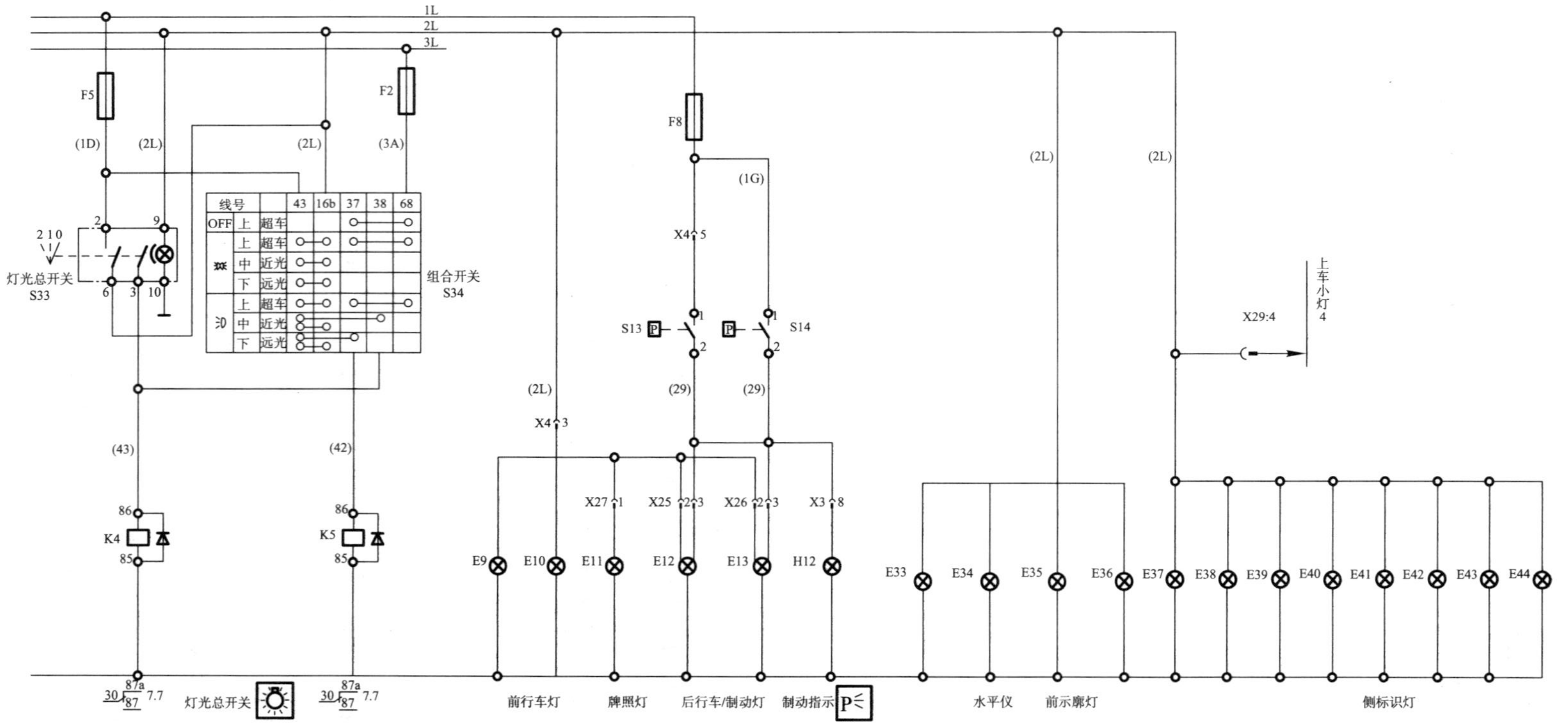

图 4—3—3　汽车起重机小灯电路图

图 4—3—4　所有小灯都不亮故障检测和排除流程图

（2）个别小灯不亮故障排除步骤与方法

个别小灯不亮故障排除步骤与方法如图 4—3—5 所示。

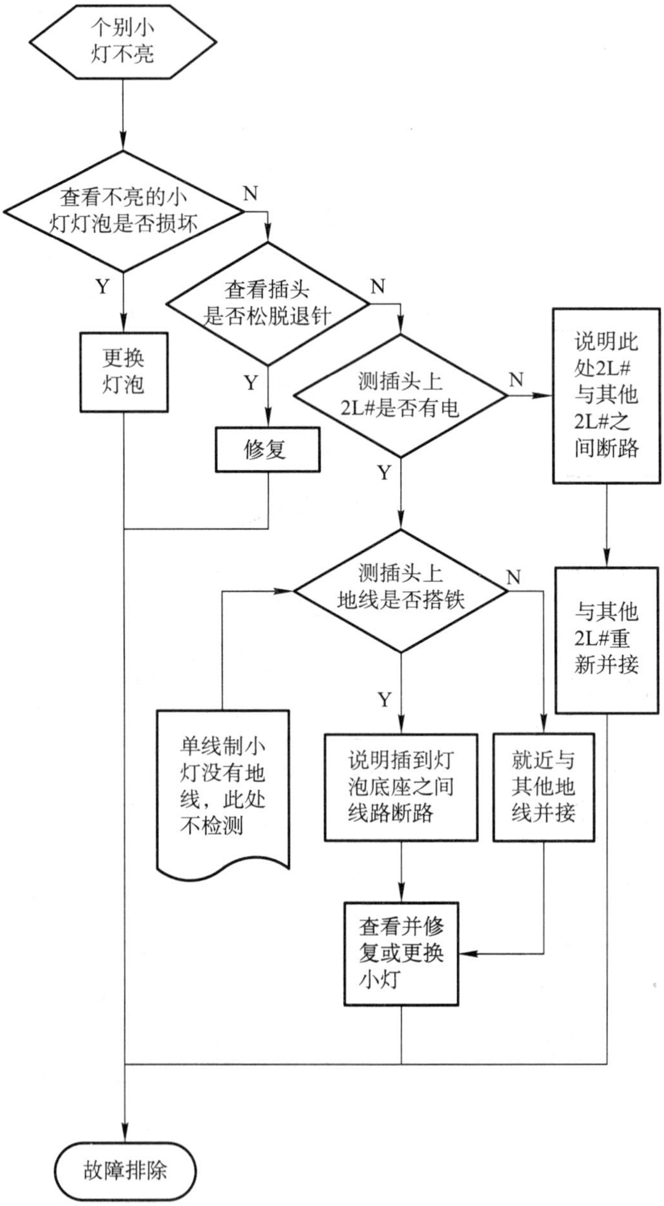

图 4—3—5　个别小灯不亮故障检测和排除流程图

课题 4　雾灯电路安装、调试与维修

学习目标

1. 理解雾灯电路的工作原理，能正确安装雾灯电路并调试。
2. 掌握雾灯电路常见故障原因与排故方法。

一、雾灯的功用

用于改善在雾、雪、雨或尘埃情况下道路照明的灯具，光色为白色或黄色。

二、雾灯电路图

典型的雾灯电路如图 4—4—1 所示，雾灯继电器所在电路受小灯继电器控制，只有打开小灯之后，雾灯才能点亮。

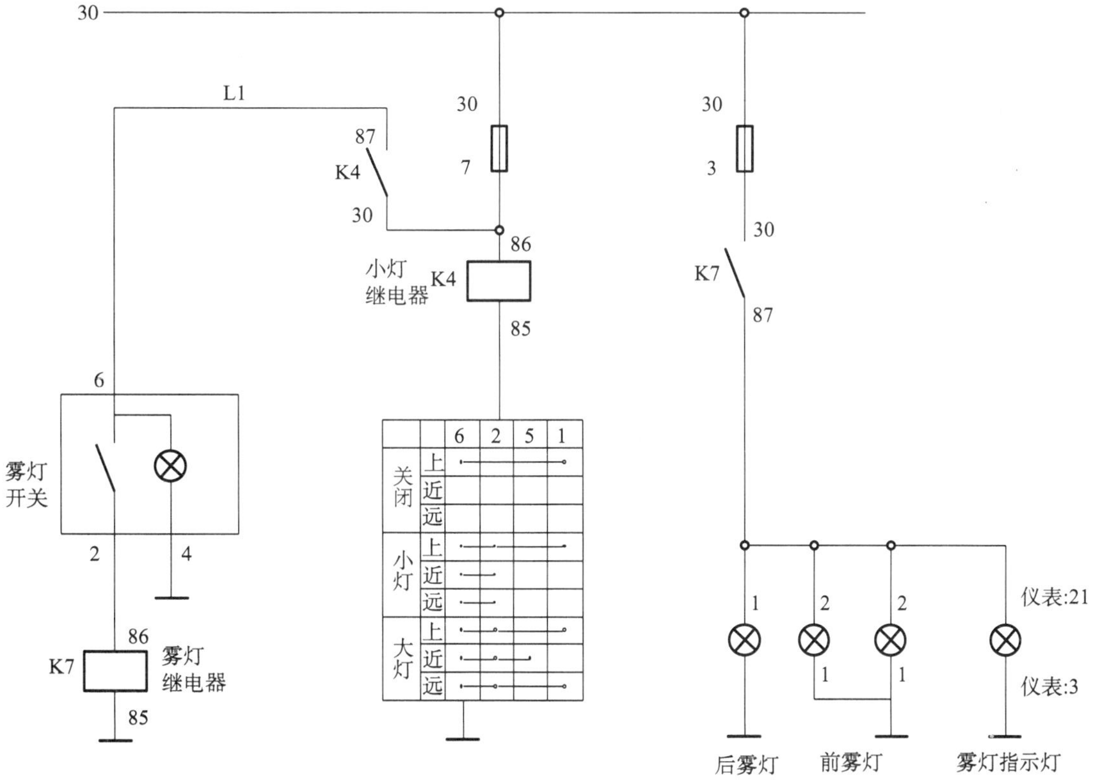

图 4—4—1　雾灯电路图

三、雾灯电路的安装与调试

1. 雾灯电路的组成

灯光组合开关、小灯保险丝、雾灯保险丝、小灯继电器、雾灯继电器、雾灯开关、前雾灯、后雾灯、仪表雾灯指示灯。

2. 雾灯电路的调试步骤

（1）按照电路图连接电路。

（2）打开电源总开关。

（3）灯光组合开关旋至小灯挡，检查雾灯开关背光灯是否正常点亮。

（4）打开雾灯开关，检查前后雾灯、雾灯指示灯是否点亮。

（5）各开关关闭的顺序与打开相反。

（6）如果不正常，应按照电路图检查排故，排除故障后重新调试。

*四、雾灯电路故障的检测与维修

仍以汽车起重机底盘为例介绍雾灯电路常见故障现象和检测与维修方法。

1. 雾灯电路常见故障现象

（1）全部雾灯都不亮。

（2）个别雾灯不亮，包括前雾灯不亮、后雾灯不亮、雾灯指示灯不亮。

注意：有的车型后雾灯为点阵式 LED 灯，即发光二极管，具有单向导电性，其阳极应接电源的正极，阴极接电源的负极，这样才能点亮；反之，不能点亮。

2. 雾灯电路故障原因

汽车起重机雾灯电路如图 4—4—2 所示。S15 为雾灯开关，K7 为雾灯继电器，H14 为雾灯指示灯，E16、E17 为前雾灯，E18 为后雾灯。

（1）雾灯回路断路。包括线路断裂、保险丝 F10 熔断、插接件松脱退针。

（2）雾灯开关 S15 损坏不闭合。

（3）后雾灯有的车型为 LED 灯，阳极与阴极接反。

（4）雾灯或雾灯指示灯损坏。

（5）雾灯继电器 K7 损坏。

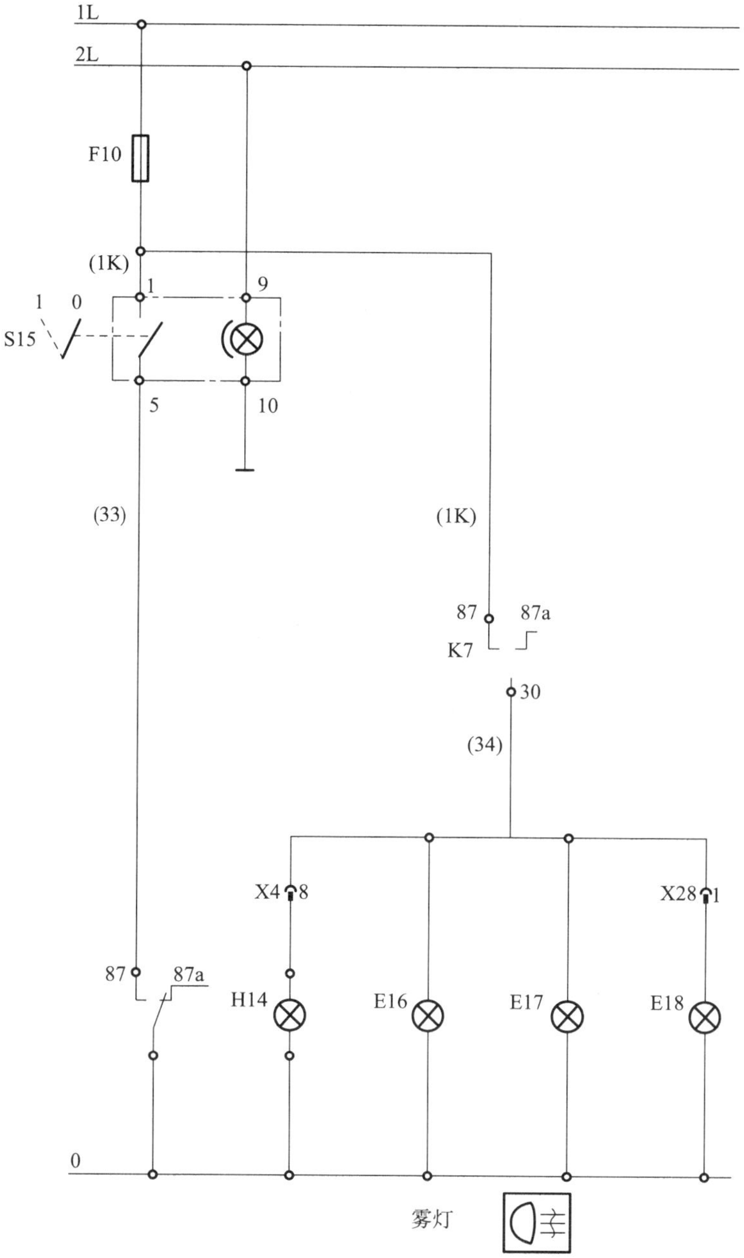

图 4—4—2　汽车起重机雾灯电路图

3. 雾灯电路故障排除步骤与方法

按下雾灯开关（图 4—4—3），查看前雾灯、后雾灯、雾灯指示灯是都不亮，还是个别不亮。

图 4—4—3　雾灯标识

（1）全部雾灯都不亮故障检测和排除流程（图 4—4—4）

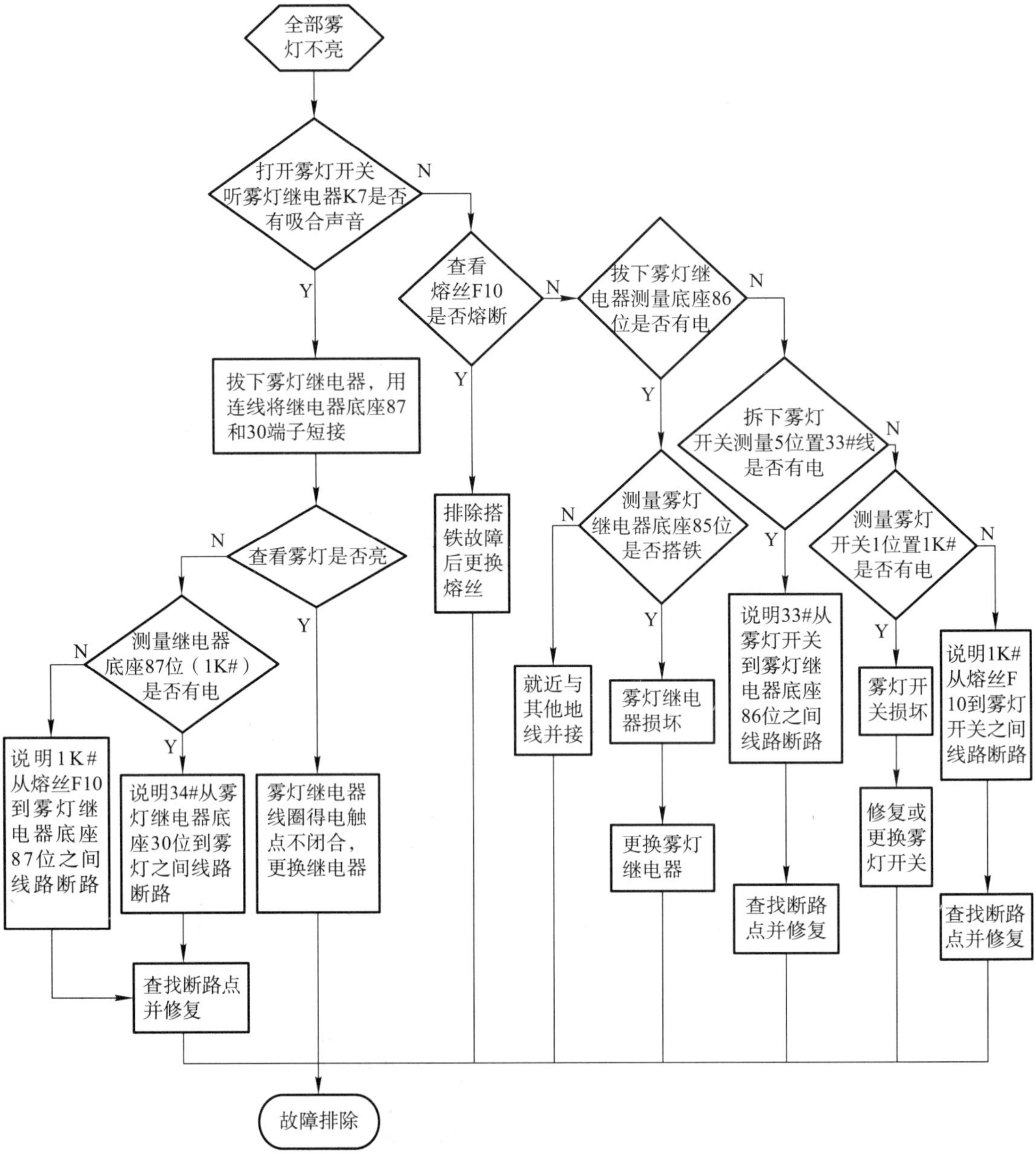

图 4—4—4　全部雾灯都不亮故障检测和排除流程图

（2）个别雾灯不亮故障检测和排除流程（图 4—4—5）

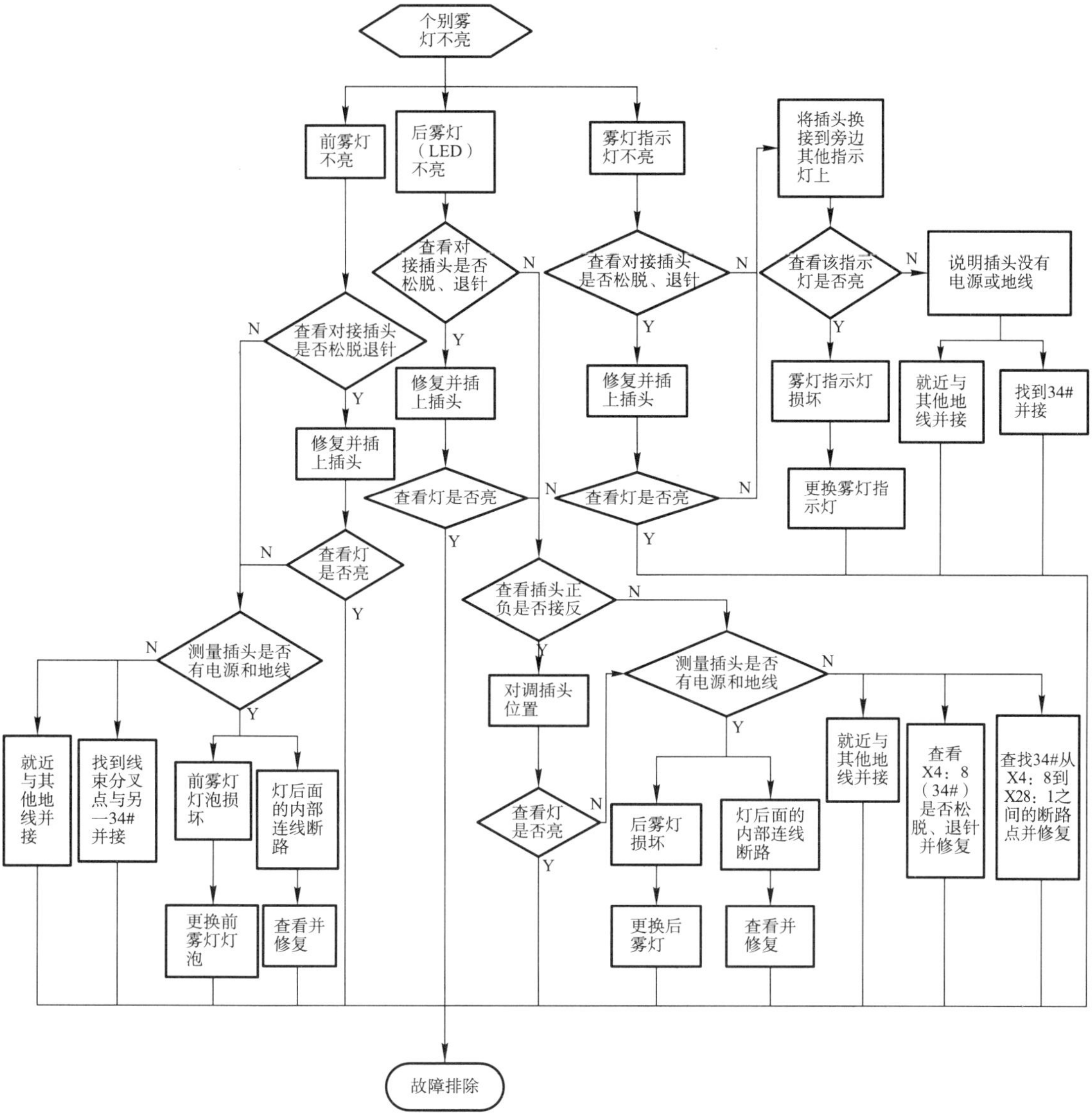

图 4—4—5　个别雾灯不亮故障检测和排除流程图

模块五

信号系统安装与调试

信号系统主要包括转向灯、危险报警灯、喇叭、倒车灯、制动灯等，用于提供车辆安全行驶所必需的信号。

课题 1　转向灯电路安装与调试

学习目标

1. 了解转向（危险警告）灯的位置与使用规范。
2. 理解前转向（危险警告）灯电路工作原理，能正确安装电路并调试。
3. 掌握转向（危险警告）灯和前照灯电路常见故障原因与排故方法。

一、信号灯的位置与使用规范

转向灯是用来向其他道路使用者表明车辆即将向左或向右转向的灯具。国家标准 GB/T 规定，汽车和挂车必须装备转向灯，灯泡功率为 21 W。如果需要，还可以配备 2 只侧转向灯。

控制转向灯的开关应独立于其他灯具，在车辆同一侧的转向灯应由一个开关控制同时打开或关闭，并同步闪烁，闪烁频率为（90 ± 30）次 / 分。

左右转向必须配备工作指示灯。

危险警告信号是向其他使用道路者表明车辆暂时具有某种特殊危险情况的灯具。要实现此功能，需通过按下驾驶室内危险警告信号灯具开关，这时全部转向灯同时闪烁报警。

二、转向与危险警告灯电路图分析

如图 5—1—1 所示，转向开关 T7 向左拨动至 1 位置时，其触点 3 与 4 接通，复合式电子闪光器端子 4 搭铁，由端子 2 输出闪烁信号，左转向灯与左转指示灯闪烁；转向开关 T7 向左拨动至 2 位置时，其触点 7 与 4 接通，复合式电子闪光器端子 5 搭铁，由端子 3 输出闪烁信号，右转向灯与右转指示灯闪烁；危险警告灯开关闭合时，复合式电子闪光器端子 4、5 同时搭铁，端子 2、3 同时输出闪烁信号，左、右转向灯和左、右转向指示灯同时闪烁。

三、闪光继电器的工作原理

汽车常见的闪光继电器有三类：电容式闪光器、翼片式闪光器、电子式闪光器。

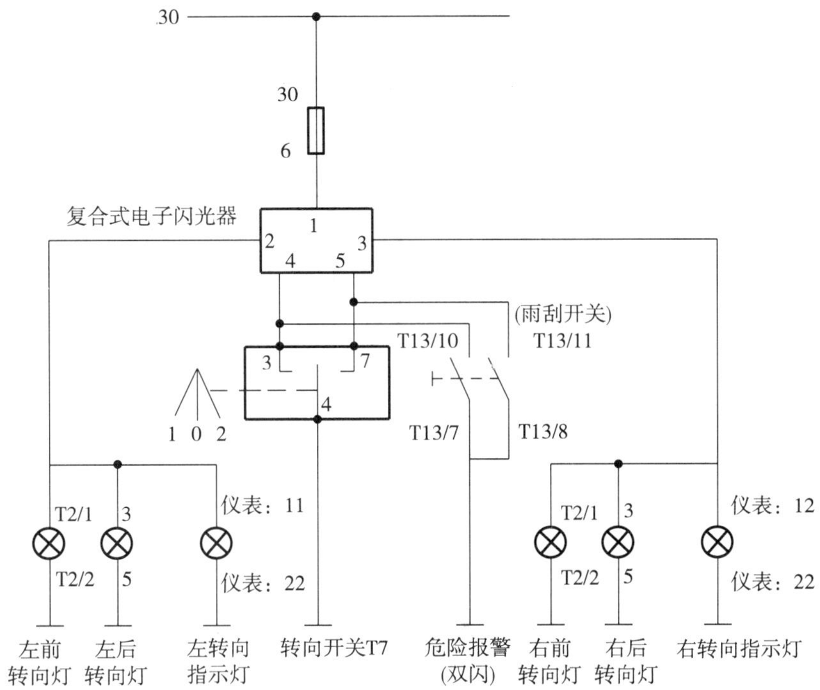

图 5—1—1 转向与危险警告灯电路

1. 电容式闪光器

（1）电容式闪光器电路

如图 5—1—2 所示，由一个继电器和一个电容器组成。在继电器的铁芯上绕有串联线圈 3 和并联线圈 4，电容器 5 采用大容量的电解电容（约 1 500 μF）。

（2）电容式闪光器工作原理

电容式闪光器利用电容器的充、放电延时特性，使继电器的两个线圈产生的电磁吸力时而相加，时而相减，继电器便产生周期的开关动作，从而使转向信号灯闪烁。

2. 翼片式闪光器

（1）翼片式闪光器的电路

如图 5—1—3 所示，翼片式闪光器由翼片 2、热胀条 3、动触点 4、静触点 5 及支架 1、6 等组成。翼片 2 为弹性钢片，平时靠热胀条 3 绷紧成弓形。热胀条由膨胀系数较大的合金钢带制成。

（2）翼片式闪光器工作原理

翼片式闪光器是利用电流的热效应，以热胀条的热胀冷缩为动力，使翼片产生突变动作，接通和断开触点，使转向信号灯闪烁。

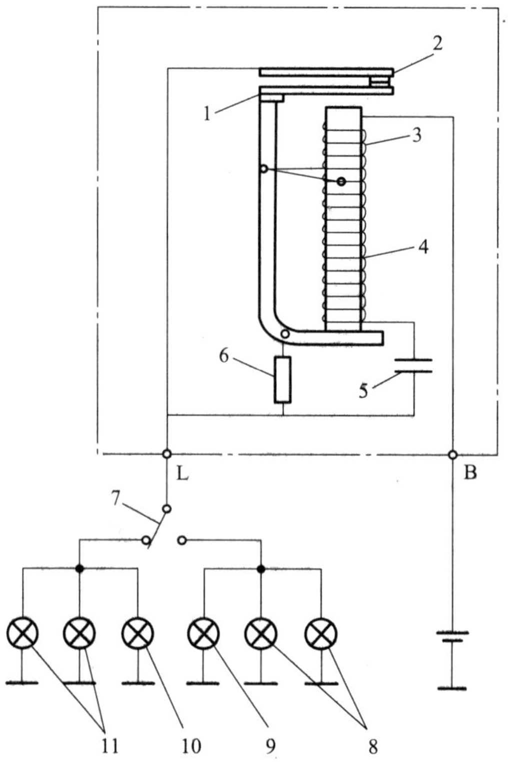

图 5—1—2　电容式闪光器电路

1—弹簧片　2—触点　3、4—线圈　5—电容器　6—灭弧电阻　7—转向灯开关
8—右转向灯　9—右转指示灯　10—左转指示灯　11—左转向灯

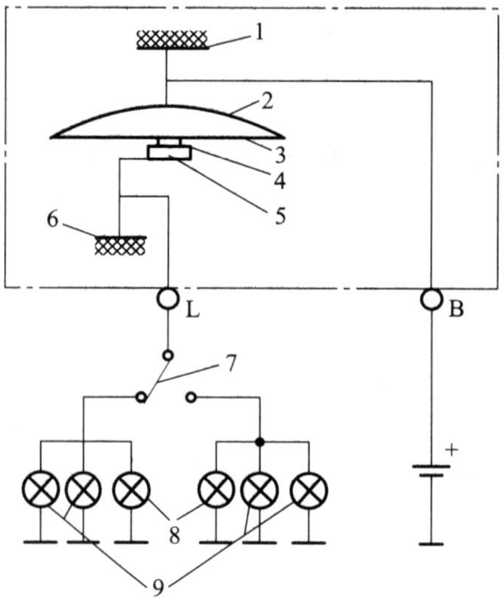

图 5—1—3　翼片式闪光器电路

1、6—支架　2—翼片　3—热胀条　4—动触点　5—静触点　7—转向灯开关　8—转向指示灯　9—转向灯

1）当汽车左转向时即向左接通转向灯开关 7，电流流向为：电流由蓄电池的正极→接线柱 B→支架 1→翼片 2→热胀条 3→动触点 4→静触点 5→支架 6→接线柱 L→转向灯开关 7→转向信号灯 9 和指示灯 8→搭铁→蓄电池负极，形成回路，转向信号灯 9 立即发亮。

2）之后，热胀条 3 因通过电流而发热伸长，翼片 2 突然绷直，动触点 4 和静触点 5 分开，切断电源。于是转向信号灯 9 熄灭。

3）当通过转向信号灯的电流被切断后，热胀条开始冷却收缩，又使翼片 2 突然弯成弓形，动触点 4 和静触点 5 再次接触，接通电路，转向信号灯再次发光，如此反复变化使转向信号灯一亮一灭地闪烁。

3. 电子式闪光器

电子式闪光器由于其工作可靠，使用寿命长，目前在汽车转向灯系统中广泛使用。

电子式闪光器分为有触点和无触点、集成电路和晶体管等多种形式，其外部电路如图 5—1—4 所示。

电子式闪光器的三个管脚：B：电源端；L：闪光器控制端；E：搭铁端。

以下以晶体管电子式闪光器为例介绍其结构和工作原理。

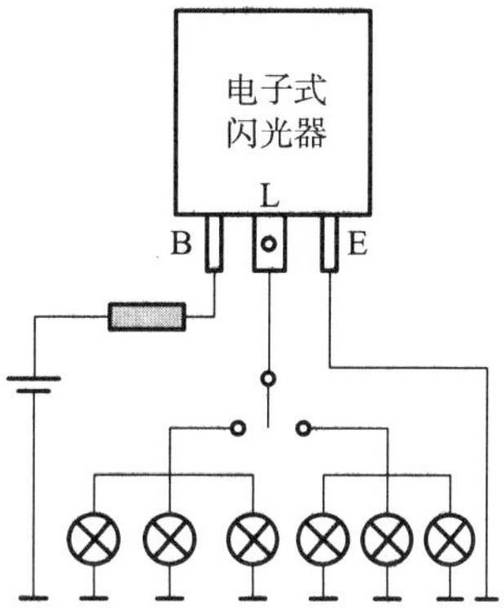

图 5—1—4　电子式闪光器外部电路

（1）晶体管电子式闪光器电路

电子式闪光器由一只三极管的开关电路、电容器及继电器所组成。

（2）晶体管电子式闪光器工作原理

如图 5—1—5 所示，电子式闪光器利用三极管的开关特性，电容器的充、放电延时特性，控制继电器线圈的通、断电，接通和断开触点，使转向信号灯闪烁。

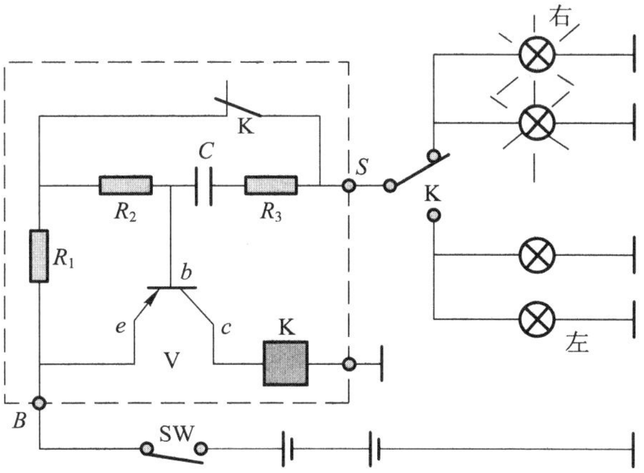

图 5—1—5　晶体管电子式闪光器电路

1）汽车向右转弯时，接通电源开关SW和转向灯开关K，电流由蓄电池正极接线柱B→电阻R1→继电器的常闭触点J→接线柱S→转向灯开关K→右转向灯→搭铁→蓄电池负极，形成回路，右转向灯亮。

2）当电流通过电阻R1时，在电阻R1上产生电压降，三级管VT因正向偏压而导通，集电极电流通过继电器线圈J，使继电器的常闭触点立即打开右转向信号灯随之熄灭。

3）晶体三极管V导通的同时，V的基极电流向电容器C充电。

充电电路：蓄电池正极→电源开关SW→接线柱B→V的发射极e、基极b→电容器C→电阻R3→接线柱S→转向灯开光K→右转向信号灯→搭铁→蓄电池负极。

在充电过程中，随着电容器电荷积累，充电电流逐渐减小，三极管的集电极电流I_c也随之减小，当电流不足以维持衔铁的吸合而释放时，继电器的触点又重新闭合，转向灯又再次发亮。

这时电容器C通过电阻R2、继电器的常闭触点J，电阻R3放电。放电电流在R2上产生的电压降为三极管提供反向偏压，加速三极管的截止。当放电电流接近零时，R1上的电压降为三极管提供正向的偏压使其导通。

这样，电容器不断充电和放电，三极管也就不断导通与截止，控制继电器触点反复打开、闭合，使转向灯闪烁。

四、转向与危险警告灯电路的安装与调试

1. 转向与危险警告灯电路的组成

灯光组合开关、危险警告开关、转向灯保险丝、复合式闪光继电器、转向灯、组合仪表转向指示灯。

2. 转向与危险警告灯电路的调试步骤

（1）按照电路图连接电路。

（2）打开电源总开关。

（3）灯光组合开关手柄逆时针拨动至左转向位置，检查前、后左转向灯和左转指示灯是否闪烁。

（4）灯光组合开关手柄顺时针拨动至右转向位置，检查前、后右转向灯和右转指示灯是否闪烁。

（5）灯光组合开关手柄复位，打开危险警告灯开关，检查左右转向灯、转向指示灯是否闪烁。

（6）如果不正常，应按照电路图检查排故，之后重新调试。

课题 2　喇叭电路安装与调试

学习目标

1. 了解喇叭的种类、结构与工作原理。
2. 理解电喇叭、气喇叭电路的工作原理，能正确安装电路并调试。
3. 掌握喇叭电路常见故障原因与排故方法。

一、喇叭的功用与分类

工程车辆上都装有喇叭，用来警告行人和其他车辆，以引起注意，保证行车安全。工程车辆一般配备一对盆形高低音电喇叭和一组高低音气喇叭。

喇叭按发音动力的不同分气喇叭和电喇叭两类；按外形分有螺旋形、筒形、盆形三类。按音频分有高音和低音两种。各种喇叭的外形如图 5—2—1 所示。

a)　　　　b)　　　　c)

图 5—2—1　喇叭

a）盆形电喇叭　b）螺旋形电喇叭　c）（筒形）气喇叭

电喇叭通过电磁线圈不断的通电和断电，使金属膜片产生振动而产生声响，声音悦耳。电喇叭外形多是螺旋形和盆形，广泛应用在各种汽车上。

气喇叭利用压缩空气的气流使金属膜片产生振动，外形多是长喇叭形（筒形），声音大且声调高，传播距离远，多用在跑长途的大、中型汽车上，城市内是禁用的。

螺旋形电喇叭附带扬声筒，扬声筒卷成螺旋形以压缩体积，音质优美响亮。盆形汽车电喇叭不带扬声筒，形状扁平体积较小，重量轻且安装方便，音质略差但使用广泛。

为了得到较为和谐悦耳的声音，在工程车辆上常装有两个不同音调（高、低音）的电喇叭。其中高音喇叭膜片厚，扬声筒短，低音喇叭则相反。

二、电喇叭和气喇叭的结构和工作原理

1. 电喇叭

电喇叭由振动机构和电路断续机构两个部分组成，从外形不同可分为筒形、螺旋形和盆形电喇叭。

由于盆形电喇叭具有尺寸小、质量小、指向性好等特点，因此为现代工程车辆普遍采用。盆形电喇叭的结构如图 5—2—2 所示，其工作原理如下：

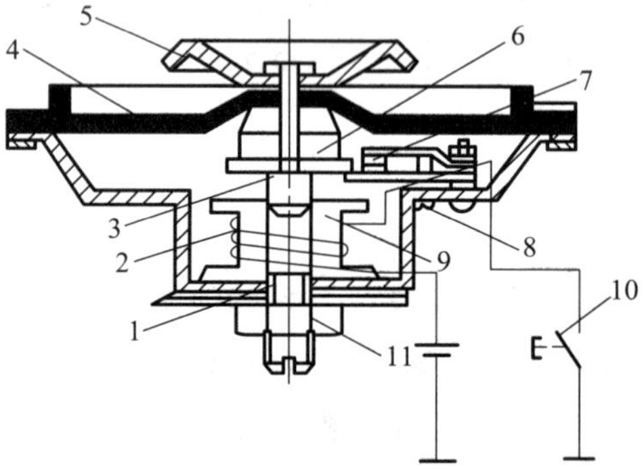

图 5—2—2　盆形电喇叭结构示意图

1—下铁芯　2—线圈　3—上铁芯　4—膜片　5—共鸣板　6—衔铁　7—触点　8—调整螺钉　9—铁芯　10—喇叭按钮　11—锁紧螺母

当按下喇叭按钮 10 时，进入喇叭的电流由蓄电池正极→线圈 2 →触点 7 →喇叭按钮 10 →搭铁→蓄电池负极构成回路。线圈 2 通电后产生电磁吸力，吸动上铁芯 3 及衔铁 6 下移，使膜片 4 向下拱曲，衔铁 6 下移时将触点 7 顶开，线圈 2 电路被切断，其电磁力消失，上铁芯 3、衔铁 6 在膜片 4 弹力的作用下复位，触点 7 又闭合。如此反复一通一断，使膜片及共鸣板连续振动发声。

螺旋形和筒形电喇叭的工作原理与盆形电喇叭类似。

2. 气喇叭

如图 5—2—3 所示，气喇叭总成由气喇叭电磁阀和高低音气喇叭组成，有些气喇叭包含高、中、低音三只喇叭。工程车辆气喇叭为电控气喇叭，当气喇叭电磁阀得电时，压缩空气就通过电磁阀进入喇叭基座，使金属膜片产生振动而发声。

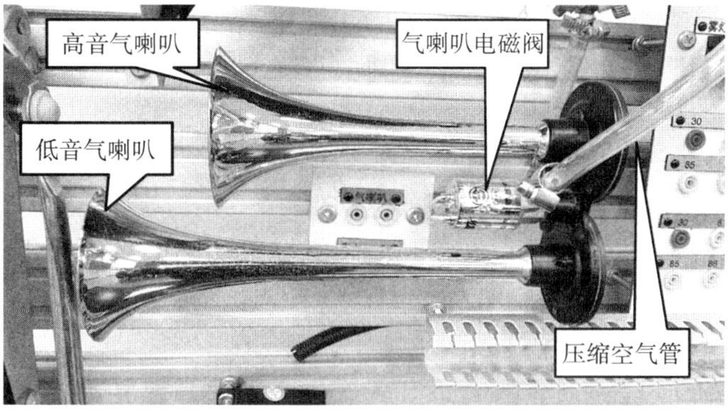

图 5—2—3　气喇叭总成

三、喇叭电路图分析

装用单只螺旋形电喇叭或两只盆形喇叭时，电喇叭总电流较小（<8 A），一般直接由方向盘上喇叭按钮控制。当装用两只螺旋形电喇叭时，电喇叭耗用电流较大（>20 A），用按钮直接控制，易烧蚀按钮触点。为了避免这个缺点，可采用喇叭继电器控制双音电喇叭。工程车辆一般既有电喇叭又有气喇叭，喇叭控制电路如图 5—2—4 所示。当喇叭选择开关选择气喇叭时，按下喇叭按钮，气喇叭继电器线圈得电，其触点闭合，气喇叭电磁阀得电，压缩空气吹响气喇叭；当喇叭选择开关选择电喇叭时，按下喇叭按钮，电喇叭继电器线圈得电，其触点闭合，两只电喇叭同时鸣响。

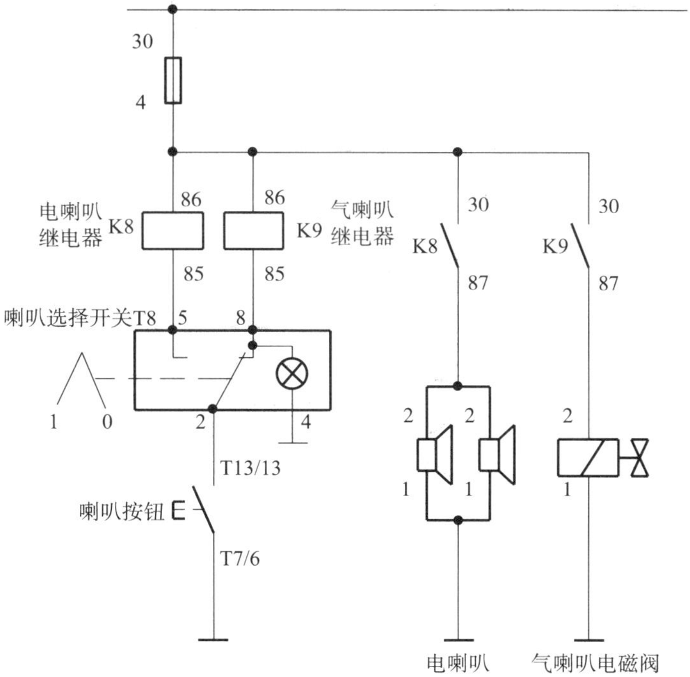

图 5—2—4　喇叭控制电路

四、电喇叭和气喇叭电路的安装与调试

1. 喇叭的调整

电动气喇叭一般制成不可调式。螺旋形、盆形电喇叭的调整一般有铁芯气隙调整和触点预压力调整两项，前者调整喇叭的音调，后者调整喇叭的音量。

（1）铁芯气隙（即衔铁与铁芯间的气隙）调整

电喇叭音调的高低与铁芯气隙有关，铁芯气隙小时，膜片的振动频率高（即音量调高）；气隙大时，膜片的振动频率低（即音量调低）。铁芯气隙值（一般为 0.7 ~ 1.5 mm）视喇叭的高、低音及规格型号而定，如 DL34G 为 0.7 ~ 0.9 mm，DL34D 为 0.9 ~ 1.05 mm。

筒形、螺旋形电喇叭铁芯气隙的调整部位和调整方法如图 5—2—5 所示。对图 5—2—5a 所示的电喇叭，应先松开锁紧螺母，然后转动衔铁，即可改变衔铁与铁芯气隙 δ；对图 5—2—5b 所示的电喇叭，松开上、下调节螺母，即可使铁芯上升或下降，改变铁芯气隙；对图 5—2—5c 所示的电喇叭，可先松开锁紧螺母，转动衔铁加以调整，然后松开调节螺母，使弹簧片与衔铁平行后紧固。调整时应使衔铁与铁芯间的气隙均匀，否则会产生杂音。

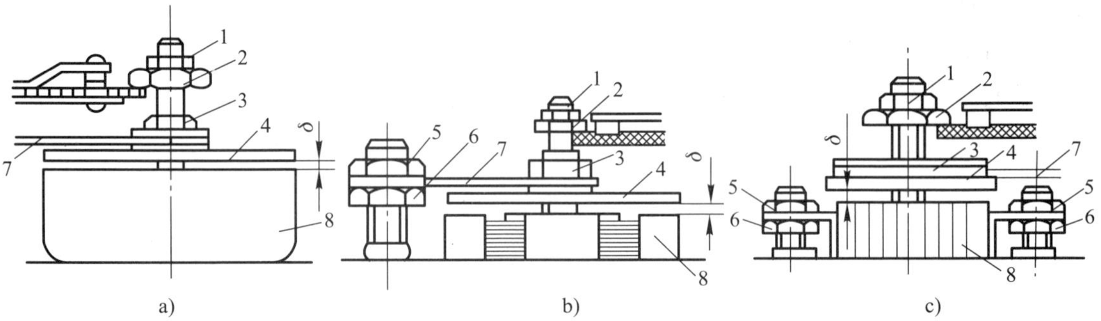

图 5—2—5　筒形、螺旋形电喇叭的调整

a）只能调节衔铁的电喇叭　b）能调节衔铁和弹簧片的电喇叭　c）能调节衔铁和铁芯的电喇叭

1、3—锁紧螺母　2、5、6—调节螺母　4—衔铁　7—弹簧片　8—铁芯　δ—铁芯气隙

盆形电喇叭铁芯气隙调整时应先松开锁紧螺母，然后旋转音量调整螺栓（铁芯）进行调整。

（2）触点预压力调整

电喇叭声音的大小与通过喇叭线圈的电流大小有关。当触点预压力增大时，流过喇叭线圈的电流增大，使喇叭产生的音量增大，反之音量减小。

触点压力是否正常，可通过检查喇叭工作电流与额定电流是否相符来判断。如工作电流等于额定电流，则说明触点压力正常；如工作电流大于或小于额定电流，则说明触点压力过大或过小，应予以调整。对于筒形、螺旋形电喇叭，应先松开锁紧螺母，然后

转动调节螺母（逆时针方向转动时，触点压力增大，音量增大）进行调整；盆形电喇叭，可旋转音量调节螺钉（逆时针方向转动时，音量增大）进行调整。调整时不可过急，一般每次转动调节螺母不多于 1/10 圈。

电喇叭音量和音质调整并不是完全独立的，它们两者实际上是相互关联的，因此两者需反复调试才会获得最佳效果。汽车喇叭声级在距车前 2 m、离地面 1.2 m 处测量时，其值应为 90 ~ 118 dB。

2. 喇叭电路的组成

喇叭电路由喇叭开关、喇叭选择开关、喇叭保险丝、电喇叭继电器、气喇叭继电器、电喇叭总成、气喇叭总成组成。

3. 喇叭电路的调试步骤

（1）按照电路图连接电路。

（2）打开电源总开关。

（3）喇叭选择开关分别选择电喇叭和气喇叭，按下喇叭按钮，检查是否正常发声。

（4）如果不正常，应按照电路图检查排故，之后调试。

五、电喇叭和气喇叭电路的检测与维修

正常情况下，电喇叭只要供电就可以鸣响。而气喇叭却有所不同，给它供电只是打开气路电磁阀，若车辆气路系统压力过低，气喇叭不能鸣响。以下仅以汽车起重机底盘气喇叭电路故障为例进行分析。

1. 喇叭电路常见故障现象

（1）喇叭不响。

（2）喇叭常响。

2. 喇叭电路故障原因

喇叭电路如图 5—2—6 所示。

（1）喇叭不响故障原因

1）喇叭回路断路。包括线路断裂、保险丝 F11 熔断、插接件松脱、退针。

2）喇叭开关 S98 损坏不闭合。

3）喇叭继电器 K8 损坏。

4）喇叭损坏。

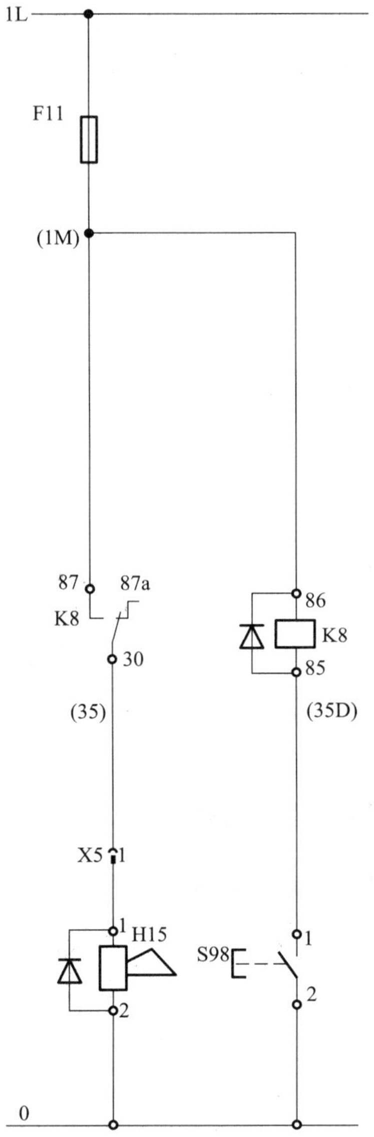

图 5—2—6　气喇叭电路图

5）车辆气路系统压力过低（非电气故障）。

（2）喇叭常响故障原因

1）喇叭开关 S98 故障造成的触点常闭不复位。

2）喇叭继电器 K8 故障造成的触点常闭不复位。

3）线路短路造成的喇叭信号线（35#）常有电。

4）喇叭上的电磁阀机械卡滞等故障造成的不复位。

3. 喇叭不响电路故障排除步骤与方法

（1）喇叭不响电路故障检测和排除流程如图 5—2—7 所示。

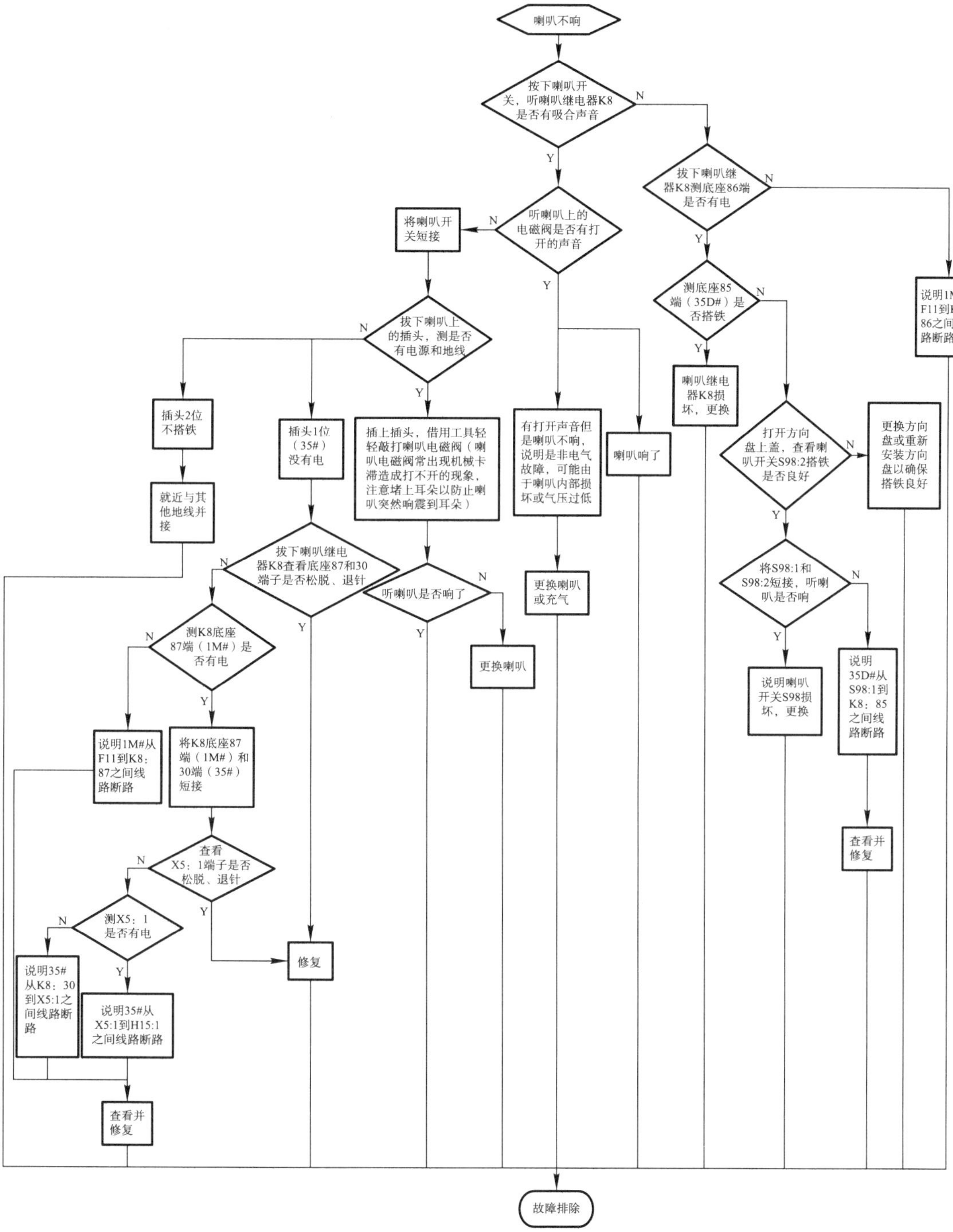

图 5—2—7 喇叭不响电路故障检测和排除流程图

（2）喇叭常响电路故障检测和排除流程如图 5—2—8 所示。

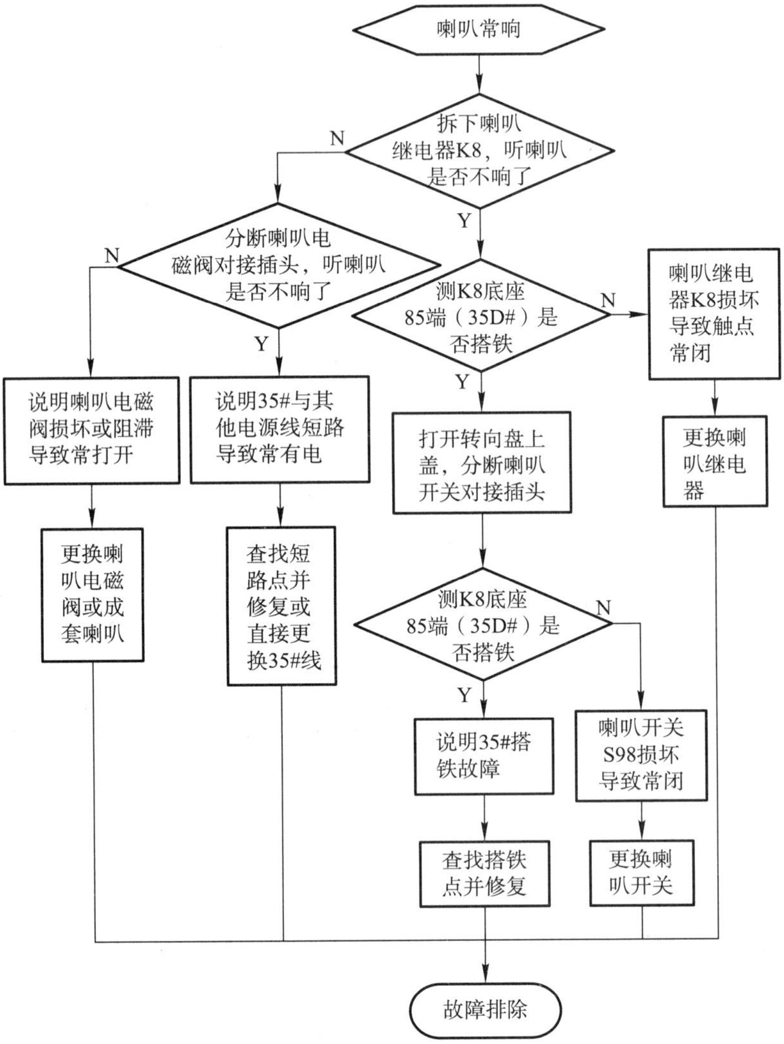

图 5—2—8 喇叭常响电路故障检测和排除流程图

课题 3 倒车灯、制动灯安装与调试

学习目标

1. 理解倒车灯、制动灯电路工作原理，并能正确安装电路并调试。

2. 掌握倒车灯、制动灯和前照灯电路常见故障原因与排故方法。

一、倒车灯与制动灯电路图分析

典型的倒车灯与制动灯电路如图 5—3—1 所示。

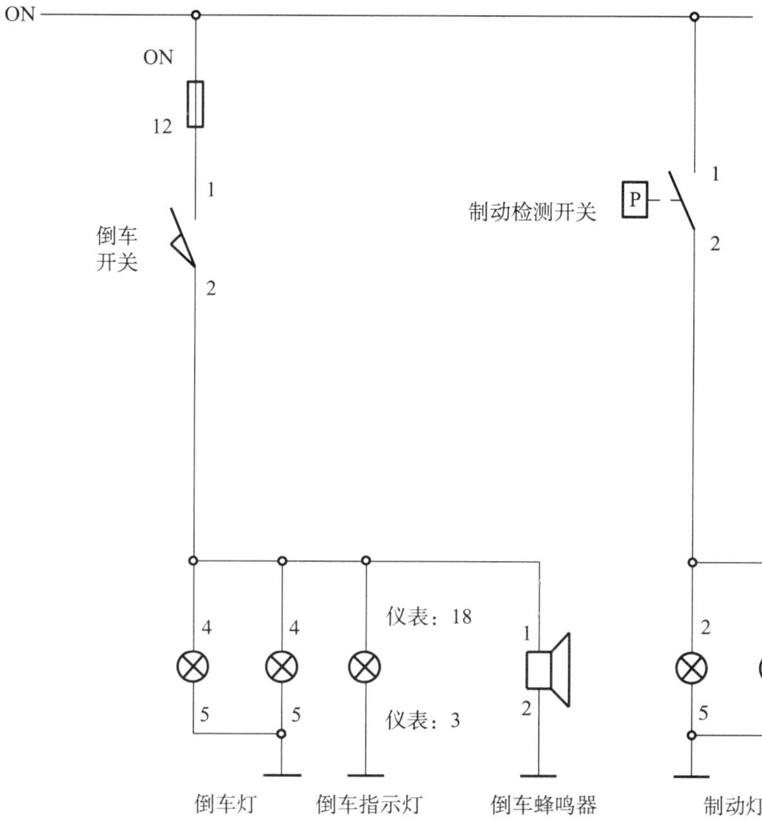

图 5—3—1 倒车灯与制动灯电路图

1. 倒车灯电路分析

（1）倒挡检测开关工作原理

倒挡检测开关（图 5—3—2）安装在变速箱壳体上，变速箱内的换挡杆移动到预定的挡位时会压下检测开关中间的顶杆，使检测开关两接线端子间的触点动作，当变速箱挂倒挡时，开关闭合，在其他挡位时，开关断开。倒挡检测开关也可以用于差速检测、分动箱低挡检测等，有常闭和常开两种型号。

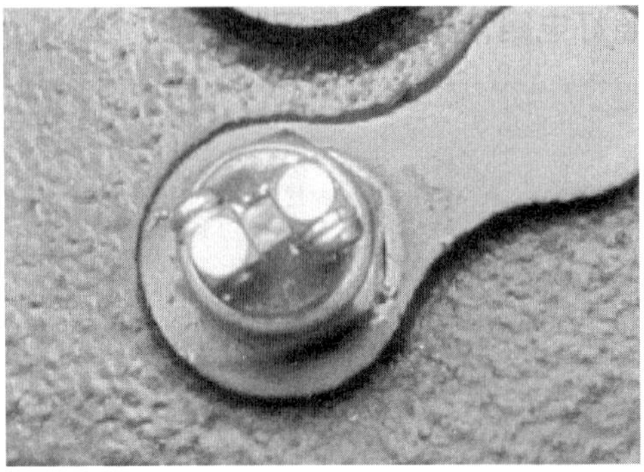

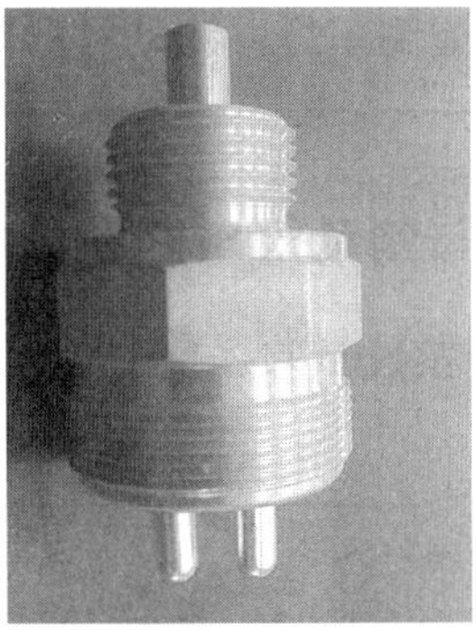

图 5—3—2　倒挡检测开关

（2）倒车灯电路的整体工作原理

变速箱挂倒挡时，倒挡检测开关闭合，倒车灯、倒车指示灯、倒车蜂鸣器同时工作；变速箱处于其他挡位时，倒挡检测开关断开，倒车灯等停止工作。

2. 制动灯电路分析

（1）制动检测开关

制动检测开关是一种气压检测开关，安装在行车制动气路上，当进行制动时，气路气压升高，制动检测开关内的膜片变形使触点闭合，点亮制动灯。图 5—3—3 所示为两种制动检测开关的外观。

图 5—3—3　制动检测开关

常见的压力检测开关还有气压过低报警开关、手制动检测开关、机油压力开关等，按工作原理可以分为隔膜式与活塞式两种，按无气压时触点的通断状态分为常开和常闭两种，其工作原理如图 5—3—4 所示。

1）隔膜式压力开关，工作原理是压力通过连接处的导压口作用于隔膜，使隔膜变形，如果压力达到开关设定值，压缩弹簧后就会带动触点动作，通过触点的接通或断开信号来监控所测压力。

2）活塞式压力开关，内置活塞与精密弹簧相连，活塞的顶杆下端面跟导压口相通，当压力变化时活塞的顶杆推动弹簧使伸缩量发生相应变化，当压力达到设定值时，会发出开关信号。

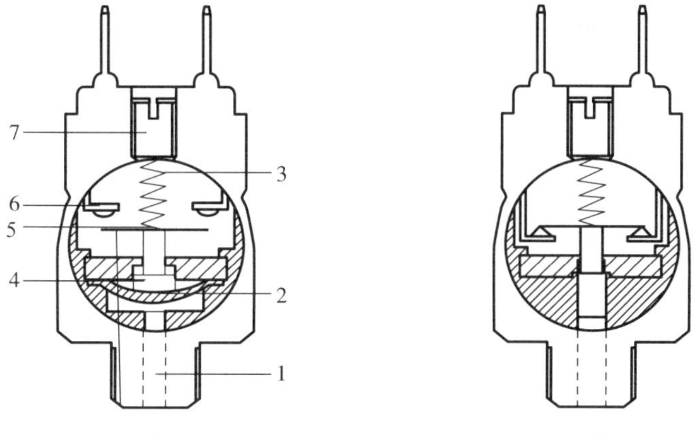

图 5—3—4 压力开关原理图

a）隔膜式压力开关（常开） b）活塞式压力开关（常闭）

1—导压口 2—膜片 3—复位弹簧 4—顶杆 5—动触点 6—静触点 7—压力调整螺钉

（2）制动灯电路的整体工作原理

踩下制动踏板时，机械式脚制动阀使气瓶内的压缩空气通入制动气路，压缩空气压力达到制动开关设定值，制动开关闭合，制动灯点亮。

二、倒车灯、制动灯电路的安装与调试

1. 倒车灯、制动灯电路的组成

倒车灯、制动灯电路由保险丝、倒车检测开关、制动检测开关、倒车灯、制动灯、倒车蜂鸣器、仪表倒车指示灯组成。

2. 倒车灯、制动灯电路的调试步骤

（1）按照装配图将制动检测开关安装于制动气路对应位置。

（2）按照电路图连接点火开关电路与倒车灯、制动灯电路。

（3）打开电源总开关，将点火开关旋转至“ON”挡。

（4）压下倒车检测开关顶杆，倒车灯、倒车指示灯应点亮，倒车蜂鸣器鸣响。

（5）向制动检测开关所连接的气路中通入压缩空气，当气压达到标准值时，制动灯应点亮。

（6）如果不正常，应按照电路图检查排故，排除故障后重新调试。

三、倒车灯、制动灯电路的检测与维修

1. 倒车灯电路的检测与维修

（1）倒车灯电路常见故障现象

1）倒车灯全不亮。

2）个别倒车灯不亮，包括左倒车灯不亮、右倒车灯不亮、倒车指示灯不亮。

3）倒车蜂鸣器不响。

4）倒车灯常亮和倒车蜂鸣器常响。

（2）倒车灯电路故障原因

倒车电路图如图 5—3—5 所示，需要注意的是倒车蜂鸣器为单线制电气元件（图 4—3—6）。

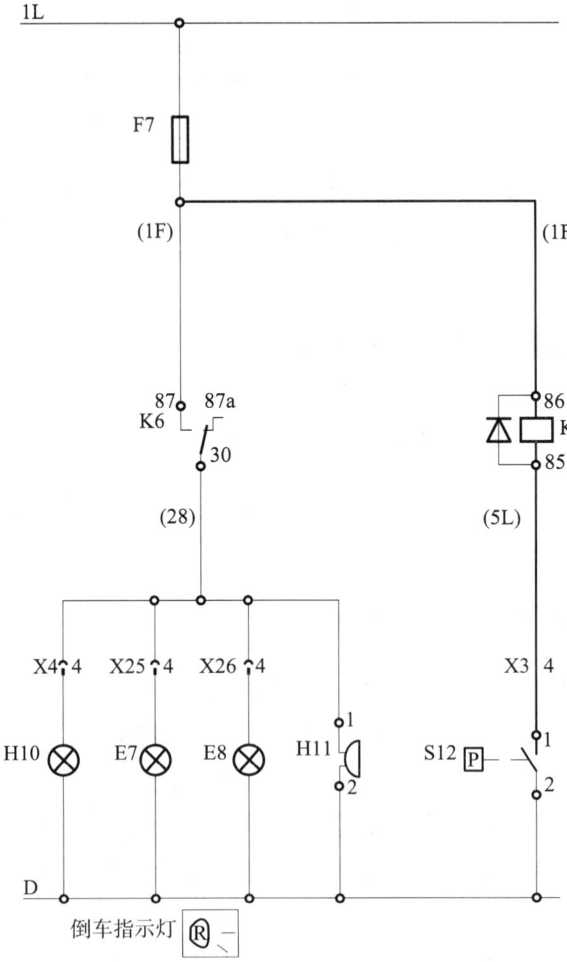

图 5—3—5　倒车电路图

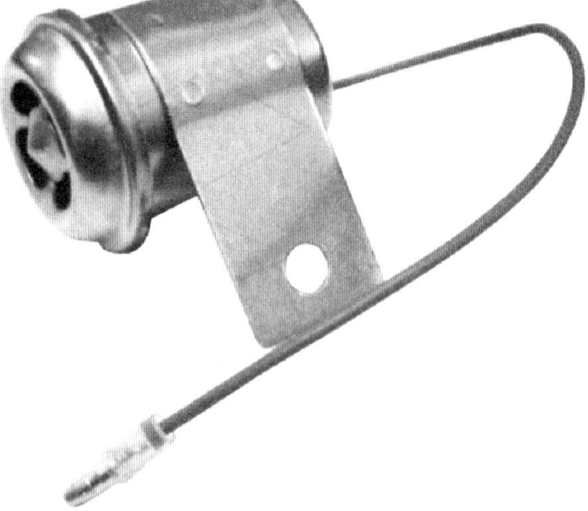

图 5—3—6　倒车蜂鸣器

1）倒车灯全不亮故障原因

①倒车灯回路断路。包括线路断裂、保险丝 F7 熔断、插接件松脱、退针。

②倒车检测开关 S12 损坏不闭合。

③倒车继电器 K6 损坏。

④倒车灯和倒车蜂鸣器全部损坏。

2）个别倒车灯不亮故障原因

①个别倒车灯损坏。

②个别倒车灯回路断路。

3）倒车蜂鸣器不响故障原因

①倒车蜂鸣器外壳搭铁不良。

②倒车蜂鸣器损坏。

③倒车蜂鸣器回路断路。

4）倒车灯常亮和倒车蜂鸣器常响故障原因

①倒车检测开关 S12 故障造成的触点常闭不复位。

②倒车继电器 K6 故障造成的触点常闭不复位。

③线路短路造成的倒车信号线（28#）常有电。

（3）倒车灯电路故障排除步骤与方法

1）倒车灯全不亮故障检测和排除流程如图 5—3—7 所示。

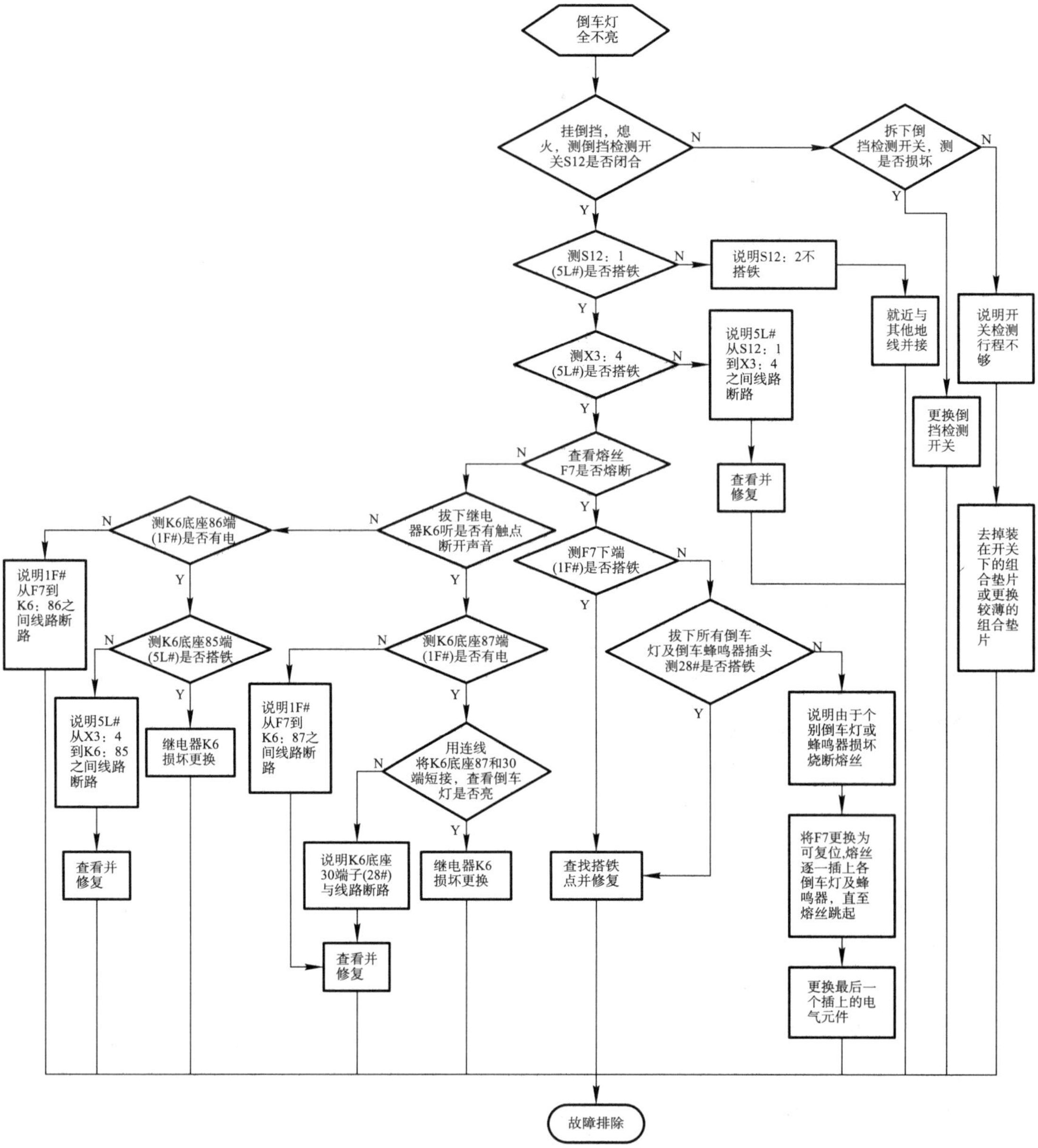

图 5—3—7　倒车灯全不亮故障检测和排除流程图

2）个别倒车灯不亮故障检测和排除流程以左倒车灯和倒车指示灯不亮为例，如图 5—3—8 所示。

3）倒车蜂鸣器不响故障检测和排除流程如图 5—3—9 所示。

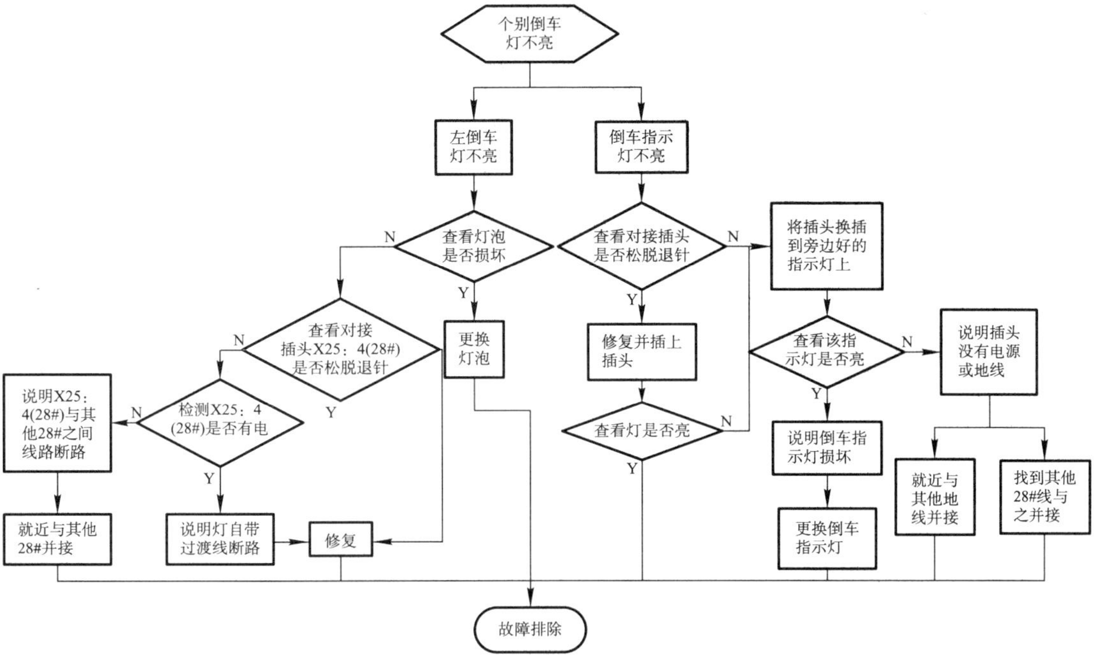

图 5—3—8　个别倒车灯（以左倒车灯为例）不亮故障检测和排除流程图

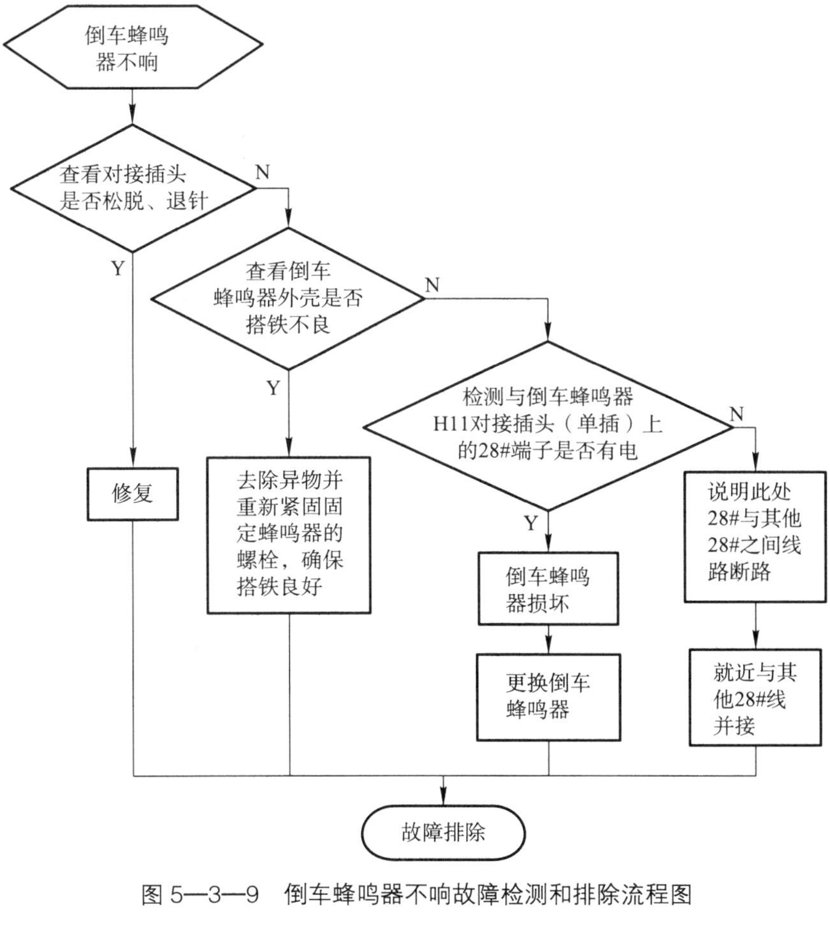

图 5—3—9　倒车蜂鸣器不响故障检测和排除流程图

4）倒车灯常亮和倒车蜂鸣器常响故障检测和排除流程如图 5—3—10 所示。

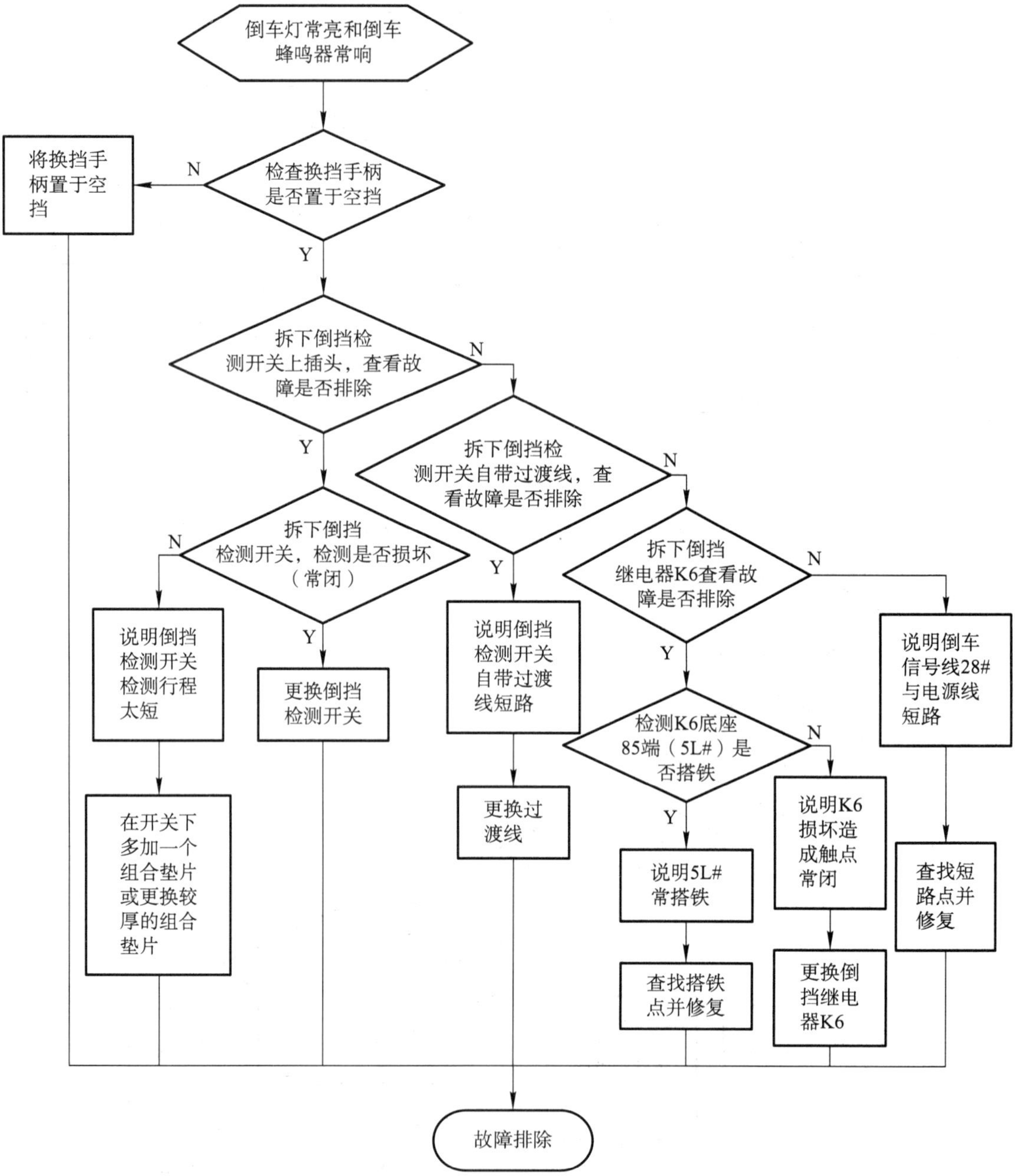

图 5—3—10　倒车灯常亮和倒车蜂鸣器常响故障检测和排除流程图

2. 制动灯电路的检测与维修

工程车辆制动的制动方式分为驻车制动（手制动）和行车制动（脚制动）两种。

（1）驻车制动指示灯电路的检测与维修

1）驻车制动指示灯电路常见故障现象

①驻车制动指示灯不亮；

②驻车制动指示灯常亮（不灭）。

2）驻车制动指示灯电路故障原因

驻车制动电路图如图5—3—11所示，驻车制动检测开关安装位置如图5—3—12所示。

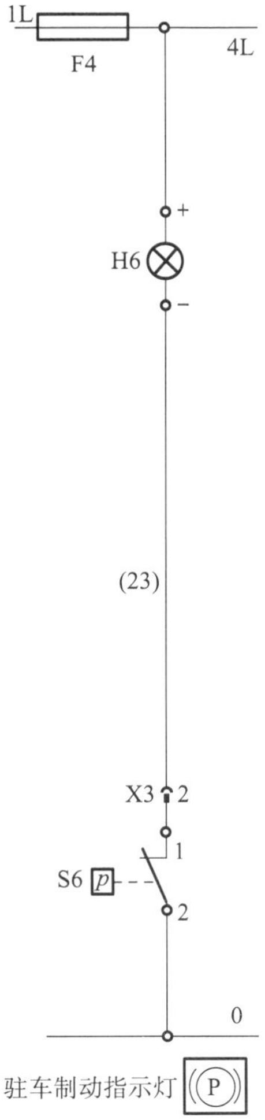

图5—3—11　驻车制动电路图

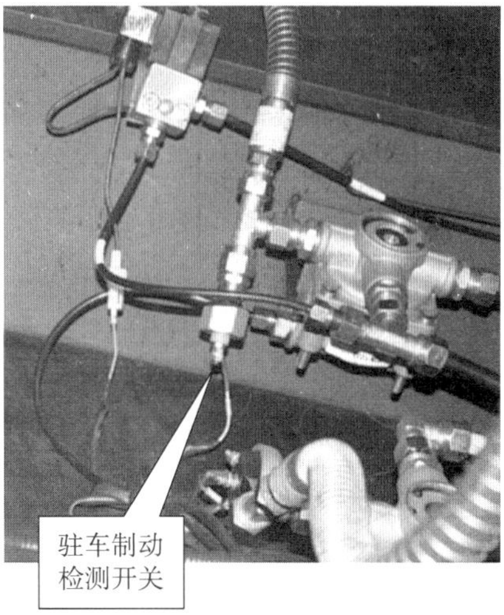

图5—3—12　驻车制动检测开关安装位置图

①驻车制动指示灯不亮故障

a. 驻车制动指示灯回路断路。包括线路断裂、保险丝F4熔断、插接件松脱退针。

b. 驻车制动检测开关S6损坏不闭合。

c. 驻车制动指示灯损坏。

②驻车制动指示灯常亮故障

a. 驻车制动检测开关 S6 故障造成的触点常闭不复位。

b. 驻车制动信号线（23#）经常搭铁。

3）驻车制动指示灯电路故障排除步骤与方法

①驻车制动指示灯不亮故障检测和排除流程如图 5—3—13 所示。

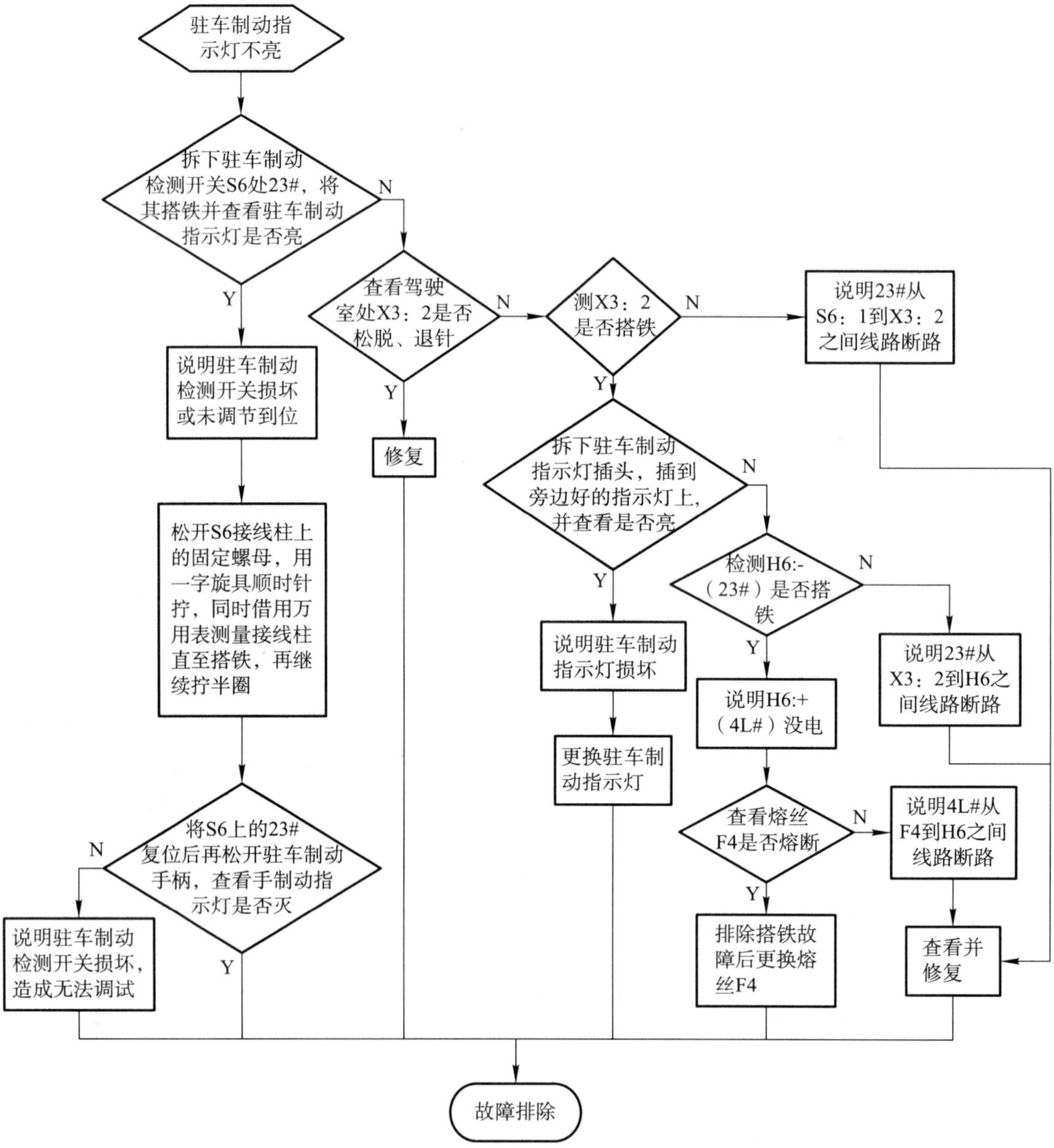

图 5—3—13　驻车制动指示灯不亮故障检测和排除流程图

②手制动指示灯常亮故障检测和排除流程如图 5—3—14 所示。

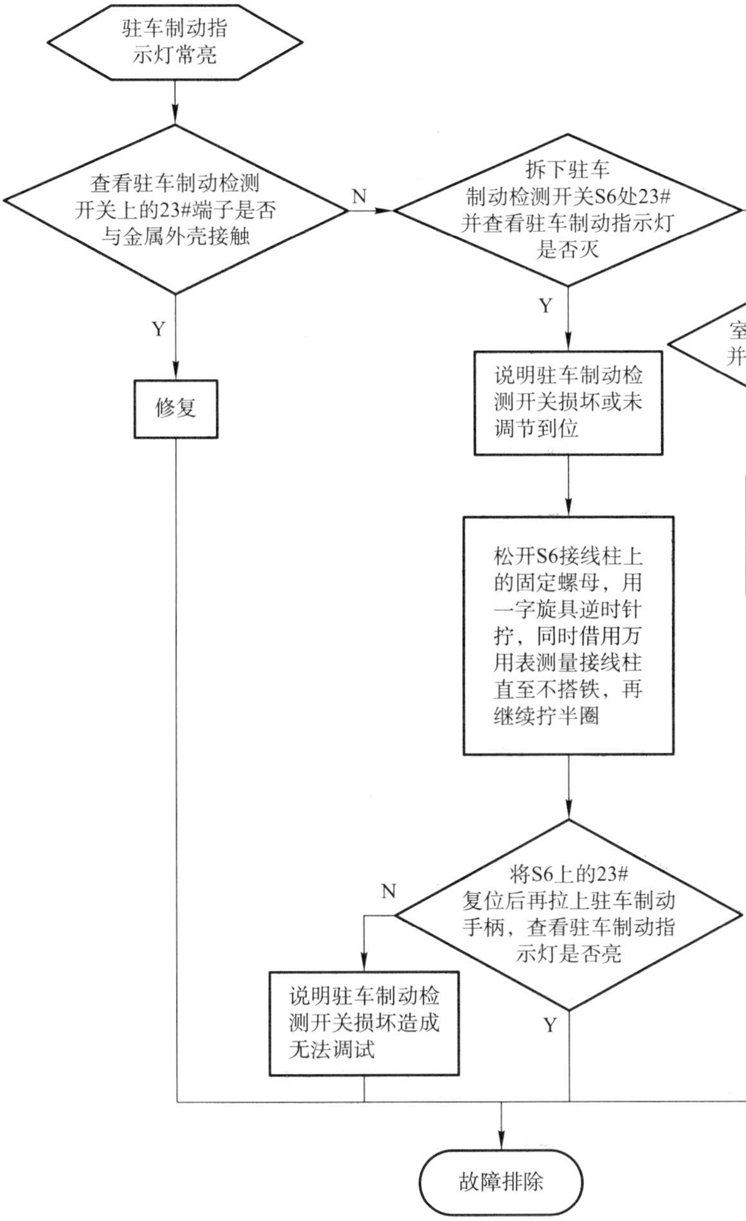

图 5—3—14　手制动指示灯常亮故障检测和排除流程图

（2）行车制动指示灯电路的检测与维修

1）行车制动指示灯电路常见故障现象

①行车制动指示灯全都不亮。

②个别行车制动指示灯不亮。包括左行车制动指示灯不亮、右行车制动指示灯不亮、行车制动指示灯不亮；

③行车制动指示灯常亮。

2）行车制动指示灯电路故障原因

行车制动电路图如图 5—3—15 所示，行车制动检测开关安装位置如图 5—3—16 所示。

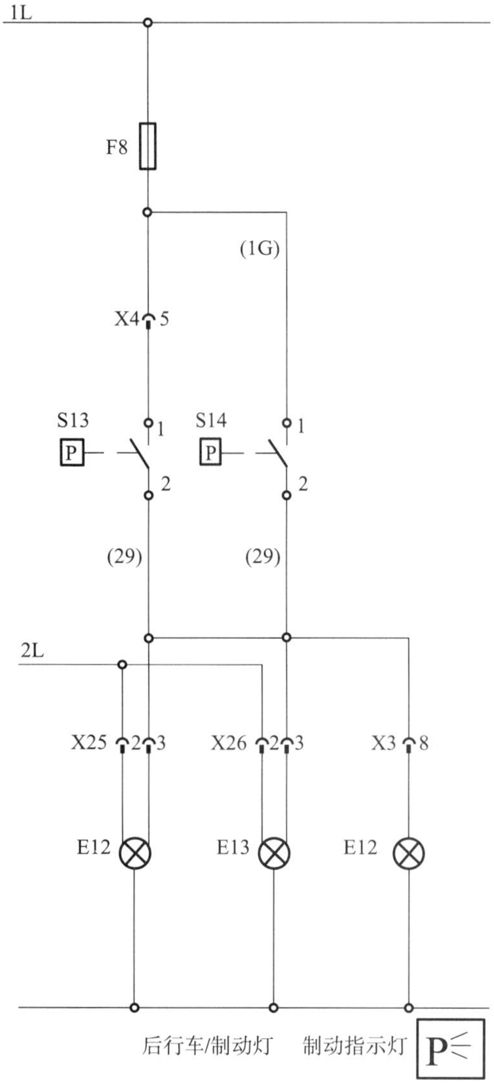

图 5—3—15　行车制动电路图

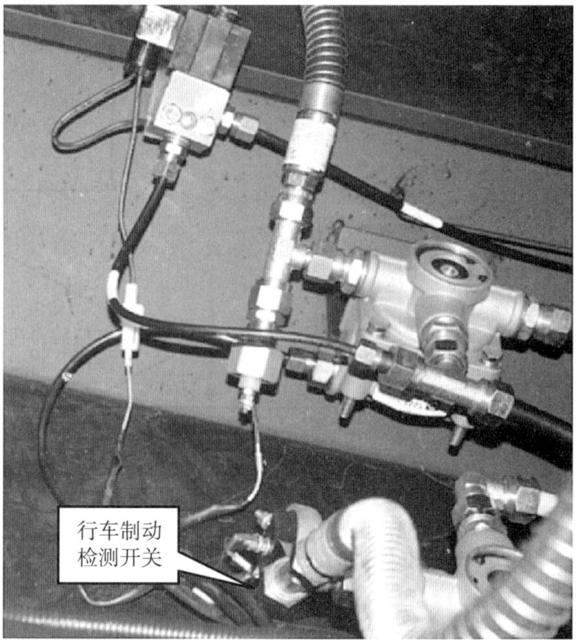

图 5—3—16　行车制动检测开关安装位置图

①行车制动指示灯全都不亮故障原因

a. 行车制动指示灯回路断路。包括线路断裂、保险丝 F8 熔断、插接件松脱、退针。

b. 行车制动检测开关 S13 和 S14 损坏不闭合。

c. 所有行车制动指示灯都损坏（概率很低）。

②个别行车制动指示灯不亮故障原因

a. 个别行车制动指示灯损坏（概率最高）。

b. 个别脚制动指示灯回路断路。

③行车制动指示灯常亮故障原因

a. 行车制动检测开关 S13 或 S14 故障造成的触点常闭不复位。

b. 行车制动信号线（29#）与电源线短路。

3）行车制动指示灯电路故障排除步骤与方法

①行车制动指示灯全都不亮故障检测和排除流程如图 5—3—17 所示。

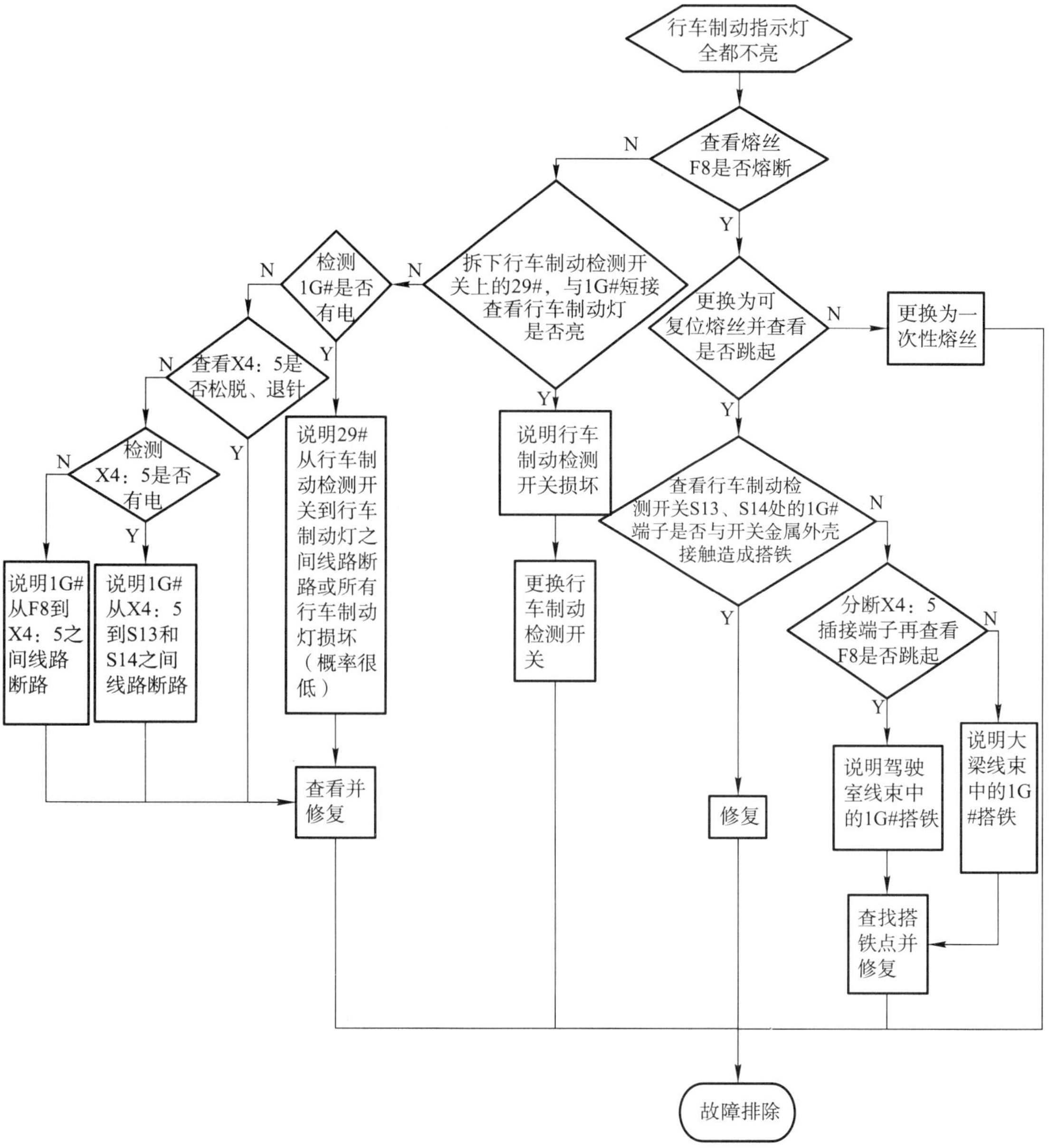

图 5—3—17　行车制动指示灯全不亮故障检测和排除流程图

②个别行车制动灯不亮故障检测和排除流程如图 5—3—18 所示。

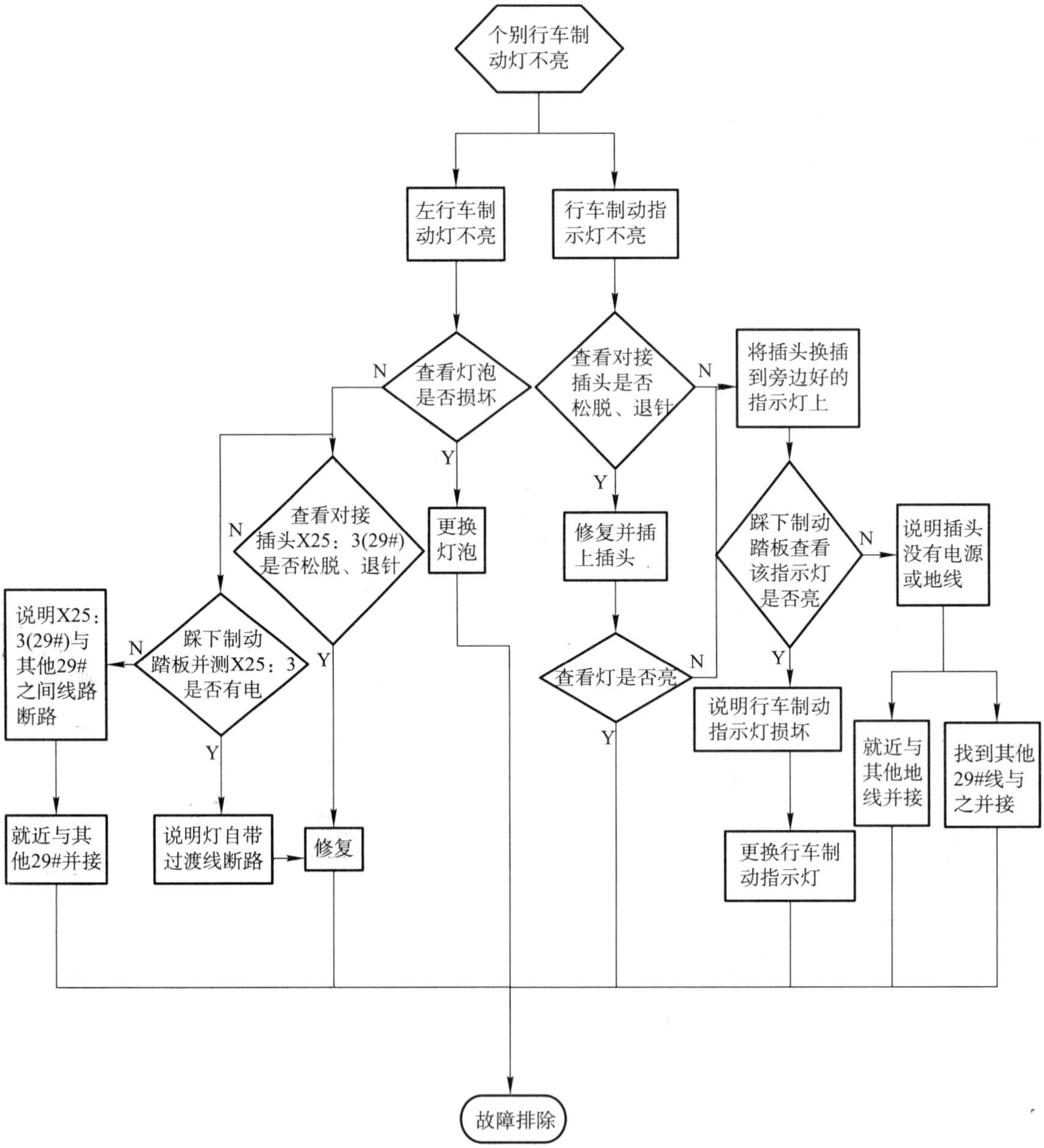

图 5—3—18 个别行车制动灯（以左行车制动灯为例）不亮故障检测和排除流程图

③行车制动灯常亮故障检测和排除流程如图 5—3—19 所示。

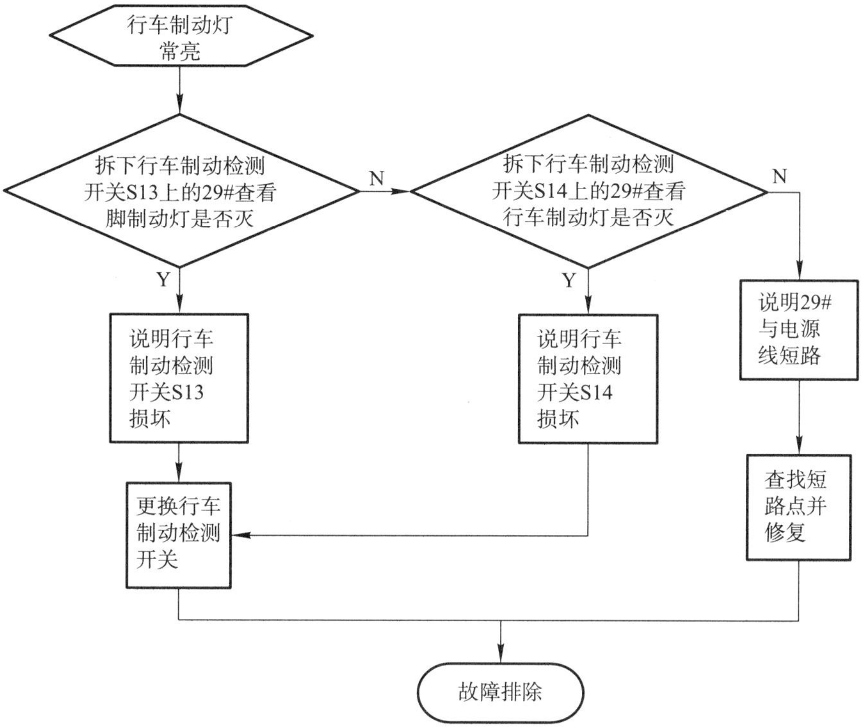

图 5—3—19　行车制动灯常亮故障检测和排除流程图

模块六 汽车仪表安装与调试

为了使驾驶员随时观察与掌握车辆各系统的工作状态，在驾驶室仪表板上装有各种指示仪表和报警灯。

课题 1　仪表与传感器的安装与检测

学习目标

1. 了解工程车辆仪表的组成。
2. 掌握仪表的识读方法。
3. 了解常见工程车辆仪表的组成和工作原理。
4. 掌握仪表和传感器的安装与检测方法。
5. 掌握仪表和传感器的常见故障及排故方法。

一、工程车辆仪表的识读

为了使驾驶员随时观察与掌握车辆各系统的工作状态，在驾驶室仪表板上装有各种指示仪表，工程车辆常规仪表有车速里程表、发动机转速表、机油压力表、水温表、燃油表、气压表等。常见的仪表有组合式仪表（图 6—1—1）与液晶显示仪表（图 6—1—2）。

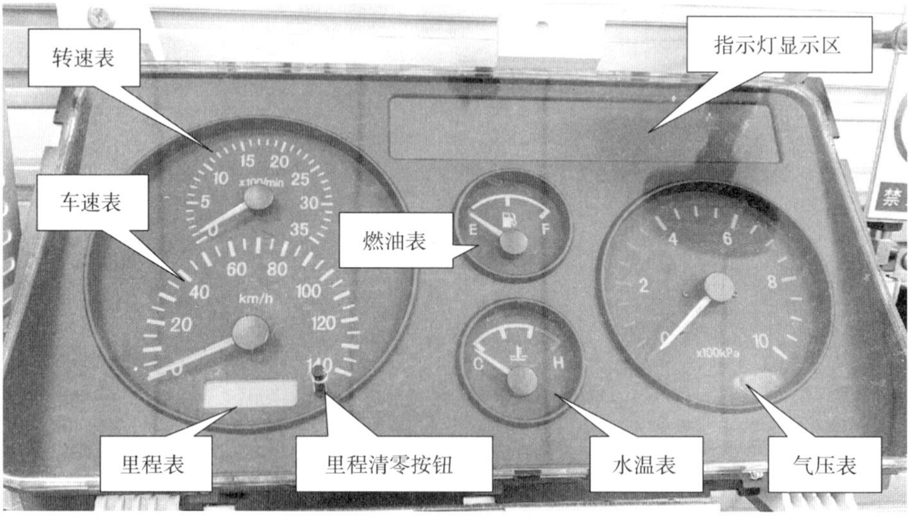

图 6—1—1　工程车辆仪表板布局

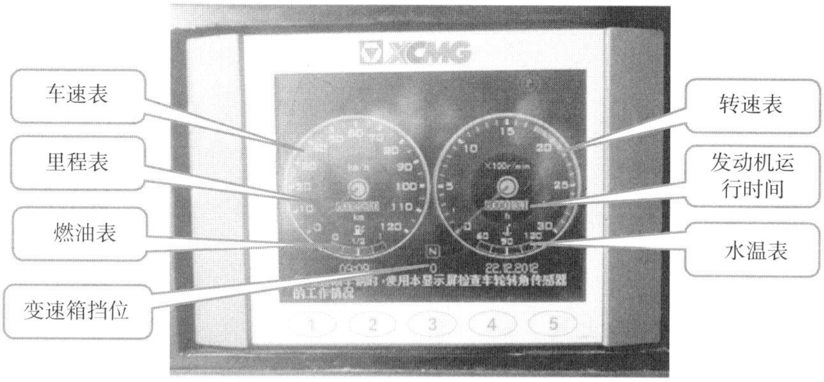

图 6—1—2　工程车辆液晶显示仪表

* 二、常见工程车辆仪表工作原理

1. 水温表

水温表用于指示发动机水套中冷却水的当前温度，如图 6—1—3 所示。它由装在气缸盖水套中的水温传感器（图 6—1—4）和装在仪表板上的水温指示表组成，水温指示表有双金属片式和电磁式两种。

图 6—1—3　水温表

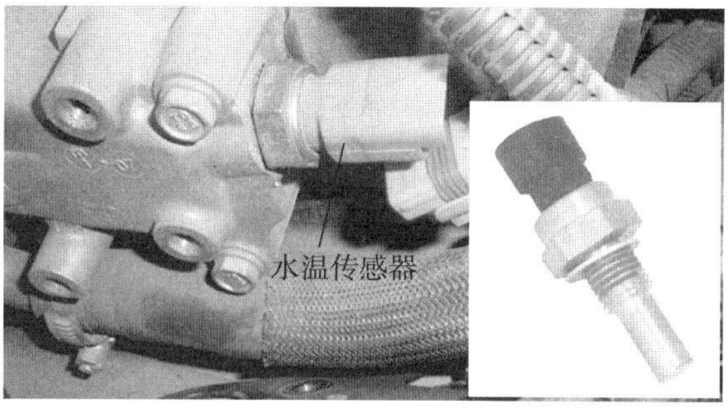

图 6—1—4　水温传感器的外形和安装位置

（1）双金属片式水温表

双金属片式水温表由热敏电阻式水温传感器和双金属片式水温指示表组成。如图 6—1—5 所示，水温传感器的感温元件为负温度系数热敏电阻，发动机水温升高时，传感器电阻降低，使流过水温指示表的电流增大，加热线圈产生的热量多，双金属片弯曲程度大，水温表指针指向高温，反之亦然。

通过调节表头中的调节齿扇改变弹簧片对指针的阻力，可校准水温表。

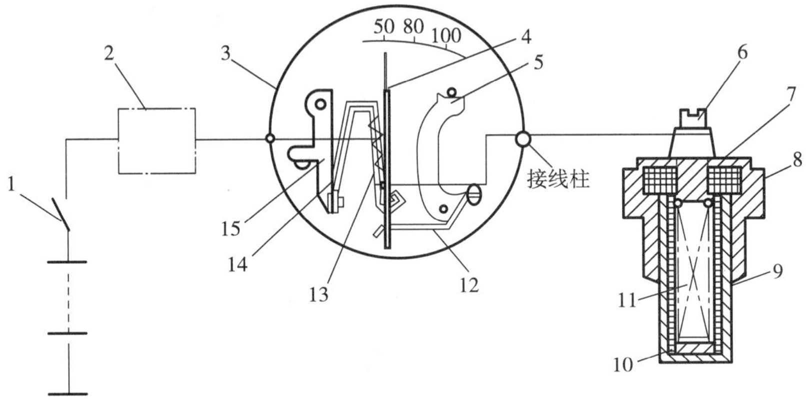

图 6—1—5　双金属片式水温表工作原理

1—点火开关　2—电源稳压器　3—水温指示表　4—指针　5—调节齿扇　6—接线螺钉　7—水温传感器　8—壳体　9—铜管　10—热敏电阻　11—导电弹簧　12—弹簧片　13—加热线圈　14—双金属片　15—调节齿扇

（2）电磁式水温表

电磁式水温表主要由热敏电阻传感器和电磁式水温指示表组成，其工作原理如图 6—1—6 所示。

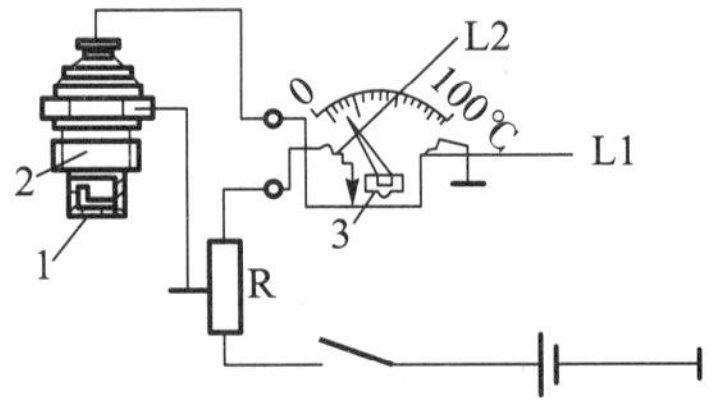

图 6—1—6　电磁式式水温表工作原理

1—热敏电阻　2—壳体　3—衔铁　L1、L2—线圈

当电源开关接通时，电流由蓄电池正极→电源开关→电阻 R →线圈 L2 →分两路（一路流经热敏电阻 1；另一路流经线圈 L1）→搭铁→蓄电池负极，构成回路。

当水温低时，传感器中热敏电阻的阻值大，流经线圈 L1 与 L2 的电流相差不多，但由于 L1 的匝数多，产生的磁场强，带指针的衔铁 3 会向左偏转，使表针指向低温刻度；当水温增高时，热敏电阻阻值减小，分流作用增强，流经 L1 的电流减小，磁场力减弱，衔铁向右偏转，表针指向高温刻度。

检查电磁式温度传感器和水温指示表时，可拆下传感器上的接线，测量传感器输入端与搭铁之间的电阻。若室温下热敏电阻的阻值为 100 Ω 左右，则表明传感器良好；用一另阻值为 80 ~ 100 Ω 的电阻代替传感器直接搭铁，当接通电源时，如果水温指示表的表针指在 60 ~ 70℃之间，则表明水温指示表良好。

图 6—1—7　燃油表

2. 燃油表

燃油表用于指示燃油箱内燃油的储存量，如图 6—1—7 所示。它由装在燃油箱内的传感器和装在仪表

板上的燃油指示表组成。传感器均为可变电阻式，根据结构分为垂直浮子燃油传感器和摆动浮子燃油传感器，如图6—1—8所示。燃油表有电磁式、动磁式和双金属片式，近年来还出现了新型的电子燃油表。由于电磁式和双金属片式指示表的结构与原理与水温表基本相同，下面主要介绍动磁式燃油表和电子燃油表。

a）　　　　　　b）

图6—1—8　燃油传感器总成

a）垂直浮子燃油传感器总成　b）摆动浮子燃油传感器总成

（1）动磁式燃油表

动磁式燃油表的结构和工作原理如图6—1—9所示。两个线圈互相垂直地绕在一个矩形塑料架上，塑料套筒轴承和金属轴穿过交叉线圈，金属轴上装有永久磁铁转子，转子上连有指针。可变电阻式传感器由滑片、可变电阻和浮子组成。

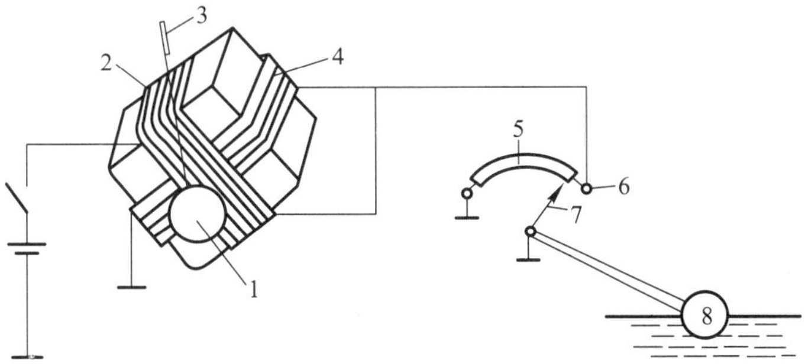

图6—1—9　动磁式燃油表的结构和工作原理

1—永久磁铁转子　2—左线圈　3—指针　4—右线圈　5—可变电阻　6—接线柱　7—滑片　8—浮子

当接通电源开关后，燃油表中的电流回路是：蓄电池正极→电源开关→左线圈2→分两路（一路流经右线圈4；另一路流经接线柱6→可变电阻5→滑片7）→搭铁→蓄电池负极。

当油箱无油时，浮子 8 下沉，可变电阻 5 上的滑片 7 移至最右端，可变电阻 5 和右线圈 4 均被短路，永久磁铁转子 1 在左线圈 1 的磁力作用下向左偏转，带动指针 3 指示油位 0。随着油量的增加，浮子上升，可变电阻 5 部分接入，使左线圈 2 中的电流相对减小，右线圈 4 中的电流相对增大，永久磁铁转子 1 在合成磁场作用下转动，使指针 3 向右偏转，指示出与油箱油量相应的刻度。

动磁式燃油表的优点是当电源电压波动时，通过左、右两线圈的电流成比例增减，使指示值不受影响；又因为线圈中没有铁芯，所以没有磁滞现象，指示误差小。

（2）电子燃油表

电子燃油表电路如图 6—1—10 所示。电子燃油表的传感器仍采用浮子式可变电阻传感器。RX 是传感器的可变电阻，油箱无油时，其电阻值约为 100 Ω，满油时约为 5 Ω。电阻 R15 和二极管 VD8 组成稳压电路，其稳定电压作为电路的标准电压，通过 R8 ~ R14 接到由集成电路 IC1 和 IC2 组成的电压比较器的反向输入端；传感器的可变电阻 RX 由 A 端输出电压信号，经电容 C 和电阻 R16 组成的缓冲器后，接到电压比较器的同向输入端。电压比较器将此电压信号与反向输入端的标准电压进行比较、放大，然后控制各自对应的发光二极管，以显示油箱内燃油量的多少。

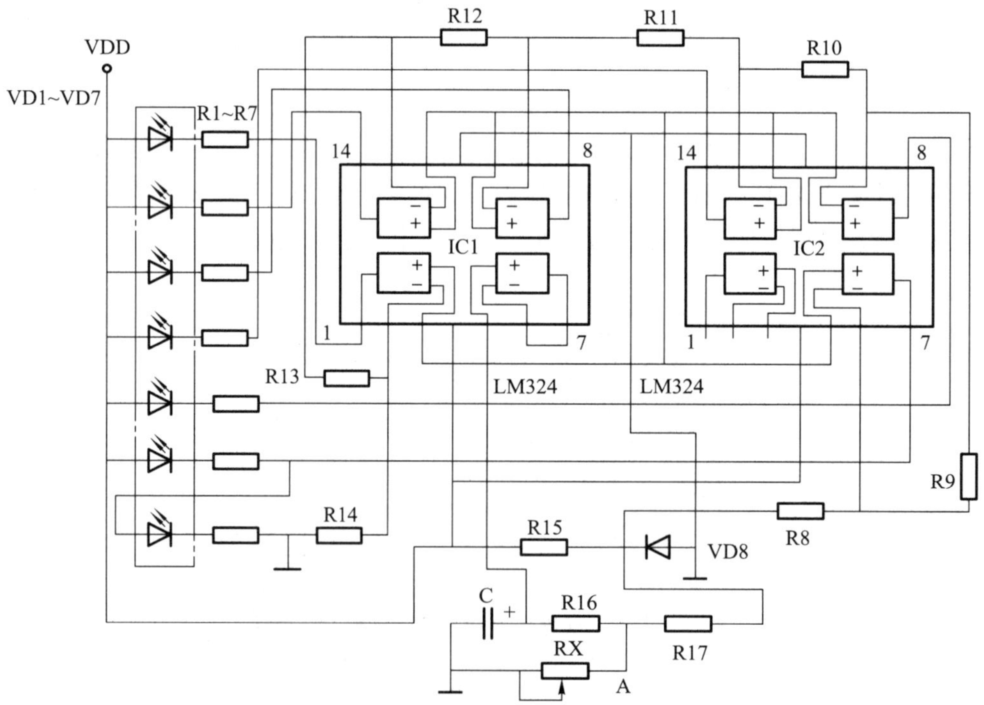

图 6—1—10　电子燃油表电路

当油箱内燃油加满时，传感器可变电阻 RX 阻值最小，A 点电位最低，各电压比较器输出为低电平，此时 6 只绿色发光二极管 VD2 ~ VD7 全部点亮，而红色二极管 VD1 因其正极电位变低而熄灭，这表示油箱已满。随着汽车的运行，油箱内的燃油量逐渐减少，绿色发光二极管 VD7、VD6、VD5、VD2 依次熄灭。燃油量越少，绿色发光二极管亮的个数越少。当油箱内燃油用完时，RX 的阻值最大，A 点电位最高，集成块 IC2 第 5 脚电位高于第 6 脚的标准电位，第 7 脚可输出高电位，此时红色发光二极管亮，其余 6 只绿色发光二极管全部熄灭，表示燃油量过少，必须给油箱补加燃油。

3. 机油压力表

机油压力表用来指示发动机机油压力的大小，以便了解发动机润滑系统工作是否正常，如图 6—1—11 所示。它由装在发动机主油道上的机油压力传感器（图 6—1—12）和仪表板上的机油压力指示表组成。

图 6—1—11　机油压力表

图 6—1—12　机油压力传感器

在安装传感器时，必须使传感器外壳上的箭头（安装记号）向上，不应偏出垂直位置 30°。

发动机低速运转时，机油压力不应小于 0.15 MPa，发动机高速运转时，机油压力不应超过 0.5 MPa。正常压力应为 0.2 ~ 0.4 MPa。

常用的机油压力表有双金属片式、电磁式和动磁式三种。双金属片式机油压力表与双金属片式机油压力传感器应用最为广泛，另外电磁式机油压力表与可变电阻式机油压力传感器也比较常见。

（1）双金属片式机油压力表与双金属片式机油压力传感器

双金属片式机油压力表与双金属片式机油压力传感器结构示意图如图 6—1—13 所示。机油压力表传感器内部装有弹性膜片 2，膜片下的油腔 1 与发动机主油道相通，机油压力可直接作用在膜片上，膜片的上面顶着弓形弹簧片 3，弹簧片的一端与外壳固定搭铁，另一端与双金属片 4 端部触点接触，双金属片上绕有电热线圈，校正电阻 8 与双金属片 4 上的线圈并联。

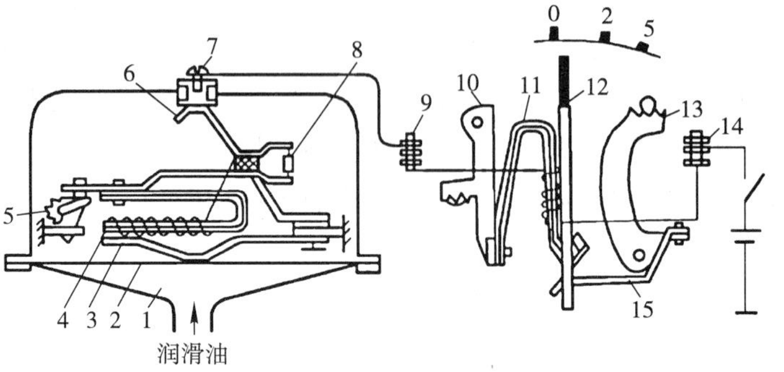

图 6—1—13 双金属片式机油压力表结构示意图

1—油腔 2—膜片 3、15—弹簧片 4—传感器双金属片 5—调节齿轮 6—接触片 7—传感器接线柱 8—校正电阻 9、14—指示表接线柱 10、13—调节齿扇 11—指示表双金属片 12—指针

机油压力指示表内装有特殊形状的双金属片 11，它的直臂末端固定在调节齿扇 10 上，另一钩形悬臂端部与指针 12 相连，其上也绕有电热线圈，线圈的两头连接指示表的两个接线柱。

当电源开关接通时，电流由蓄电池正极→电源开关→接线柱 14 →指示表双金属片 11 的电热线圈→接线柱 9 →接触片 6 →分两路（一路流经传感器双金属片 4 的电热线圈；另一路流经校正电阻 8 →双金属片 4）→双金属片 4 的触点→弹簧片 3 →搭铁→蓄电池负极构成回路。由于电流流过双金属片 4 和 11 上的电热线圈，使双金属片受热变形。双金属片由两种膨胀系数不同的金属制成，受热时，膨胀系数大的一面向膨胀系数小的一面弯曲。当电路中有电流通过时，绕在双金属片上的线圈产生热量，造成传感器双金属片受热弯曲，使触点断开，切断电路；而指示表双金属片受热弯曲，使指针偏转，指示机油压力的大小。

当机油压力很低时，膜片 2 几乎没有变形，这时作用在触点上的压力很小。当电流流过而温度略有上升时，双金属片 4 就受热弯曲，使触点分开，切断电路并停止产生热量；一段时间后，双金属片冷却伸直，触点又闭合，电路又被接通。因此触点闭合时间短，而打开时间长，通过指示表电热线圈的平均电流值小，使指示表双金属片 11 因温度较低而弯曲程度小，指针 12 偏转角度很小，即指示出较低的油压。当机油压力升高时，膜片 2 向上拱曲增大，加在触点上的压力增大，双金属片 4 需要在较高温度下，即其上电热线圈通过较大电流、较长时间后，才能弯曲到使触点分开；而触点分开后稍加冷却就会很快闭合。因此触点打开时间短，而闭合时间长，通过指示表电热线圈的平均电流值大，指针 12 偏转角度增大，指示出较高的油压。为使机油压力的指示值不受外界温度的影响，双金属片 4 制成“=”形，其上绕有电热线圈的一边称为工作臂，另一边称为补偿臂。当外界温度变化时，工作臂的附加变形被补偿臂的相应变形所补偿，使指示表的读数不变。在安装传感器时，必须使传感器壳体上的箭头向上，不应偏出 ±30° 位置，这样可保证工作臂位于补偿臂之上，当工作臂产生的热气上升时，不致影响补偿臂，造成读数误差。

（2）电磁式机油压力表与可变电阻式机油压力传感器

电磁式机油压力表结构示意图如图 6—1—14 所示。

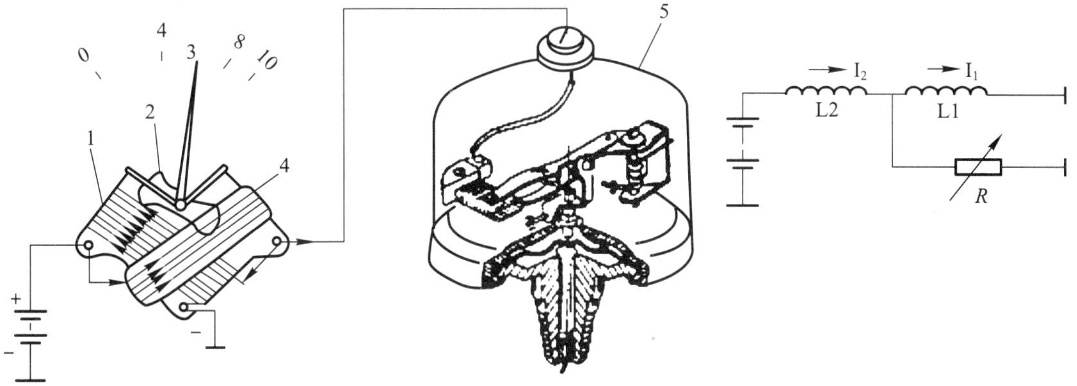

图 6—1—14　电磁式机油压力表与可变电阻式机油压力传感器结构示意图

1—L1 线圈　2—铁磁转子　3—指针　4—L2 线圈　5—可变电阻式机油压力传感器

当油压降低时，传感器 5 的电阻值增大，线圈 L1 中的电流减小，线圈 L2 中的电流增大，转子 2 带动指针 3 随合成磁场的方向逆时针转动，指向低油压；当油压升高时，传感器 5 的电阻值减小，线圈 L1 中的电流增大，线圈 L2 中的电流减小，转子 2 带动指针 3 随合成磁场的方向顺时针转动，指向高油压。

4. 车速里程表

传统的机械式车速里程表由汽车车速表和里程表组成，如图 6—1—15 所示，两者装在共同的壳体中，并由同一根轴驱动。有的车速里程表上还带有里程小计表和里程小计表复位杆。

（1）车速表

利用电磁感应的原理使表盘指针摆角与汽车行驶速度成正比，再通过表盘指示出数值。

常用的磁感应式车速里程表结构示意图如图 6—1—16 所示。车速里程表的主动轴由与变速器输出轴相啮合的软轴驱动。汽车静止时，在盘形弹簧 4 的作用下，车速表指针位于刻度盘零位。汽车行驶时，主动轴带着永久磁铁 1 旋转，在铝罩 2 上形成磁涡流，该涡流产生一个磁场，旋转的永久磁铁磁场与铝罩磁场相互作用产生转矩，克服盘形弹簧的弹力，使铝罩 2 朝永久磁铁 1 的转动方向转过一个角度，与盘形弹簧的弹力相平衡，指针便在刻度盘上指示出相应的车速。车速越高，永久磁铁 1 旋转越快，铝罩上的磁涡流越强，形成的转矩越大，指针指示的车速也越高。

图 6—1—15　车速里程表

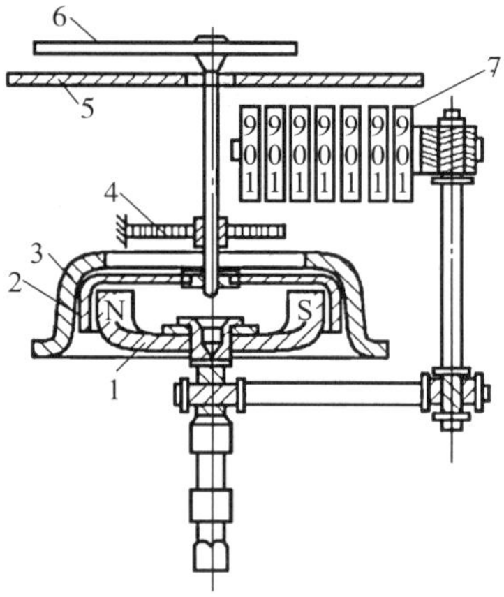

图 6—1—16　磁感应式车速表结构示意图
1—永久磁铁　2—铝罩　3—磁屏　4—盘形弹簧
5—刻度盘　6—指针　7—数字轮

（2）里程表

里程表则经蜗轮蜗杆机构减速后用数字轮显示。汽车行驶时，软轴带动主动轴，并经三对蜗轮蜗杆减速后驱动里程表右边第一数字轮（第一数字轮所刻数字为 1 km 或 1/10 km）并逐级向左传到其余的数字轮，累计出行驶里程。同时，里程表上的齿轮通过中间齿轮，驱动里程小计表 1/10 km 位数字轮，并向左逐级传到其余的数字轮，显示出小计里程。里程表和里程小计表的任何一个数字轮转动一圈就使其左边的数字轮转动 1/10 圈，形成 10 : 1 的传动比，这样就可以显示出行驶里程。当需要清除小计里程时，按一下里程小计表复位杆，即可使里程小计表的指示回零。

5. 转速表

发动机转速表用来指示发动机运转速度，如图 6—1—17 所示。柴油发动机转速可以通过安装在飞轮壳上的转速传感器来测量，也可以通过发电机 W 端子输出的相电压进行测量。

图 6—1—18 所示为共轨柴油机霍尔式转速传感器的外形和安装位置，传感器将转速脉冲信号输送给 ECU，由 ECU 计算出转速。

图 6—1—17　发动机转速表

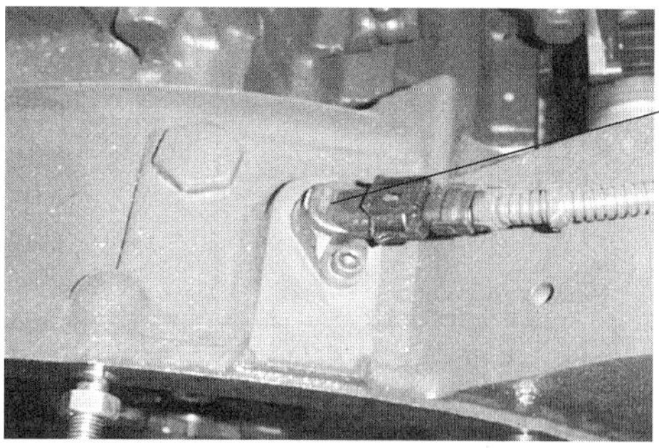

图 6—1—18　发动机转速传感器

6. 气压表

图 6—1—19 所示为工程车辆双回路制动系统装用的双针气压表，表上的白针用来指示储气筒的气压值，用以指示驾驶员注意储气筒中压缩空气的储存量，以便安全行车。表上的红针用来指示双腔制动阀制动时输出气压的大小，用以指示驾驶员根据安全行车的需要，合理地控制汽车的制动系。

如图 6—1—20 所示，双针气压表的基本结构和原理是：双针气压表内装有密封的扁平圆形弹性管。将其一端固定在表的底座上，并与来气的管接头相通。另一端封闭着，并处于自由状态。当压缩空气从管接头流入弹性管时，气体压力迫使弹性管产生变形而伸展，自由端产生一定的直线位移。该端通过连杆带动扇形齿轮进行角位移的转换，并通过杠杆将角位移放大，使连于其上的指针的转角可从 0° 转到 270° ，表盘上刻有位移角所对应的气体压力值，从而实现指示气压大小的目的。

图 6—1—19　双针气压表

图 6—1—20　双针气压表结构

* 三、仪表与传感器的故障检测与排除

发动机水温表电路图如图 6—1—21 所示。

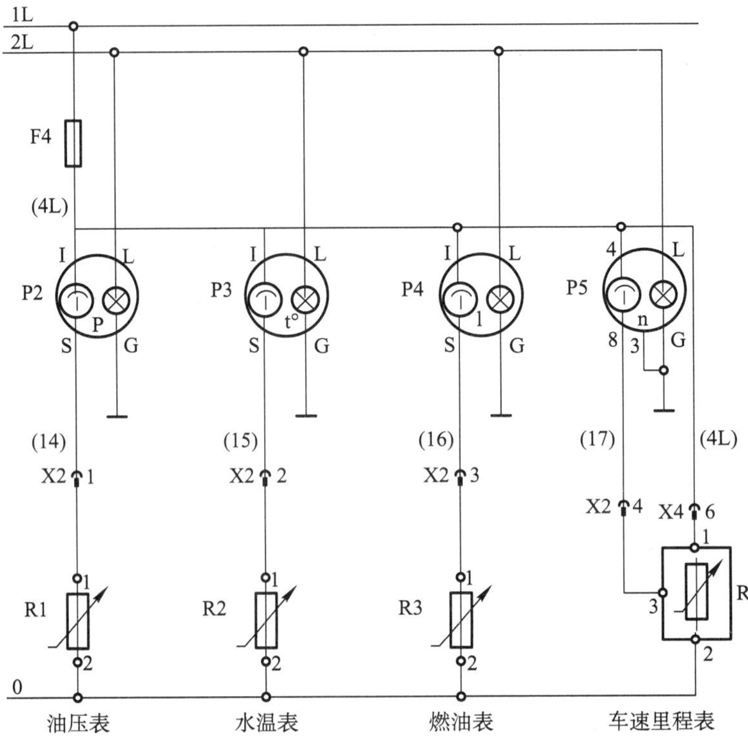

图 6—1—21 工程车辆仪表电路图

1. 发动机水温表电路的检测与维修

（1）水温表电路常见故障现象

1）水温表不偏转。

2）水温表满偏。

（2）水温表电路故障原因

1）水温表不偏转故障原因

①水温表回路断路，包括线路断裂、保险丝 F4 熔断、插接件松脱、退针。

②水温传感器损坏。

③水温表损坏。

2）水温表满偏故障原因

①水温信号线（15#）搭铁。

②水温传感器损坏。

③水温表损坏。

（3）水温表电路故障排除

1）水温表不偏转故障检测和排除流程如图 6—1—22 所示。

2）水温表满偏故障检测和排除流程如图 6—1—23 所示。

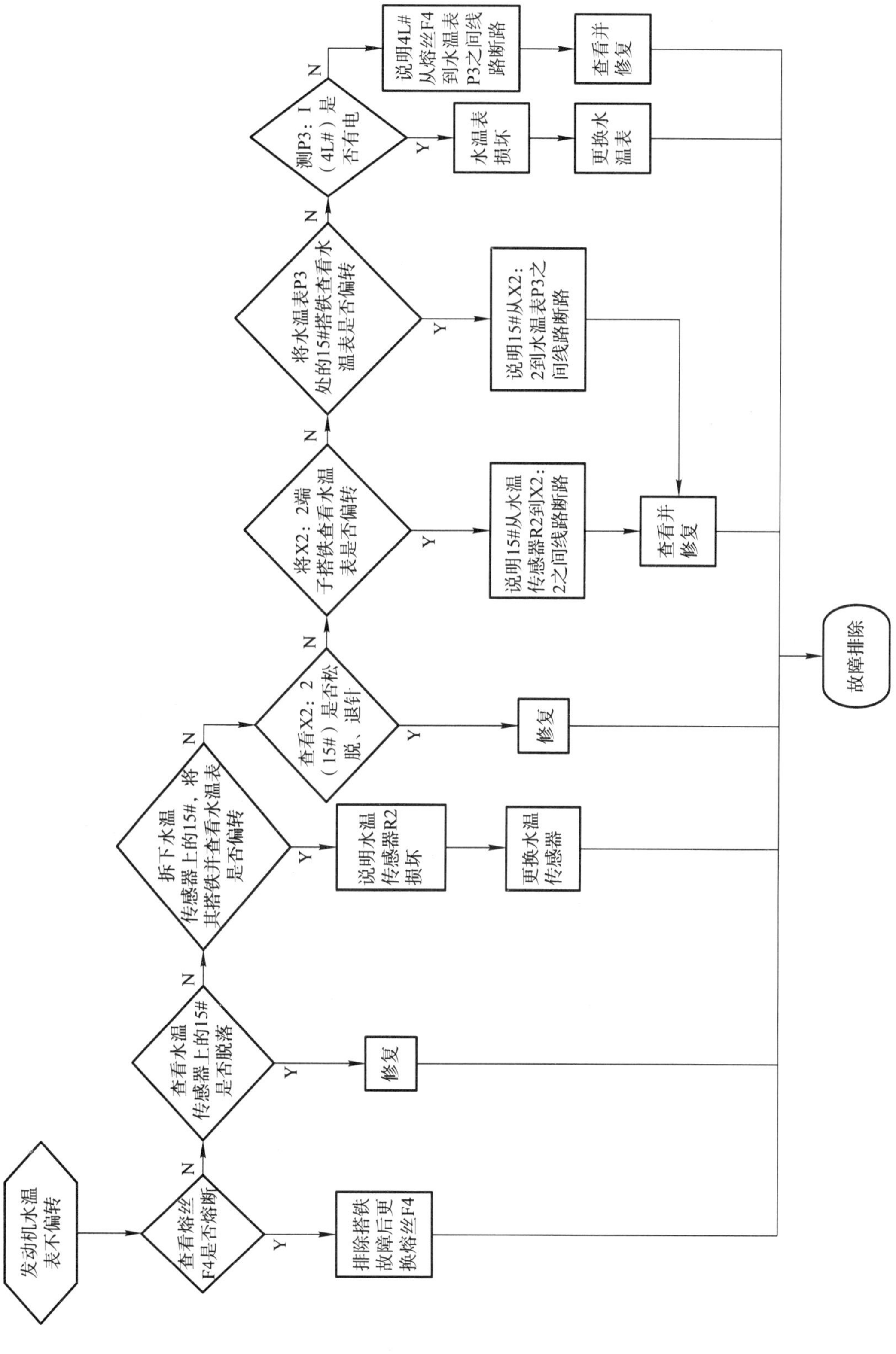

图 6—1—22　水温表不偏转故障检测和排除流程图

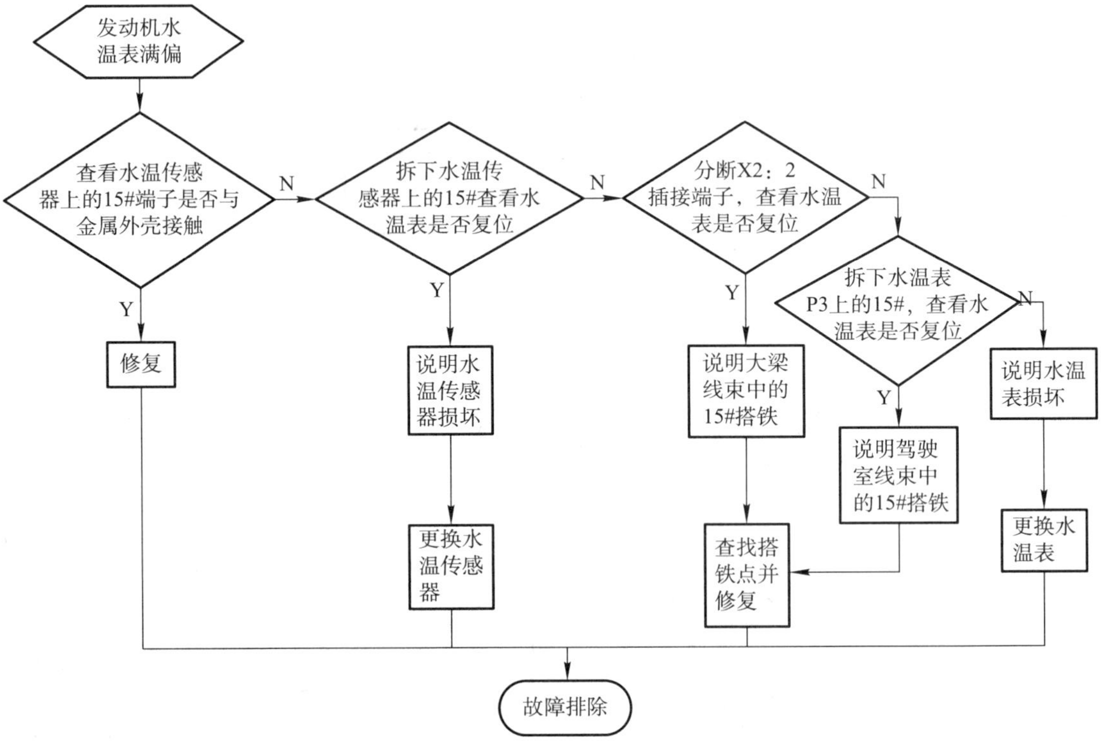

图 6—1—23　水温表满偏故障检测和排除流程图

2. 发动机燃油表电路的检测与维修

发动机燃油表电路图如图 6—1—21 所示。

（1）燃油表电路常见故障现象

1）燃油表不偏转。

2）燃油表满偏。

（2）燃油表电路故障原因

1）燃油表不偏转故障原因

①燃油表回路断路，包括线路断裂、保险丝 F4 熔断、插接件松脱退针。

②燃油传感器损坏。

③燃油表损坏。

2）燃油表满偏故障原因

①燃油位信号线（16#）搭铁。

②燃油传感器损坏。

③燃油表损坏。

（3）燃油表电路故障排除

1）燃油表不偏转故障检测和排除流程如图 6—1—24 所示。

2）燃油表满偏故障检测和排除流程如图 6—1—25 所示。

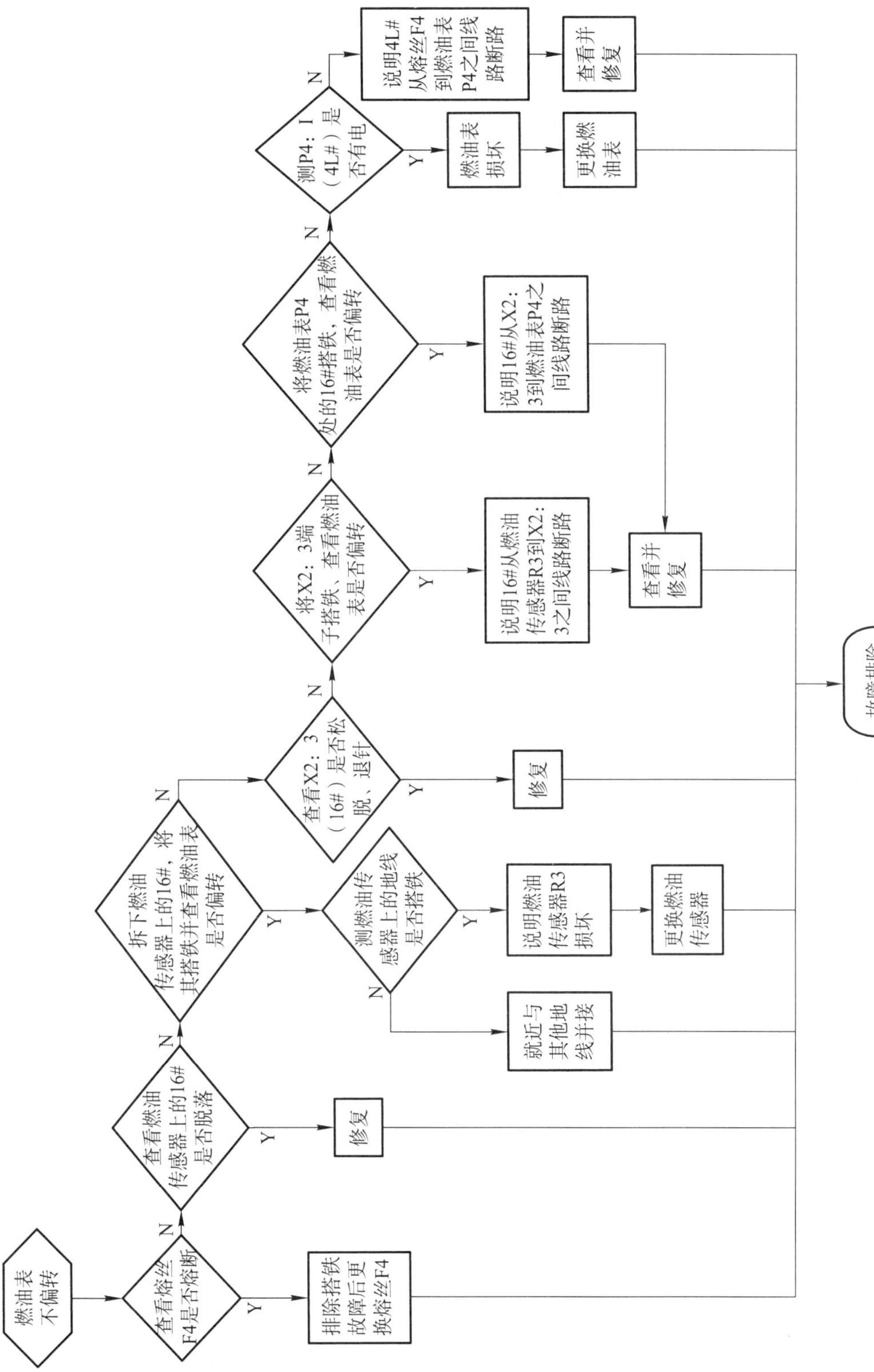

图 6—1—24　燃油表不偏转故障检测和排除流程图

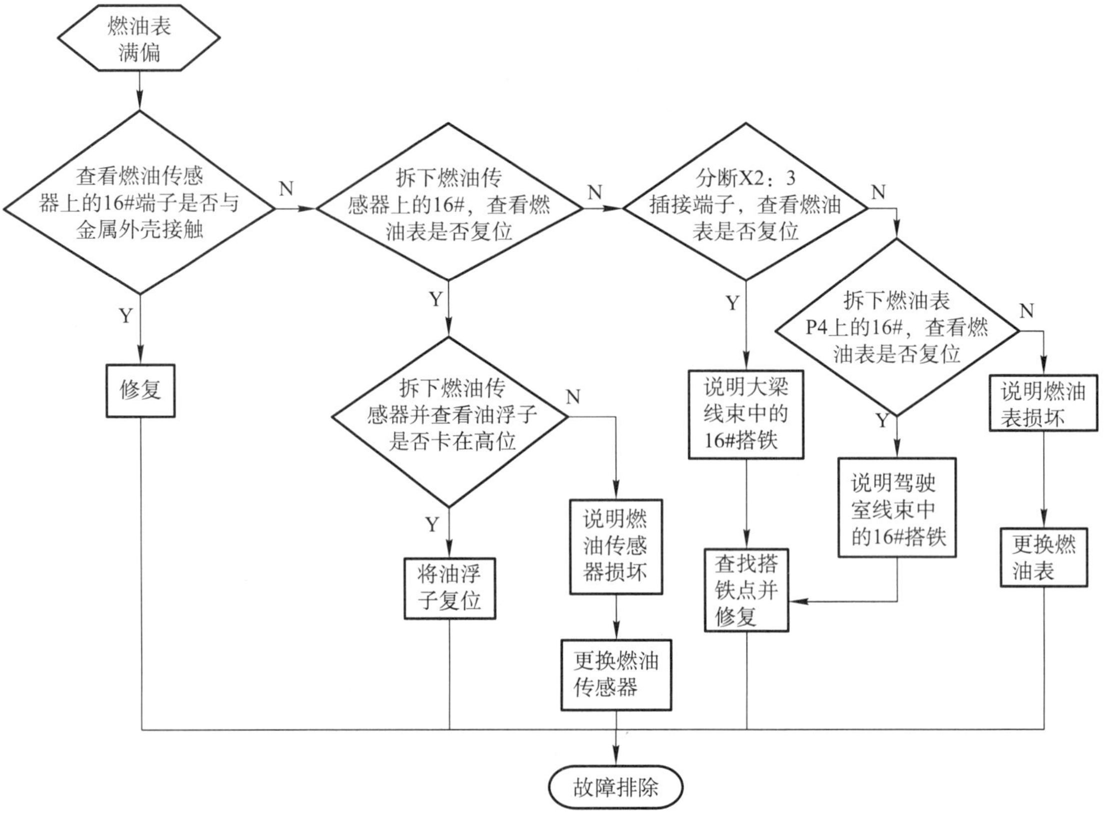

图 6—1—25　燃油表满偏故障检测和排除流程图

3. 发动机机油压力表电路的检测与维修

发动机机油压力表电路图如图 6—1—21 所示。

（1）机油压力表电路常见故障现象

1）机油压力表不偏转。

2）机油压力表满偏。

（2）机油压力表电路故障原因

1）机油压力表不偏转故障原因

①机油压力表回路断路，包括线路断接、保险丝 F4 熔断、插接件松脱、退针。

②机油压力传感器损坏。

③机油压力表损坏。

2）机油压力表满偏故障原因

①机油压力信号线（14#）搭铁。

②机油压力传感器损坏。

③机油压力表损坏。

（3）机油压力表电路故障排除

1）机油压力表不偏转故障检测和排除流程如图 6—1—26 所示。

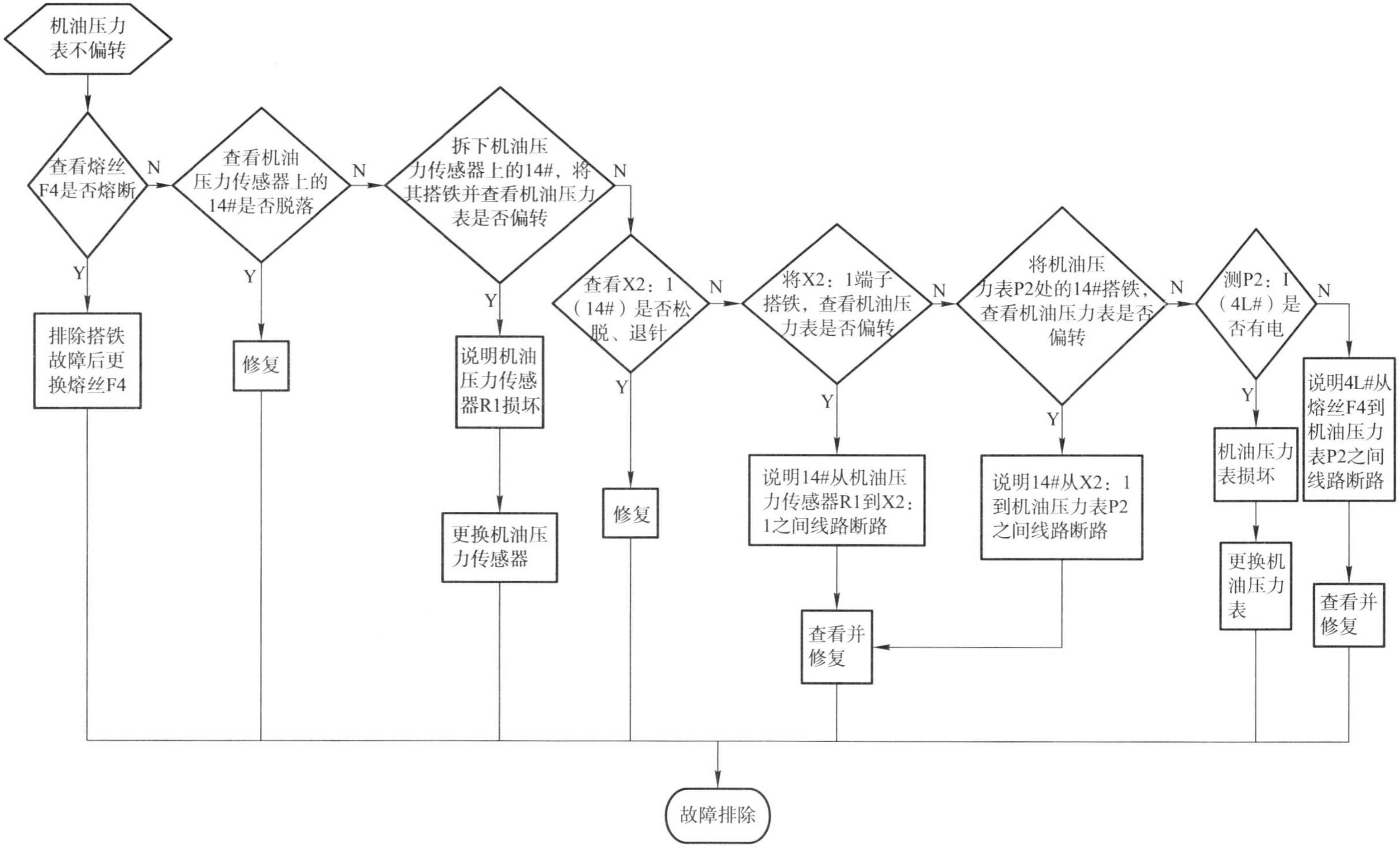

图 6—1—26　机油压力表不偏转故障检测和排除流程图

2）机油压力表满偏故障检测和排除流程如图 6—1—27 所示。

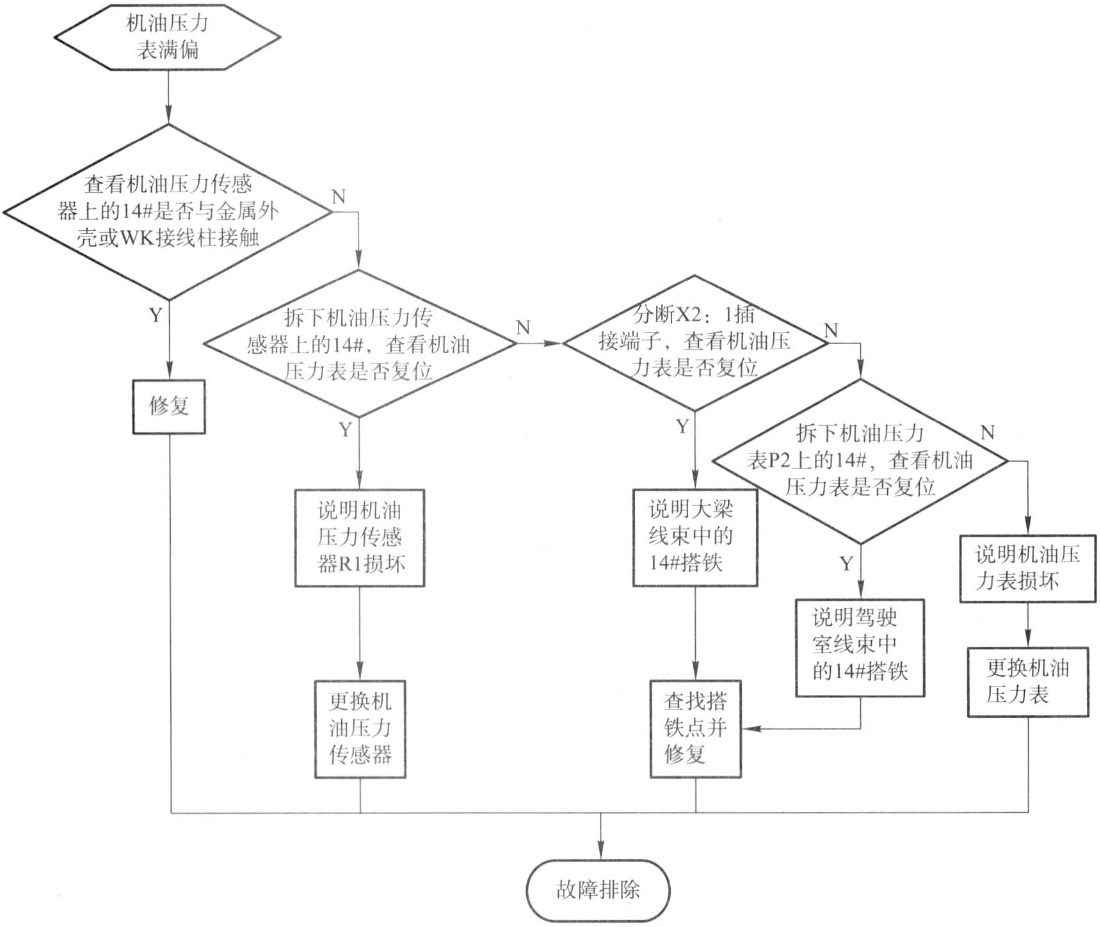

图 6—1—27 机油压力表满偏故障检测和排除流程图

4. 发动机车速里程表电路的检测与维修

发动机车速里程表电路故障相关原理如图 6—1—21 所示。

（1）车速里程表电路常见故障现象

车速里程表不偏转。

（2）车速里程表电路故障原因

1）车速里程表回路断路，包括线路断裂、保险丝 F4 熔断、插接件松脱、退针。

2）里程传感器损坏。

3）车速里程表损坏。

（3）车速里程表电路故障检测和排除流程如图 6—1—28 所示。

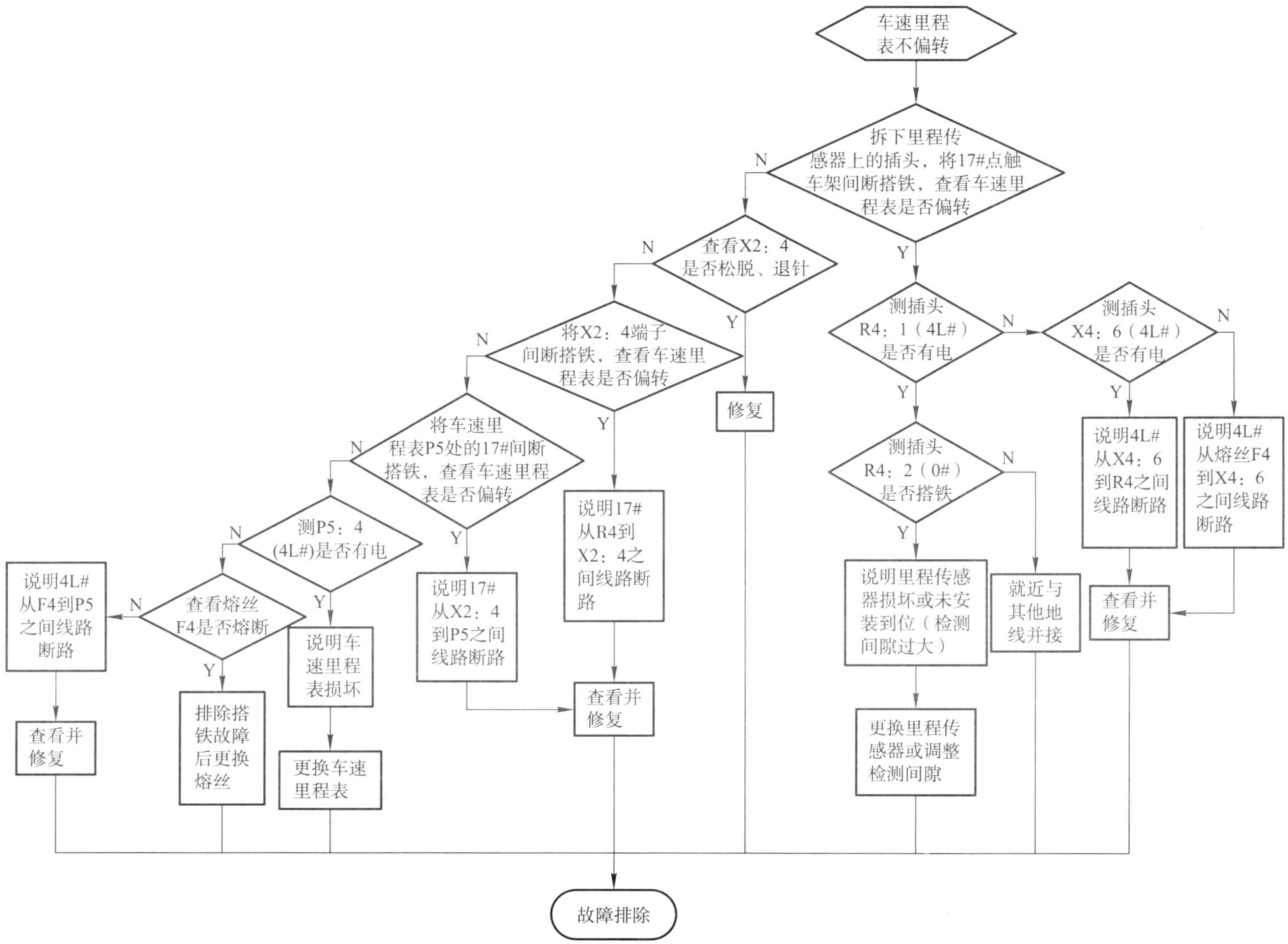

图6—1—28　车速里程表电路故障检测和排除流程图

5. 发动机转速表电路的检测与维修

（1）转速表电路常见故障现象

转速表不偏转。

（2）转速表工作原理

1）国Ⅱ标准发动机转速表工作原理。转速传感器安装在发动机飞轮盘附近（国Ⅱ标准发动机不自带转速传感器，需要单独安装。安装时，首先观察转速传感器安装孔是否对准发动机飞轮齿顶，若没有对准，要借用工具拨动飞轮，将其齿顶对准安装孔，然后再用手将转速传感器拧到底，然后退一圈半，以保证检测间隙，同时防止飞轮转动打坏转速传感器），霍尔式转速传感器采集发动机飞轮转速信号，并将信号直接发送给转速表。转速表安装位置与电路如图 6—1—29 所示。

2）国Ⅲ标准发动机转速表工作原理。通过发电机 W 端子将转速信号直接发送给转速表。转速表电路如图 6—1—30 所示。

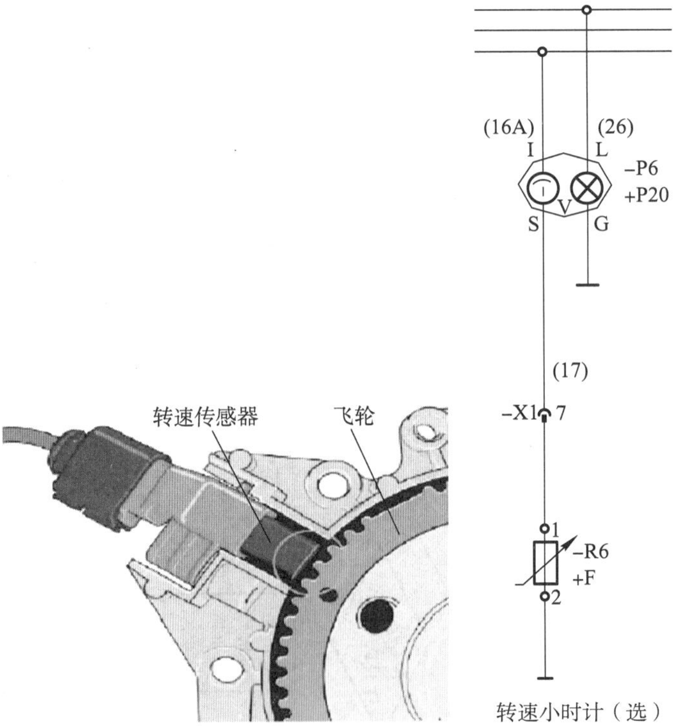

图 6—1—29　国Ⅱ标准发动机转速表安装位置与电路图

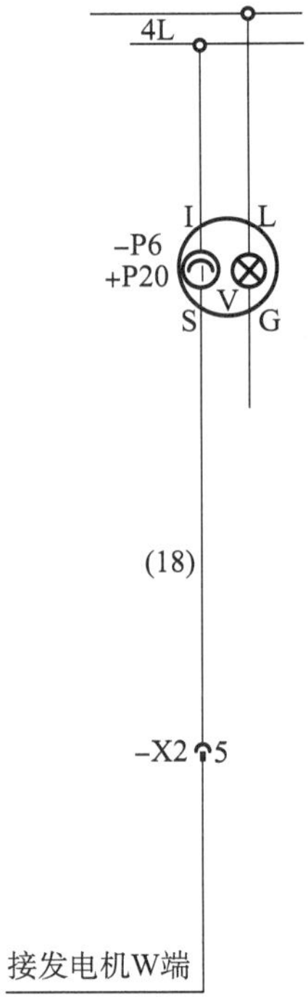

图 6—1—30　国Ⅲ标准发动机转速表电路图

3）国Ⅳ标准发动机工作原理。霍尔式传感器采集发动机飞轮转速信号并输送给发动机 ECU，ECU 再通过 CAN 线将转速信号传给转速表。

（3）转速表电路故障原因

1）转速信号回路断路，包括转速表供电故障、转速传感器供电故障、转速信号线故障。

2）转速表或转速传感器损坏。

3）发电机损坏。

4）CAN 线故障（仅针对国Ⅳ标准发动机转速表）。

（4）转速表电路故障

1）国Ⅱ标准发动机转速表不偏转故障检测和排除流程如图 6—1—31 所示。

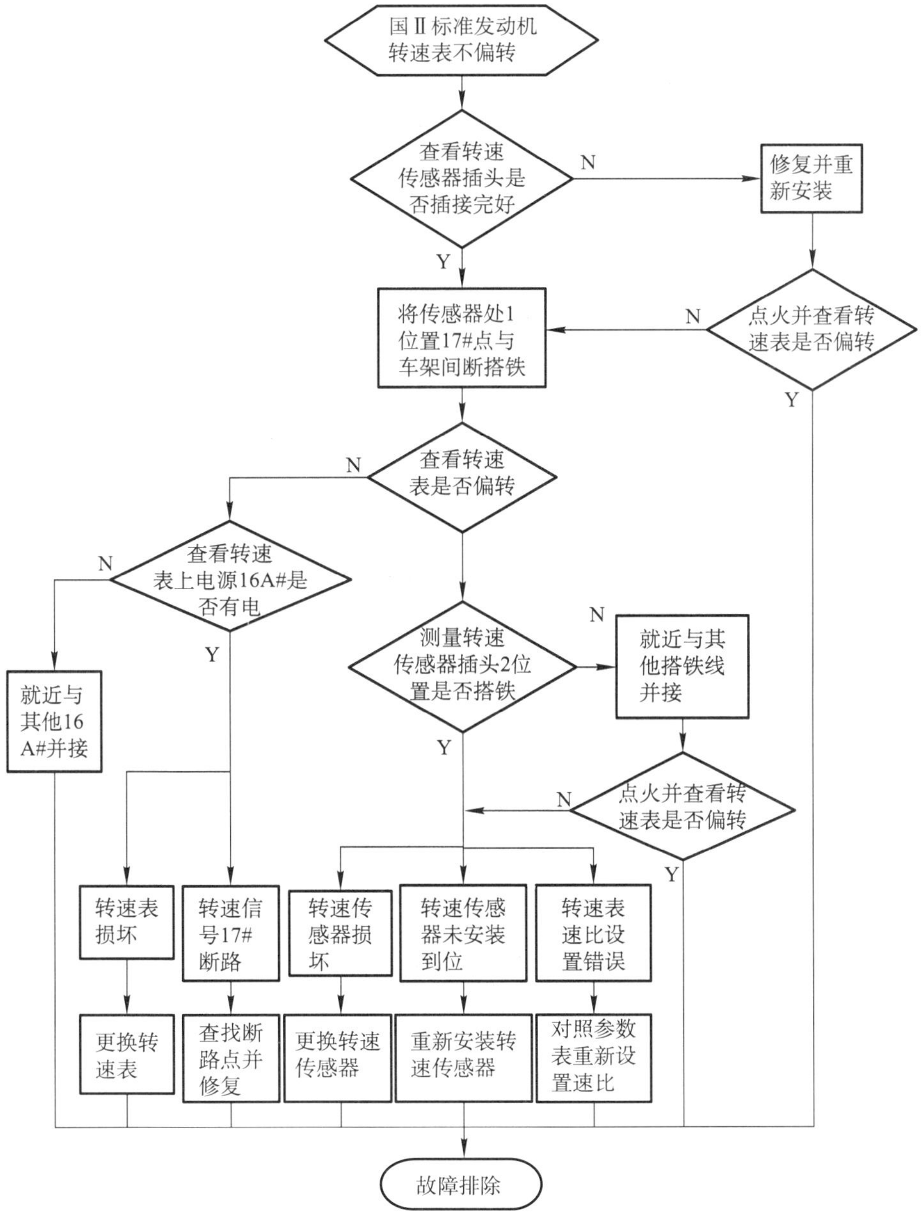

图 6—1—31　国Ⅱ标准发动机转速表不偏转故障检测和排除流程图

2）国Ⅲ标准发动机转速表不偏转故障检测和排除流程如图 6—1—32 所示。

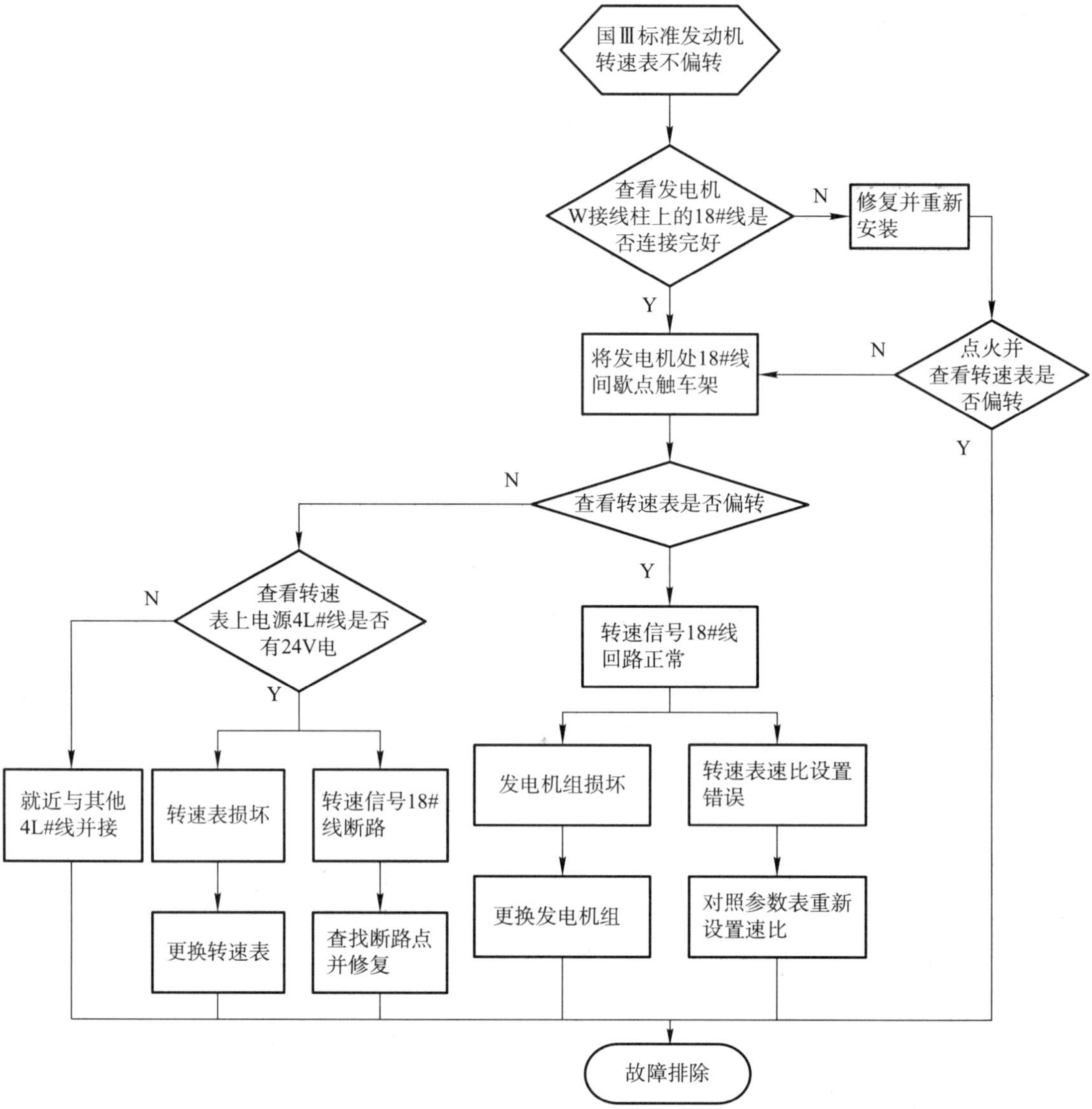

图 6—1—32　国Ⅲ标准发动机转速表不偏转故障检测和排除流程图

3）国Ⅳ标准发动机转速表不偏转故障检测和排除流程如图 6—1—33 所示。

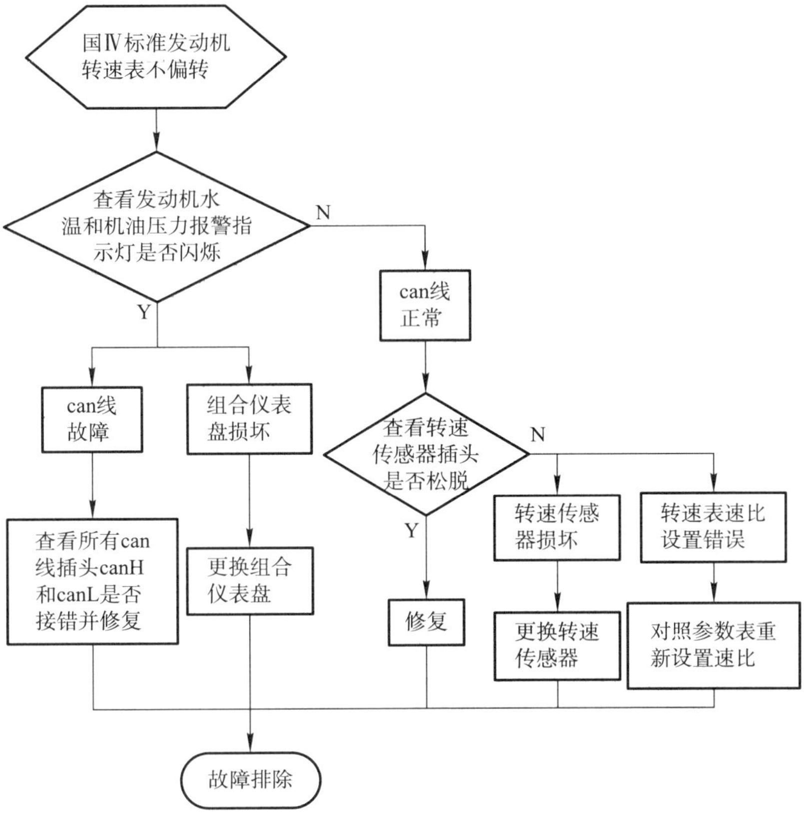

图 6—1—33　国Ⅳ标准发动机转速表不偏转故障检测和排除流程图

课题 2　全车报警装置的安装

学习目标

1. 了解常见报警灯的功用与工作原理。
2. 掌握报警开关的结构和安装位置。

工程车辆组合仪表上集成了众多指示灯和报警灯用来指示车辆的运行状态或显示报警信息。

一、低气压报警装置

低气压报警是工程车辆的储气筒内空气压力过低时的警报装置。报警灯发亮，报警器蜂鸣时，表明制动气压低于规定的压力，车辆不能起步或行驶。低气压报警开关装在制动系统储气筒或制动阀压缩空气输入管道中，红色报警灯装在仪表板上。低气压报警开关的外形和结构如图 6—2—1 所示，开关外壳通过螺钉连接搭铁。当电源接通后，制动系统气压下降到 340 ~ 370 kPa 时，由于作用在膜片 4 上的压力减小，于是在复位弹簧 3 的作用下触点闭合，如图 6—2—2 所示，电路接通，报警灯亮。当气压升高到 400 kPa 以上时，由于膜片 4 所受推力增大，压缩复位弹簧使触点断开，电路切断，报警灯熄灭。

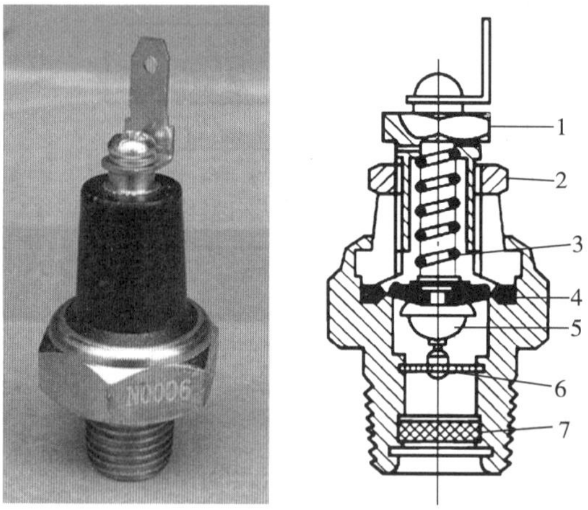

图 6—2—1 低气压报警开关

1—调整螺钉 2—锁紧螺母 3—复位弹簧 4—膜片

5—动触点 6—静触点 7—过滤器

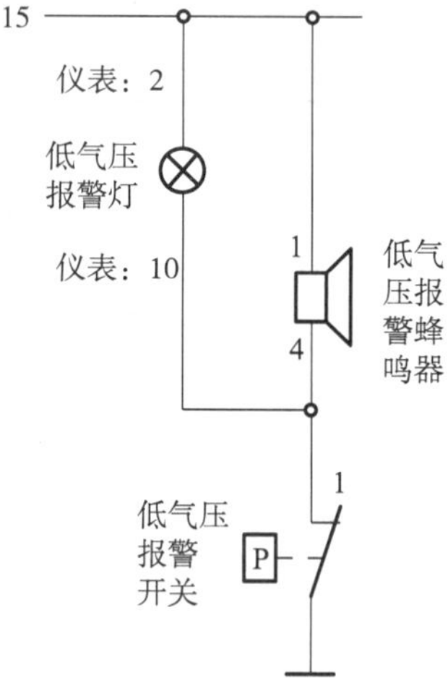

图 6—2—2 低气压报警电路

二、水温报警灯

水温报警灯是发动机冷却系液温过高的警报装置。当冷却系液温升高到一定限度时，警告灯自动发亮（图 6—2—3），以提示驾驶员需要采取适当的降温措施。

冷却液温度报警开关的外形和结构如图 6—2—4 所示。当冷却液温度达到规定的极限温度时，双金属片受热变形，两触点相接触，报警灯点亮；当冷却液温度下降后，双金属片变形量减小，两触点又断开，报警灯熄灭。

图 6—2—3 水温报警灯

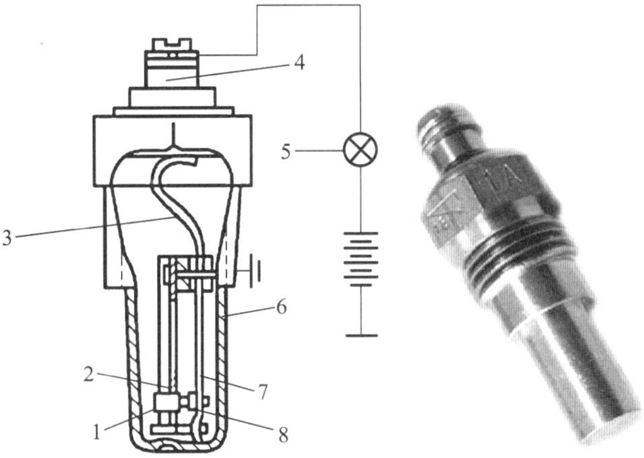

图 6—2—4　水温过高报警开关

1—调节螺钉　2—支架　3—导电片　4—端钮铜接头　5—报警灯　6—接头壳体　7—条形双金属片　8—触点

三、油压报警灯

油压报警灯是发动机机油压力过低的报警装置，如图 6—2—5 所示。当发动机机油压力低于 50 ~ 80 kPa 时，此报警灯亮。刚接通点火开关时，该报警灯发亮，发动机起动时此灯熄灭，表示机油压力正常。若行驶中该灯亮时，应停车检查，排除故障。

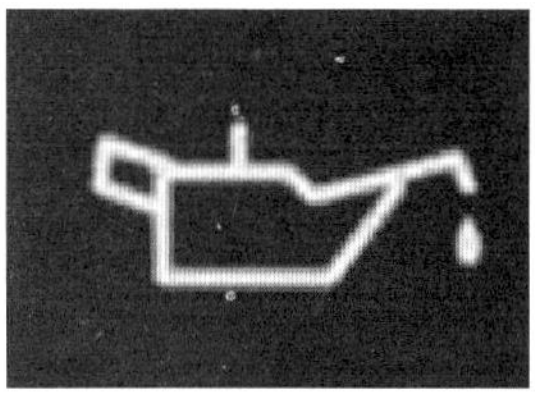
图 6—2—5　机油压力报警灯

弹簧管式机油压力报警装置原理如图 6—2—6 所示。它由装在发动机主油道的弹簧管式传感器和装在仪表板上的红色报警灯组成。其传感器内的管形弹簧 4 的一端经管接头 1 与发动机主油道相连，另一端与动触点 2 相连，静触点 3 经接触片与接线柱 5 相连。当电源开关闭合后，机油压力过低时，管形弹簧 4 变形很小，触点闭合，电路接通，报警灯发亮，表示机油压力过低；当油压超过该值时，管形弹簧 4 产生的变形较大，使触点分开，电路切断，报警灯熄灭。

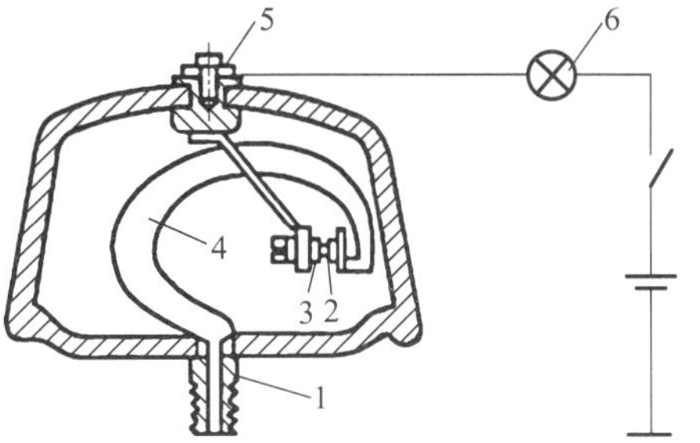

图 6—2—6　弹簧管式机油压力报警装置

1—管接头　2—动触点　3—静触点　4—管形弹簧　5—接线柱　6—报警灯

四、燃油报警灯

燃油报警灯是指示油箱存油量不足的报警装置。如图 6—2—7 所示，当燃油箱存油量少于规定值时，警告灯亮，提醒驾驶员及时加油。

图 6—2—7　燃油报警灯

热敏电阻式燃油量报警装置如图 6—2—8 所示。它由热敏电阻式传感器和报警灯组成。当燃油多时，具有负温度特性的热敏电阻 1 浸泡在燃油中，散热快，温度较低，电阻值大，所以电路中电流很小，报警灯不亮。当燃油减少到规定值以下时，热敏电阻 1 露出油面，散热慢，温度升高，电阻值减小，电路中电流增大，报警灯亮。

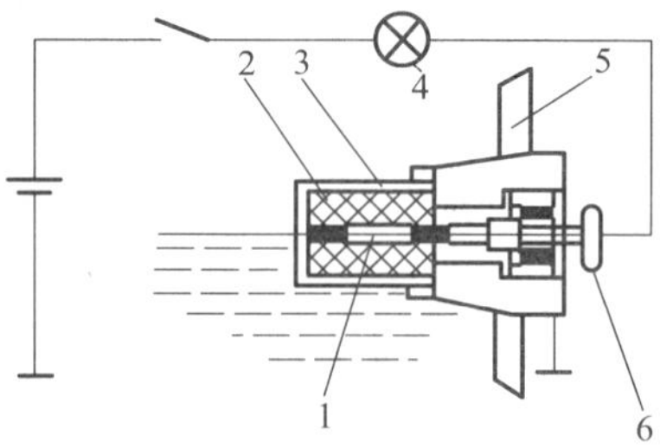

图 6—2—8　热敏电阻式燃油量报警装置

1—热敏电阻　2—防爆金属网　3—外壳　4—报警灯　5—油箱外壳　6—接线柱

模块七

汽车空调电路安装、调试与维修

汽车空调系统是对车厢内空气进行制冷、加热、换气和空气净化的装置。它可以为乘车人员提供舒适的乘车环境，降低驾驶员的疲劳强度，提高行车安全。

课题 1　汽车空调系统认知

学习目标

1. 了解空调系统的功能和组成。
2. 了解制冷系统的主要原件及其功用。
3. 了解暖风系统的组成和工作原理。

一、汽车空调系统的功能与组成

汽车空调系统是实现对车厢内空气进行制冷、加热、换气和空气净化的装置。它可以为乘车人员提供舒适的乘车环境，降低驾驶员的疲劳强度，提高行车安全。

1. 汽车空调的功能

汽车空调是用来改善汽车舒适性的设备，可以对车内空气的温度、湿度进行调节，并保持车内的空气清洁。汽车空调通常具备以下功能：

（1）调节温度

将车内的温度调节到人体感觉适宜的温度。

（2）调节湿度

将车内的湿度调节到人体感觉适宜的湿度。

（3）调节气流

调节车内出风口的位置、出风的方向及风量的大小。

（4）净化空气

滤去空气中的尘土和杂质，或对空气进行杀菌消毒。

2. 汽车空调的组成

现代汽车空调系统由制冷系统、供暖系统、通风系统和空气净化装置及控制系统组成。

（1）制冷系统

用以降低车内的温度，并降低车内的湿度。

（2）供暖系统

用以提高车内的温度。

（3）通风系统

用以调节车内的气流和换气。

（4）空气净化系统

用以过滤空气及对空气进行消毒处理。

3. 汽车空调的类别

空调系统有手动控制和自动控制之分。手动空调需要驾驶员通过旋钮或拨杆对控制对象进行调节，如改变温度等，如图 7—1—1 所示。自动空调只需驾驶员输入目标温度，空调系统便可按照驾驶员的设定自动进行调节，如图 7—1—2 所示。

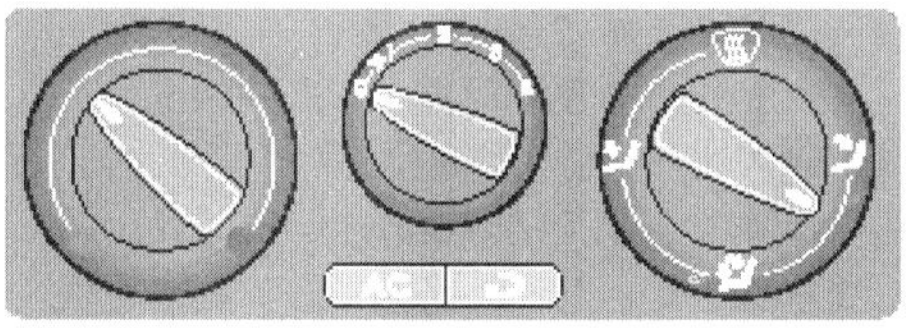

图 7—1—1　手动空调的控制面板

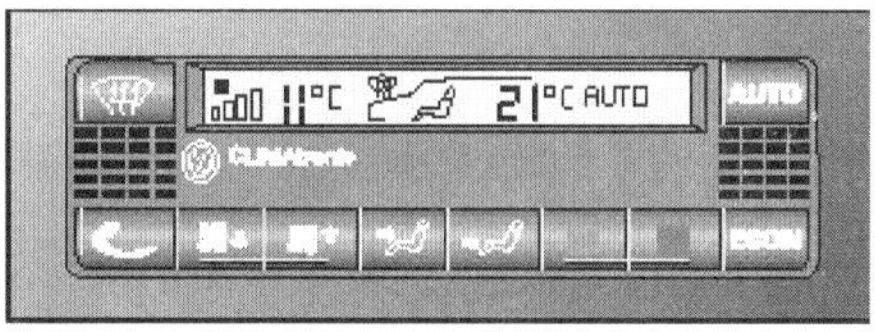

图 7—1—2　自动空调的控制面板

二、汽车空调制冷系统

1. 汽车空调制冷原理

汽车空调制冷原理如图 7—1—3 所示，典型的结构包括空调压缩机、冷凝器、冷却风扇、膨胀阀、蒸发器和鼓风机及相关的空调管路。汽车空调制冷循环由压缩、放热、节流和吸热 4 个过程组成。

（1）压缩

用户按操作程序启动汽车空调系统之后，压缩机在发动机带动下开始工作，驱使制冷剂在密封的空调系统中循环流动，压缩机将气态制冷剂压缩成高温高压的制冷剂气体后排出压缩机。

（2）放热

高温高压制冷剂气体经管路流入冷凝器后，在冷凝器内散热、降温，冷凝成高温高压的液态制冷剂流出。

（3）节流

高温高压液态制冷剂经管路进入储液干燥过滤器内，经过干燥、过滤后流进膨胀阀。高温高压液态制冷剂经膨胀阀节流，状态发生急剧变化，变成低温低压的液态制冷剂。

（4）吸热

低温低压液态制冷剂进入蒸发器内，在蒸发器内吸收流经蒸发器的空气热量，使空气温度降低，吹出冷风，产生制冷效果，制冷剂本身因吸收了热量而蒸发成低温低压的气态制冷剂。

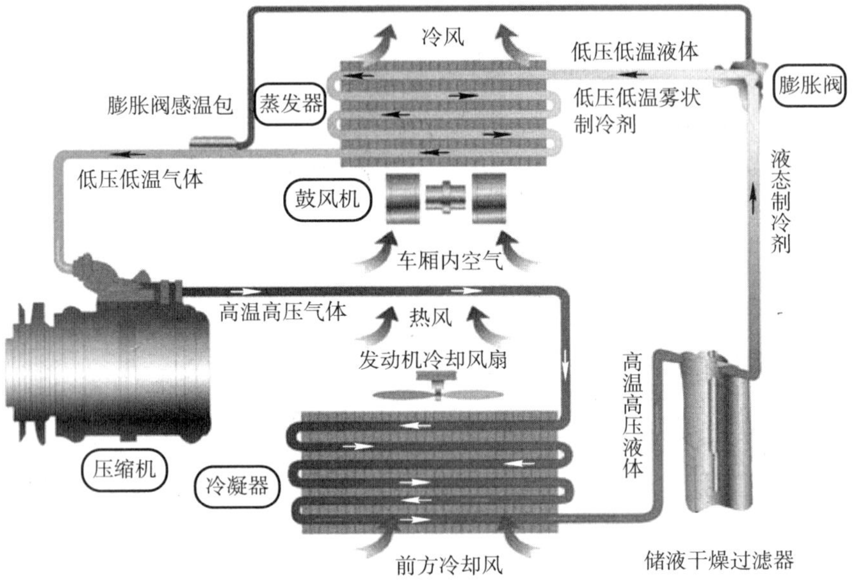

图 7—1—3　汽车空调制冷原理

低温低压的气态制冷剂经管路被压缩机吸入，进行压缩，进入下一个循环，只要压缩机连续工作，制冷剂就在空调系统中连续循环，产生制冷效果；压缩机停止工作，空调系统内制冷剂随之停止流动，不产生制冷效果。

以膨胀阀为界，膨胀阀之前（压缩机—冷凝器—储液干燥过滤器—膨胀阀）的制冷剂呈高温高压状态，称为高压侧，相应的管道称为高压管；膨胀阀之后（膨胀阀—蒸发器—压缩机）的制冷剂呈低温低压状态，称为低压侧，相应的管道称为低压管，如图 7—1—4 所示。

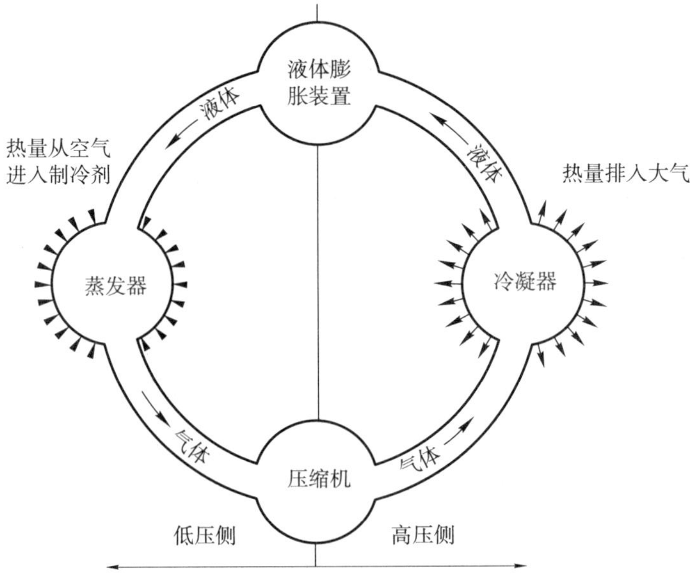

图 7—1—4　制冷循环简图

2. 汽车空调制冷系统的组成

（1）制冷剂

汽车上采用的制冷剂曾有两种，R12 和 R134a。因为 R12 破坏臭氧层，所以从 2000 年后汽车上已经禁止使用。现在汽车采用的制冷剂是 R134a，它是一种环保型制冷剂，不会破坏臭氧层、无毒性、无刺激、不燃烧、无腐蚀性。

（2）压缩机

压缩机由发动机通过皮带驱动，吸入蒸发器出口处的低温低压的气态制冷剂，把制冷剂压缩成高温高压的气态排向冷凝器。

（3）冷凝器

冷凝器安装在水箱前端，高温高压的过热制冷剂气体进入冷凝器，制冷剂得到冷却风扇的散热，由于压力及温度的降低，制冷剂气态冷凝成液态，并放出大量的热。从冷凝器出来后，制冷剂呈高温高压的液态。

（4）储液干燥过滤器

高温高压的液态制冷剂在储液干燥过滤器内得到储存、干燥水分、过滤杂质。

（5）膨胀阀

高温高压的液态制冷剂通过膨胀阀的节流孔节流后体积变大，制冷剂的压力和温度急剧下降，以雾状（细小液滴）排向蒸发器。

膨胀阀有两个作用，一是节流作用，高温高压的液态制冷剂通过膨胀阀节流后体积变大，制冷剂的压力和温度急剧下降；另一个作用是调节制冷剂流量的作用，因为通过膨胀阀的制冷剂要在蒸发器内完全蒸发为气态，吸收执量，如果流量过大，在蒸发器内没有完全蒸发，部分液态制冷剂回流到压缩机，会造成压缩机的损坏。所以膨胀阀要保证制冷剂在蒸发器内正好蒸发完成。

（6）蒸发器

雾状液态制冷剂进入蒸发器，制冷剂由液态蒸发成气体。在蒸发过程中大量吸收周围的热量，降低车内的温度，而后低温低压的制冷剂蒸气又进入压缩机。

三、暖风系统

汽车的暖风系统可以将车内的空气或从车外吸入车内的空气加热，提高车内的温度。汽车的暖风系统有许多类型，按热源的不同可分为热水取暖系统、燃气取暖系统、废气取暖系统等。目前工程车辆上主要采用热水取暖系统。

热水取暖系统的热源是发动机的冷却水，当冷却水流过一个加热器芯时，鼓风机将冷空气吹过加热器芯，从而使空气加热，车内的温度升高，如图 7—1—5 所示。加热器芯的外形如图 7—1—6 所示。

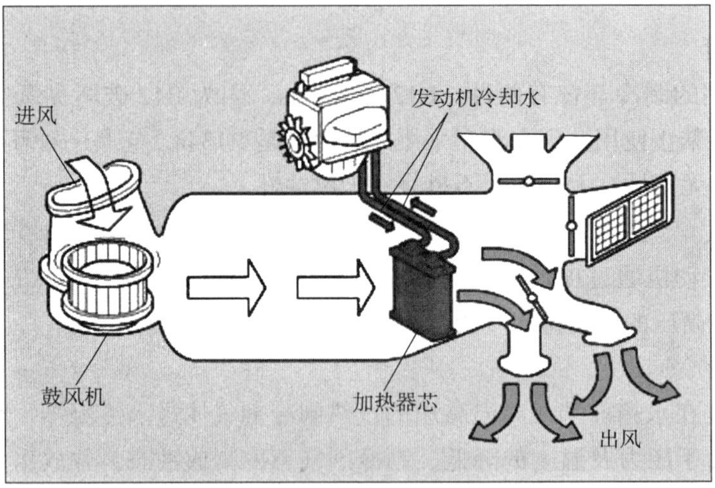

图 7—1—5 热水取暖系统的工作原理

图 7—1—6 加热器芯

四、通风系统

通风系统包括暖风电机、风道、风门和出风口等，用于把车外的新鲜空气引入车内，通过排风口把车内的污浊空气排出车外。

人在流动的空气中比在静止的空气中要舒适，这是因为流动的空气能促进人体内外散热。所以，空气流速是汽车空气调节的重要内容之一。空气流速在 0.2 m/s 以下为好，并且以低速变动为佳。

五、空气净化系统

汽车空调系统的进气系统中安装有空气滤清器，可以过滤掉包括颗粒和花粉在内的空气悬浮物，一定程度上降低道路灰尘、花粉颗粒等在车内的浓度。空气滤清器滤芯中的活性炭物质，则可以降低对人体有害的二氧化氮、氢氧化物和臭氧浓度。

另外，有不少品牌的车型已自带额外的车内空气净化装置，可以对车内空气进行更深层次的净化。

课题 2　汽车空调控制电路安装与调试

学习目标

1. 了解空调控制部件结构与工作原理。
2. 了解空调控制电路的组成和工作原理。

一、汽车空调通风系统的工作原理

汽车空调通风系统主要实现四个功能：鼓风机的转速调节；鼓风机吸车内空气还是车外空气；冷暖空气的混合调节，目的是调节车内温度；调节面板出风位置。这在控制面板上都有开关或控制旋钮，图 7—2—1 所示为手动空调控制面板，自动空调一般用按钮操作，但工作原理相似。

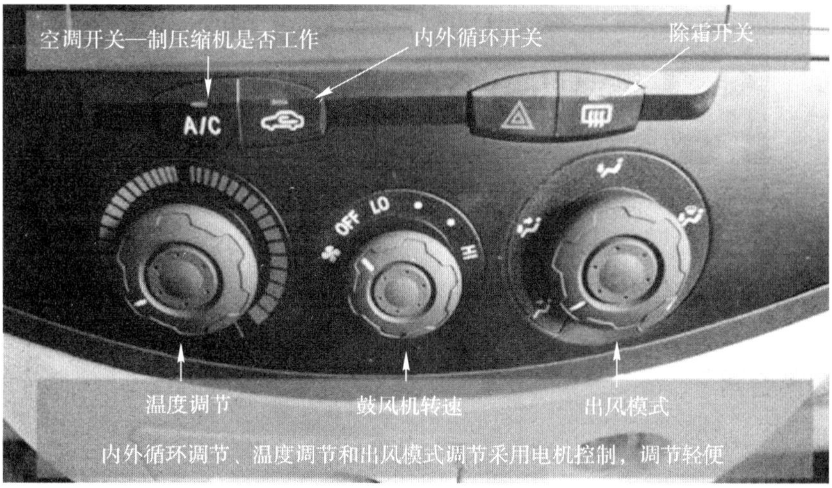

图 7—2—1　手动空调控制面板

空气调节装置主要部件有鼓风机、内外循环控制阀门、温度调节阀门和风道调节阀门组成，分别由空调控制面板的对应开关控制。

内外循环控制阀门用于控制鼓风机气流来源：选择内循环时，鼓风机从车内抽取空气；选择外循环时，鼓风机从车外抽取空气（进风口在前风窗玻璃下方）。当打开空调制冷装置时，应选择内循环模式，很多汽车在打开空调制冷装置时，会自动改为内循环模式。

温度调节阀用于调节出风口的温度，鼓风机的气流先通过蒸发器降温、再通过暖风水箱加热，这一过程有些自相矛盾。事实上，在冬天开暖风时，空调压缩机是不工作的；而夏天打开空调制冷时，有些车型通过一个水阀来关闭暖风水箱的高温水流。现在更多的汽车空调在暖风水箱之前加设有一个阀门，来引导来自蒸发器的气流全部或部分通过暖风水箱，来实现温度的适度调节。

出风口调节装置用于调节最终的气流吹向玻璃、面部或脚部等位置。

空气调节装置的控制方式为电动机驱动式，如图 7—2—2 所示。

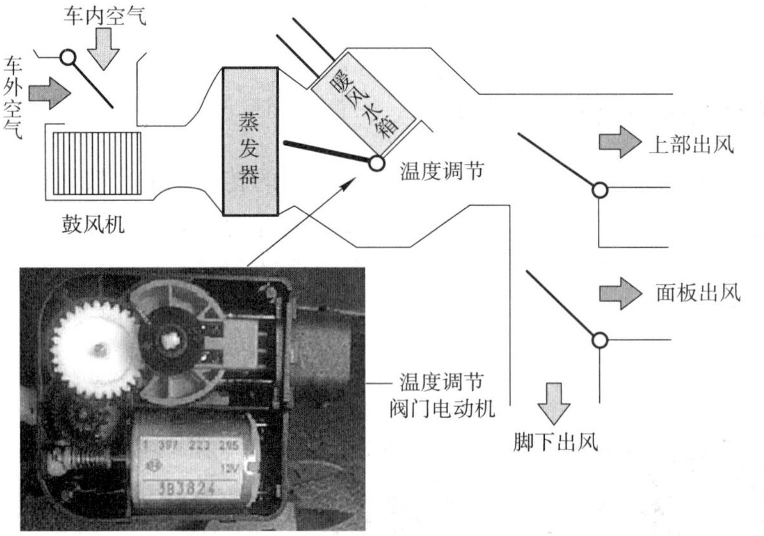

图 7—2—2　电动机驱动的通风系统

二、空调控制部件的结构与工作原理

1. 电磁离合器

电磁离合器安装在压缩机前端，受温度控制开关、压力开关控制。它由压力板、弹簧片、引铁、带轮、固定铁芯和线圈组成，如图 7—2—3 所示。

压力板 1 用半圆键与压缩机轴相连，是电磁离合器的从动件。当电磁离合器线圈 6 通电时，使铁芯 5 产生磁力，将引铁 3 吸贴在带轮 4 端面上并随之转动（离合器结合），使压缩机开始工作。当电磁离合器线圈断电时，铁芯磁力消失，电磁离合器分离，压缩机停止工作。

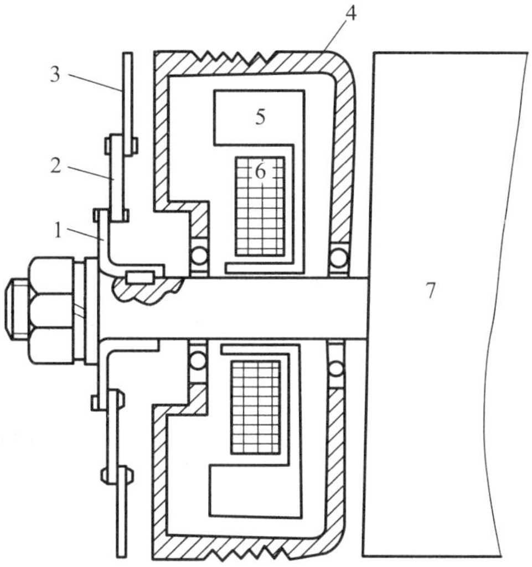

图 7—2—3　电磁离合器

1—压力板　2—弹簧片　3—引铁　4—带轮　5—铁芯　6—线圈　7—压缩机

2. 温度控制器

温度控制器又称恒温器、温控开关、热敏开关等。它的感温部件一般安装在蒸发器表面，触点串联在压缩机离合器的电路中。其作用是检测蒸发器表面的温度，通过控制压缩机的通断来控制蒸发器表面的温度，防止蒸发器表面因温度过低而结霜。温度控制器出厂时已调好最低开关温度。当温度大于调定值时，温控开关闭合，压缩机工作；当温度小于调定值时，温控开关断开，压缩机停止工作。

常用的恒温器有波纹管式和热敏电阻式两种。

（1）波纹管式温度控制器（又称压力式温度控制器）

波纹管式温度控制器用于控制蒸发器表面温度，它由感温受压部件、调温机构和触点开闭机构三部分组成，如图 7—2—4 所示。

感温受压部件主要由毛细感温管和波纹管构成，如图 7—2—5 所示。波纹管和感温管内部充满感温介质，感温管的一端插入蒸发器翅片之间，感受蒸发器表面的温度。它的主要功能是通过感温元件内感温介质的热胀冷缩，使波纹管内压力发生改变，致使其伸长或者缩短，将温度信号转化成机械运动信号传递出去。

调温机构主要由凸轮、转轴、调节螺钉等组成，调温机构使温度控制器能在最低至最高温度范围内任一点动作。触点开闭机构主要由触点、弹簧、杠杆等组成。功能是通过触点的开闭，以切断或接通压缩机上的电磁离合器电路。

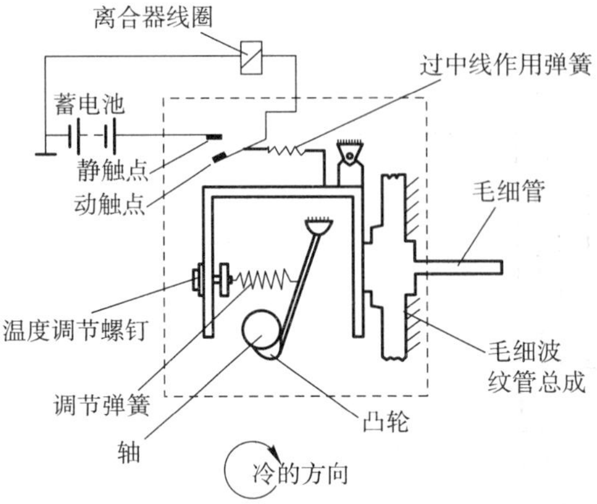

图 7—2—4 温度控制器工作原理

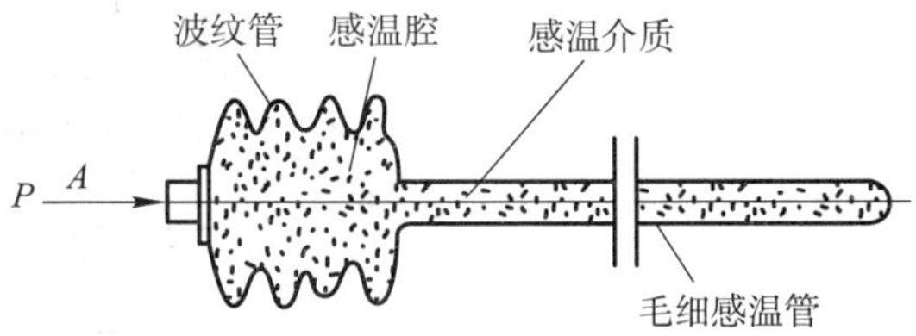

图 7—2—5 波纹管式温度控制器感温部件

波纹管式温度控制器的工作过程如下：

当压缩机处于停止状态时，蒸发器表面的温度会随时间的延长而逐渐升高。同时，毛细感温管的温度也随之升高，管内压力因而上升，波纹管伸长，使触点开关的动触点与静触点闭合，接通电磁离合器的电源使压缩机工作。当压缩机恢复运转后，蒸发器表面的温度又开始下降，毛细感温管中感温介质压力也随之下降，波纹管收缩。当降到某一温度时，在过中线作用弹簧的作用下，动触点与静触点迅速分离，压缩机停止运转，然后蒸发器表面温度又升高。由于温度控制器的作用，这一过程不断得到重复，使车厢内温度能在一定范围内得到控制。控制温度的调节，是通过改变调节弹簧对感温腔的压力来实现的。

（2）热敏电阻式温度控制器

为了更精确地控制蒸发器出口温度，有些车型采用了热敏电阻和放大电路组成的温控开关。热敏电阻安装在蒸发器出口，具有负的温度系数。在放大电路中，温度调整电阻与热敏电阻串联，它可设定制冷系统的温度。热敏电阻式温控开关如图 7—2—6 所示。

温度调整电阻阻值设定后，放大器中 B 点的电位高低由热敏电阻阻值的大小决定。当车内温度高于设定温度时，热敏电阻阻值减小，B 点电位降低，V3 截止，V4 导通，继电器 2 的线圈通电使触点闭合，电磁离合器接合，压缩机工作；相反，热敏电阻阻值增大，B 点电位升高，V3 导通，V4 截止，压缩机停止工作，如此周而复始，使车内的温度保持在设定的温度值。调整温度调整电阻的阻值，可改变 A 点的电位。当阻值减小时，A 点电位降低，V1、V3 截止，V2、V4 导通，压缩机工作，设定的温度低，反之阻值增大时，设定的温度高。

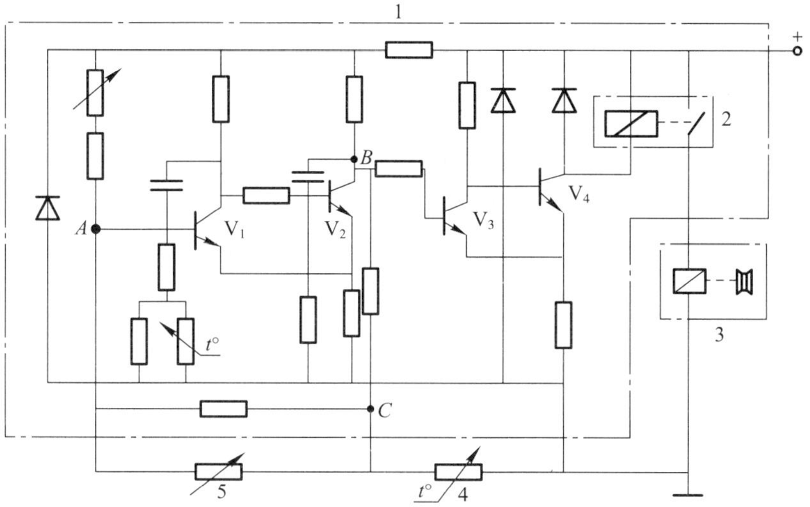

图 7—2—6　热敏电阻式温控开关电路

1—放大器　2—继电器　3—电磁离合器　4—热敏电阻　5—温度调整电阻

3. 压力开关

压力开关安装在制冷剂循环管路中，检测制冷循环系统的压力，当压力异常时启动相应的保护电路，防止系统损坏。常见的压力开关主要有高压开关、低压开关、双重压力开关和三重压力开关等。

（1）高压开关

汽车空调在使用中，当出现散热片堵塞、冷却风扇不转或制冷剂过量等不正常状况时，系统压力会过高，若不加控制，过高的压力会损坏系统元件。

高压开关安装在高压管路中，一般装在储液干燥器上，串联在压缩机电磁离合器电路或冷凝器风扇电路中。当系统压力过高时，高压开关动作，切断离合器电路或接通冷却风扇高速挡电路，防止压力继续升高，避免造成系统的损坏。

高压开关有两种类型：常开型和常闭型，其结构如图 7—2—7 所示。常开型高压开关串联在冷凝器风扇电路中，膜片 2 上方通高压侧制冷剂，下方作用有一弹簧 5。正常情况下，制冷剂压力低于弹簧压力，触点断开，冷凝器风扇低速运转；当制冷剂压力异常升高时，制冷剂压力大于弹簧压力，触点闭合，冷凝器风扇高速运转，加强冷却。常闭型高压开关串联在压缩机电磁离合器电路中，正常情况下，制冷剂压力低于弹簧压力，触点闭合，压缩机运转；当制冷剂压力异常升高时，制冷剂压力大于弹簧压力，触点断开，压缩机停止运转；当制冷剂压力下降到正常值时，触点闭合，压缩机恢复运转。

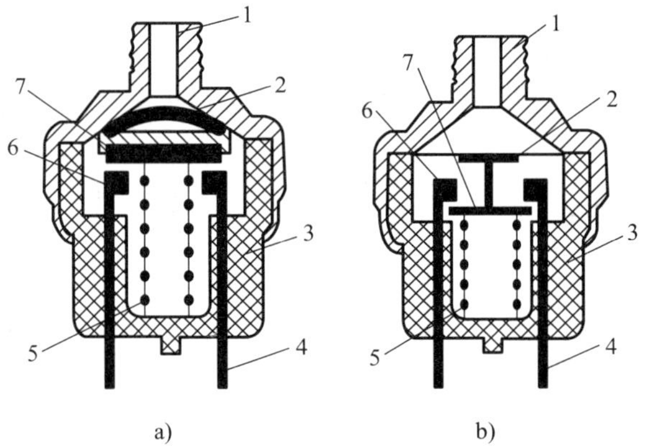

图 7—2—7　高压开关
1—接头　2—膜片　3—外壳　4—接线柱　5—弹簧　6—固定触点　7—活动触点
a）常开型高压开关　b）常闭型高压开关

（2）低压开关

当制冷系统的制冷剂不足或泄漏时，冷冻润滑油也有可能随之泄漏，造成空调系统润滑不良，如果压缩机在缺油状态下运行，将导致严重损坏。

低压开关通常用螺纹接头直接安装在高压管路中，串联在电磁离合器电路中。其结构与常开型高压开关相似，当制冷剂压力正常时，动触点接通压缩机电磁离合器电路；当压缩机排出的制冷剂压力过低时，低压开关断开，切断电磁离合器电路，压缩机停止运行，防止损坏压缩机。

此外，当环境温度过低时，制冷剂的温度和压力也随之降低，此时低压开关断开，压缩机停止运转，从而减少动力消耗，达到节能的目的。

（3）双重压力开关

新型的空调制冷系统是把高、低压开关组合成一体，成为双重压力开关，安装在储液干燥器上面，这样就减少了压力开关的数量和接口，从而减少了制冷剂泄漏的可能性。

（4）三重压力开关

三重压力开关由双重压力开关（高压开关、低压开关）和中压开关组成，结构更加紧凑。三重压力开关安装在高压管路中。当压力过高或过低时，双重压力开关控制压缩机停止运转；当制冷剂压力达到某一中间值时，中压开关控制接通冷凝器风扇电路。

三、空调基本电路

汽车空调的种类较多，其控制电路各不相同。按控制方式可以分为手动空调和自动空调两大类。

1. 手动空调基本电路

手动空调制冷系统中的电路一般由电磁离合器、鼓风机电动机、发动机转速自动调整装置、安全电路、压力开关电路、温度控制器、继电器、温度控制开关等部分组成。手动空调控制电路通过对压缩机电磁离合器的控制实现温度控制与系统保护，通过对鼓风机转速的控制调节制冷负荷，汽车空调制冷系统基本电路如图 7—2—8 所示。点火开关 2 闭合后，只要将风量调节开关 8 置于关闭挡以外的任意一个挡位，继电器 5 的线圈就会得电，其触点闭合，给鼓风机电动机 6 供电，调节风量调节开关 8 可以改变电阻器 7 串联在鼓风机电路中的数量，从而调节鼓风机转速；另外，在继电器 5 吸合后，放大器 9 也会得电，它通过热敏电阻 10 采集受控温度，通过温度控制开关 11 的阻值变化确定目标温度，当受控温度高于目标温度时就向电磁离合器 13 供电，使空调压缩机运行；压力开关 12 用于在制冷系统压力异常时切断电磁离合器的电源，使压缩机停止运行，防止损坏。

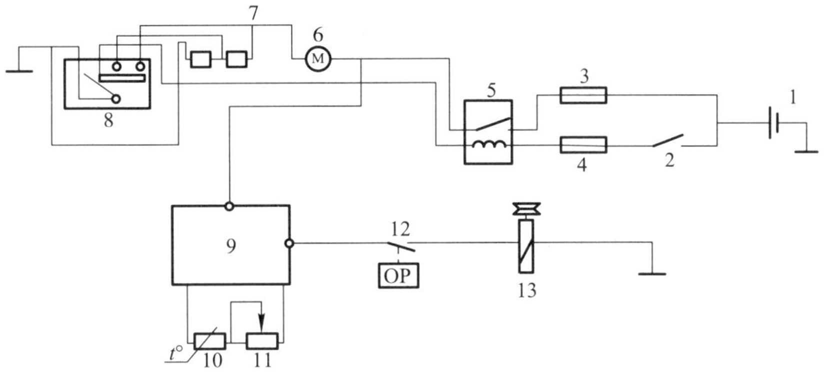

图 7—2—8　汽车空调基本控制电路

1—蓄电池　2—点火开关　3、4—保险丝　5—继电器　6—鼓风机电动机　7—电阻器　8—风量调节开关　9—放大器　10—热敏电阻　11—温度控制开关（可变电阻器）　12—压力开关　13—电磁离合器

2. 自动空调基本电路

汽车空调温度自动控制系统一般由温度选择器、车内、车外温度传感器、日光强度传感器组成的温度检测电路和计算机、电磁阀、真空控制系统组成。

自动空调控制系统分为电控气动控制系统、全自动控制系统、微型计算机控制系统三种。

（1）电控气动控制系统

空调 ECU 根据温度检测电路输入的信息，经过计算比较后输出一个电流值给两个电磁阀（真空转换器也称 DVV），将电信号转换成真空信号，指挥真空驱动器工作对风门开度、风机转速和热水阀实行控制，并在电位器的作用下，根据车内、车外的温度不断修正系统的输出信号，使车内温度保持选定的恒温。

电控气动控制系统的结构与工作过程如图 7—2—9 所示。

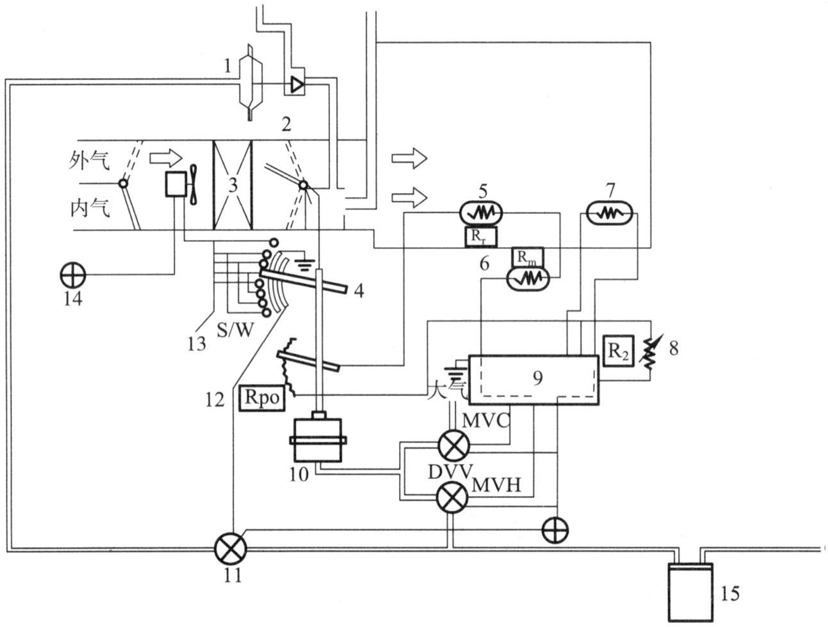

图 7—2—9　电控气动控制系统

1—热水阀真空驱动器　2—空气混合风门　3—蒸发器　4—功率伺服器　5—车内温度传感器　6—车外温度传感器　7—日光强度传感器　8—温度设定电阻　9—空调 ECU　10—真空驱动器　11—热水阀电磁阀　12—电位器　13—鼓风机调速开关　14—加热器继电器　15—真空罐　MVC、MVH—真空转换器（DVV）

自动调温系统以和温度设定操纵装置直接相连的可变电阻 8、车内温度传感器 5、车外温度传感器 6 的测温电阻和电位器 12 电阻的变化作为信号输入空调 ECU。

在 ECU 中，随着信号电压变化的程度，使两个真空转换器 MVC（降温）、MVH（升温）中的一个进行短时间接通，使真空驱动器的真空度发生变化，从而使空气混合调节风门、风机调速开关、热水阀以及电位器 12 都做出一个相应的动作，实现温度自动调节。

（2）全自动空调控制系统

全自动空调控制系统主要由电桥、比较器、真空转换器等组成。而电桥由车内、车外温度传感器、日光强度传感器和调温电阻组成，如图 7—2—10 所示。

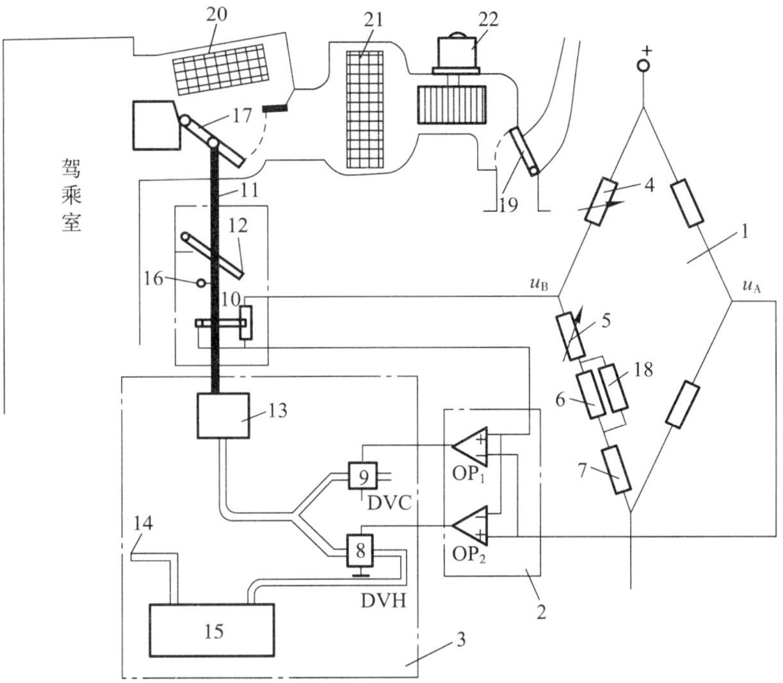

图 7—2—10　全自动空调控制系统

1—电桥　2—比较器　3—真空控制器　4—调温电阻　5—车内温度传感器　6—日光强度传感器　7—车外温度传感器　8—升温真空转换器　9—降温真空转换器　10—反馈电位器　11—控制杆　12—鼓风机开关　13—真空驱动器　14—接发动机进气歧管　15—真空罐　16—热水阀开关　17—温度风门　18—风道温度传感器　19—循环风门　20—加热器　21—蒸发器　22—鼓风机

当调温电阻 4 设定的温度低于车内温度时，空调系统就开始工作。由于调温电阻的阻值低于传感器桥臂的总电阻值，电桥处于不平衡状态，电桥输出端的电位 $u_B>u_A$，比较器 2 的 OP_2 无电流输出，而 OP_1 输出电流使降温真空转换器 9 打开大气通路，使作用在真空驱动器 13 的真空度减小，控制杆 11 上移，将温度风门 17 关小，减少由加热器 20 来的空气流量，而增大由蒸发器 21 来的空气流量，使流入车内的空气温度下降，同时鼓风机开关 12 使风机转速提高。若设定的温度与车内温度相差越大，则电桥两端电位差越大，真空转换器通大气通道越大，真空驱动器的真空度就越小，控制杆上移量也就越大，温度风门 17 随之开度越小甚至关闭，送入车内空气的温度也就越低。与此同时，控制杆上移过程中，反馈电位器 10 的阻值减小，甚至为零。而风机则在最高转速下运转，蒸发器以最大的制冷量输送冷空气至车内。

当车内温度下降低于设定值时，车内温度传感器的阻值减小，电桥输出端电压下降，使 $u_B<u_A$，比较器 2 的 OP_1 无输出，而 OP_2 输出电流信号，真空转换器 8 打开与真

空罐15的通道，使真空驱动器13的真空度增大，控制杆11下移，温度风门17逐渐打开，让一部分冷空气经过加热后再送入车内，使车内温度升高。随着控制杆的下移，反馈电位器10的电阻增大，使OP_2输出电流增大，真空转换器8打开真空通道的开度大，制动杆移动量大。当控制杆下移至极限位置时，温度风门17开启加热器通道，而关闭车内送冷空气的风口，同时在开关12的控制下使风机低速运转，使车内温度快速升高。

由于比较器中的OP_1、OP_2交替输出及真空转换器8、9交替打开大气通道和真空通道，控制了温度风门的开度及风机的转速，又由于反馈电位器的应用，使设定温度和车内温度相差较大时，能相应输入最多的冷空气或热空气，温度相差较小时，又能逐渐降温或升温，从而使车内温度自动控制在设定的温度值。

（3）微机控制的汽车空调系统

目前，汽车制冷系统的调节操作正在向自动化或半自动化方面发展，微型电子计算机、单片机的使用，使制冷系统的控制有了较大的变化。利用微机之后，显示部分可以数字化，微机还有多种功能，例如：压缩机运行的最佳控制，车内外气流和送风口的微小变换，风量的无级控制等。

采用微型计算机对汽车制冷系统进行控制，智能化程度得到了提高，可以达到全天候自动控制的要求。它能进行温度自动控制、风量控制、运转方式控制、换气量控制和自动切换风门等。如图7—2—11所示，微型计算机采集来自各方面的信息，包括车外温度、车内温度、风道温度、发动机冷却液温度、蒸发器表面温度、太阳辐射温度信息，以及来自操作盘的信息，例如设定的温度、等级选择等和由电位计传来的混合空气调节器监测位置的信号等。在对这些信息处理后，发出指令对风机转速、热水阀开度、空气在车内的循环方式选择、温度混合风门的开度、压缩机开停、各送风口的选择等进行控制，以保证最佳的舒适性要求。

同时，还可达到节能的目的。比如在环境温度较低时，微机会自动改变蒸发器设定温度，缩短压缩机的工作时间。除上述功能之外，还可有故障监测和安全保护的功能，如制冷剂不足、高压异常及各种控制器的故障判断、报警和保护等。还可对工作状况进行显示，例如给定温度、控制方式、运行方式等。综上所述，汽车空调用微机控制后提高了智能化程度，而这方面的发展又是非常迅速的。

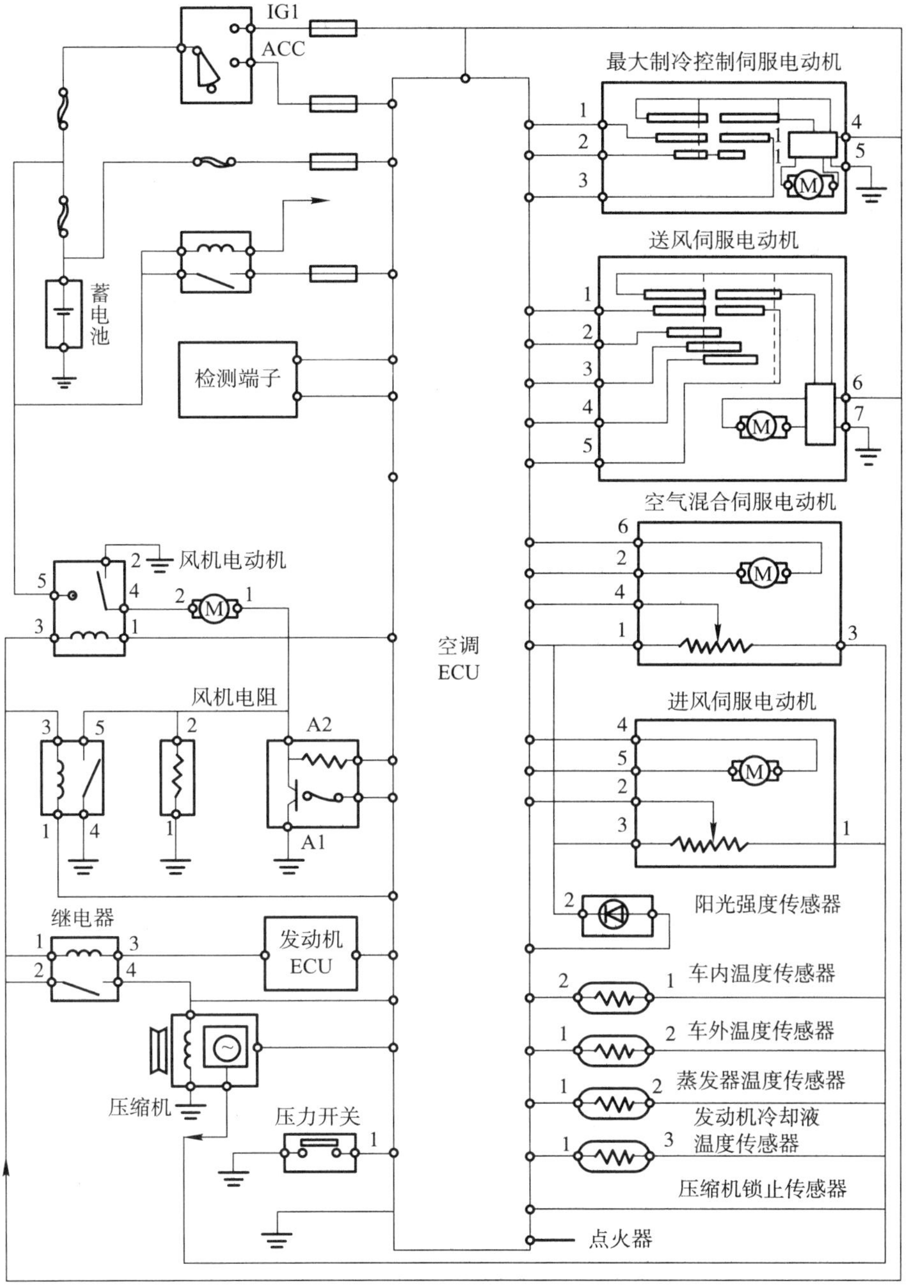

图 7—2—11　微机控制的汽车空调系统

*课题3 汽车空调系统的故障诊断

学习目标

1. 了解空调系统常见故障的现象。
2. 了解空调常见故障的原因与排除方法。
3. 了解空调系统常见故障的检测流程。

一、汽车空调常见故障

1. 不制冷故障

（1）故障现象

打开空调开关，各出风口正常出风，但不是凉风。把温度滑键滑到最冷，仍然不出凉风。

（2）故障原因

1）压缩机皮带过松。

2）冷凝器风扇不转，冷凝器风扇电动机损坏，冷凝器风扇继电器损坏，冷凝器风扇电路有故障。

3）电磁离合器不吸合，电磁离合器损坏，制冷剂过多或过少，压力保护开关损坏，外部温度开关损坏。

4）压缩机损坏。

5）膨胀阀损坏。

6）制冷回路泄漏，制冷回路堵塞。

7）空调继电器损坏。

2. 制冷不足故障

（1）故障现象

打开空调开关，各出风口能出凉风，但凉度不够，把温度滑键滑到最冷，出风凉度仍不够。

（2）故障原因

1）压缩机皮带松，压缩机离合器打滑。

2）制冷剂不足或过多，系统中有空气。

3）压缩机损坏，内部有泄漏。

4）冷凝器脏污。

5）冷凝器气流不畅。

6）蒸发器表面脏污。

3. 无暖风或暖风不足

（1）故障现象

暖风电动机工作正常，发动机冷却液温度上升后，无暖风。

（2）故障原因

1）加热器心堵塞。

2）空调壳体损坏。

3）加热器表面空气受阻，如空调进气滤清器堵塞。

4）温度风门位置不正确，工作失灵。

5）发动机节温器损坏。

二、空调常见故障的原因及排除方法

1. 不制冷故障原因及排除方法

故障原因	排除方法
（1）A/C 保险丝烧坏	（1）查明原因，更换熔断器
（2）电路断路器有故障	（2）查明原因，予以纠正，更换断路器
（3）A/C 开关故障	（3）检查开关
（4）主继电器接触不良或其他故障	（4）检查主继电器
（5）电路中接线、接头折断或脱落	（5）检查线路，接通线路
（6）离合器电磁线圈短路烧毁	（6）检查线圈，若短路则更换
（7）恒温开关或放大器失灵	（7）更换
（8）热敏电阻器故障	（8）检查，若电阻与温度变化曲线不符合时，则更换热敏电阻器
（9）蒸发器风扇电路或继电器有故障	（9）若电动机故障，则更换；若继电器故障，则修复或更换
（10）皮带松弛或折断	（10）调整或更换
（11）高压或低压开关故障或断开	（11）检查开关，并查明断路的原因。若有故障，则换掉
（12）制冷剂全部漏光：1）压缩机轴封泄漏；2）储液干燥器上的易熔塞熔化；3）软管破损；4）系统其他部位	（12）查明漏点，修理并重新抽真空、注液
（13）储液干燥器或膨胀阀堵塞	（13）检修，并查明堵塞原因
（14）压缩机的进、排气阀门折断或阀板磨损	（14）更换阀门或阀板
（15）缸盖密封垫损坏	（15）更换

2. 制冷不足故障原因及排除

故障原因	排除方法
（1）蒸发器风扇转速太慢	（1）检查接头是否松动，调速电阻是否失效
（2）热敏电阻故障	（2）检查，若失效，则予以更换
（3）放大器或恒温开关故障	（3）检查放大器，若损坏，则更换；检查开关，若损坏，则更换
（4）离合器因输入电压过低而打滑	（4）查出原因，按需要输入规定电压检查主继电器
（5）离合器因磨损过量而打滑	（5）更换磨损严重的离合器零件
（6）离合器循环过于频繁	（6）调整或者更换恒温开关或温度放大器
（7）压缩机进、排气门腔窜气	（7）更换缸垫
（8）储液干燥器滤网堵塞故障	（8）更换滤网，清洗或更换储液干燥器
（9）膨胀阀滤网堵塞故障	（9）卸下滤网，清洗或更换
（10）膨胀阀感温包保温层脱落而松动，或感温包中感温液体泄漏	（10）重新包捆感温包；感温包泄漏，则更换膨胀阀
（11）孔管滤网堵塞故障	（11）清洗滤网，并更换液气分离器
（12）冷凝器的气流不畅通	（12）清理冷凝器表面杂物
（13）蒸发器的气流不畅通	（13）清理蒸发器表面，修理混合温度门
（14）蒸发器压力控制阀故障	（14）更换
（15）系统中制冷剂过多或不足	（15）排出多余制冷剂或添入适量的制冷剂
（16）冷冻机油过多	（16）排出多余的油
（17）系统内混入空气	（17）排空、抽真空、注液
（18）车外温度高，车外循环风门关不死	（18）修理循环风门或更换真空马达
（19）蒸发器结霜堵塞	（19）调整恒温开关或蒸发器压力控制器
（20）蒸发器风箱壳泄漏	（20）进行焊修

3. 噪声过大故障原因和排除方法

故障原因	排除方法
（1）离合器打滑	（1）若有油渍，则清洗和修理；若是弹簧或卡盘坏了，则更换离合器
（2）离合器轴承磨损、间隙过大或缺油	（2）应更换离合器轴承，或者加入适量润滑油
（3）离合器电磁线圈故障或者接头松动	（3）拧紧接头或更换线圈
（4）传动皮带松弛、磨损引起打滑	（4）调整到合适张力或者更换皮带
（5）皮带轴承磨损	（5）更换轴承
（6）皮带过紧引起压缩机振动	（6）调整皮带张力
（7）带轮中芯线不平行，引起压缩机振动	（7）重新安装压缩机，使其中芯线平行
（8）压缩机安装螺钉松动，支撑板松动或破碎	（8）拧紧螺钉或更换支撑板
（9）进、排气阀片损坏	（9）更换
（10）活塞环磨损故障	（10）修理或更换活塞环
（11）敲缸	（11）打开高压检修阀进行检修
（12）风扇叶片变形引起的噪声和电动机轴承磨损引起叶片及机罩摩擦	（12）维修或更换风扇

续表

故障原因	排除方法
(13)冷冻机油过多或过少 (14)制冷剂过量引起高压管振动、压缩机的敲击声 (15)制冷剂不足引起蒸发器进口的“嘶嘶”声 (16)制冷系统水分过多	(13)排去或加注冷冻机油，保持正确油平面 (14)排放制冷剂，直至高压表值正常 (15)查清有无泄漏，如有泄漏，则补漏，然后加足制冷剂 (16)更换干燥器，再次抽真空，充注制冷剂

三、常见故障检测和排除

1. 不制冷故障检测和排除

不制冷故障检测和排除流程如图 7—3—1 所示。

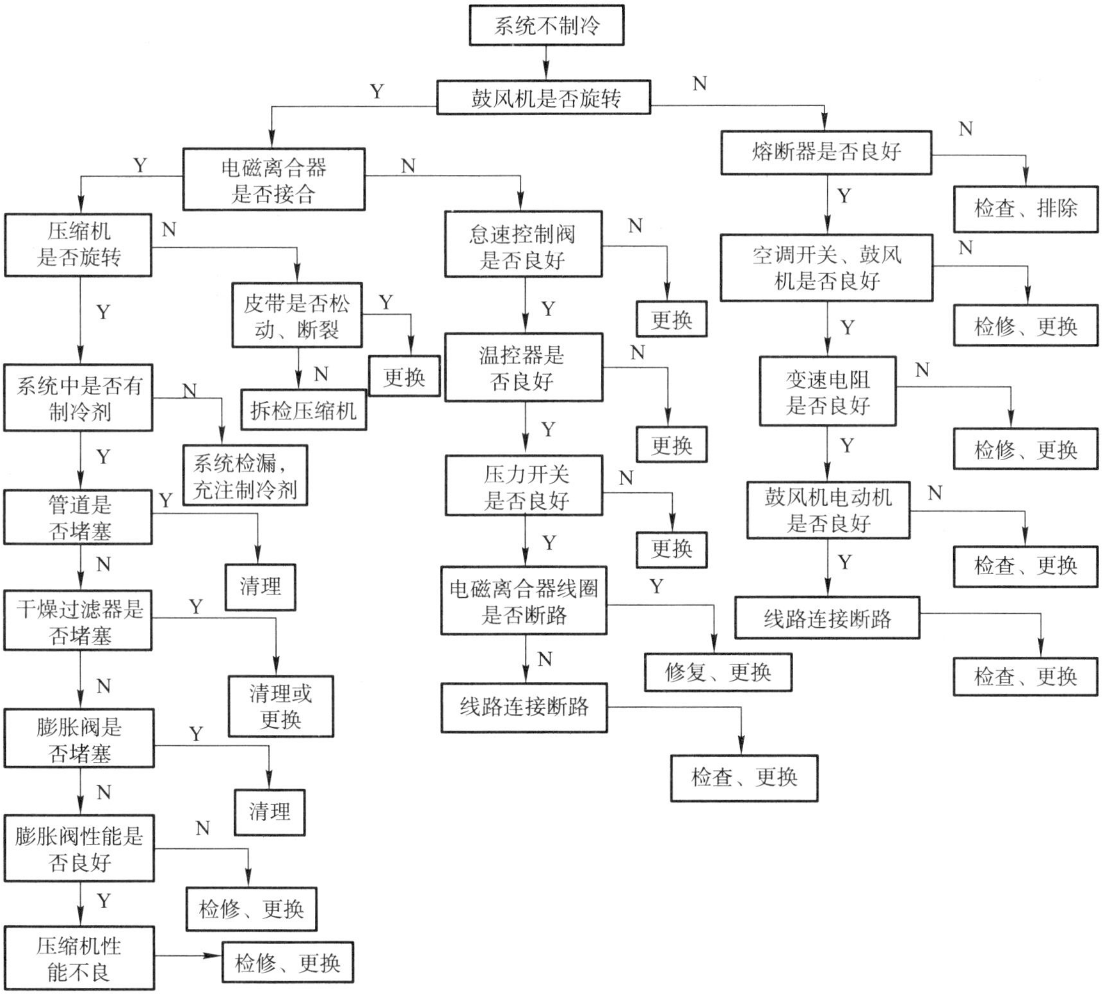

图 7—3—1 空调系统不制冷的故障检测和排除流程图

2. 制冷不足故障检测和排除

制冷不足故障检测和排除流程如图 7—3—2 所示。

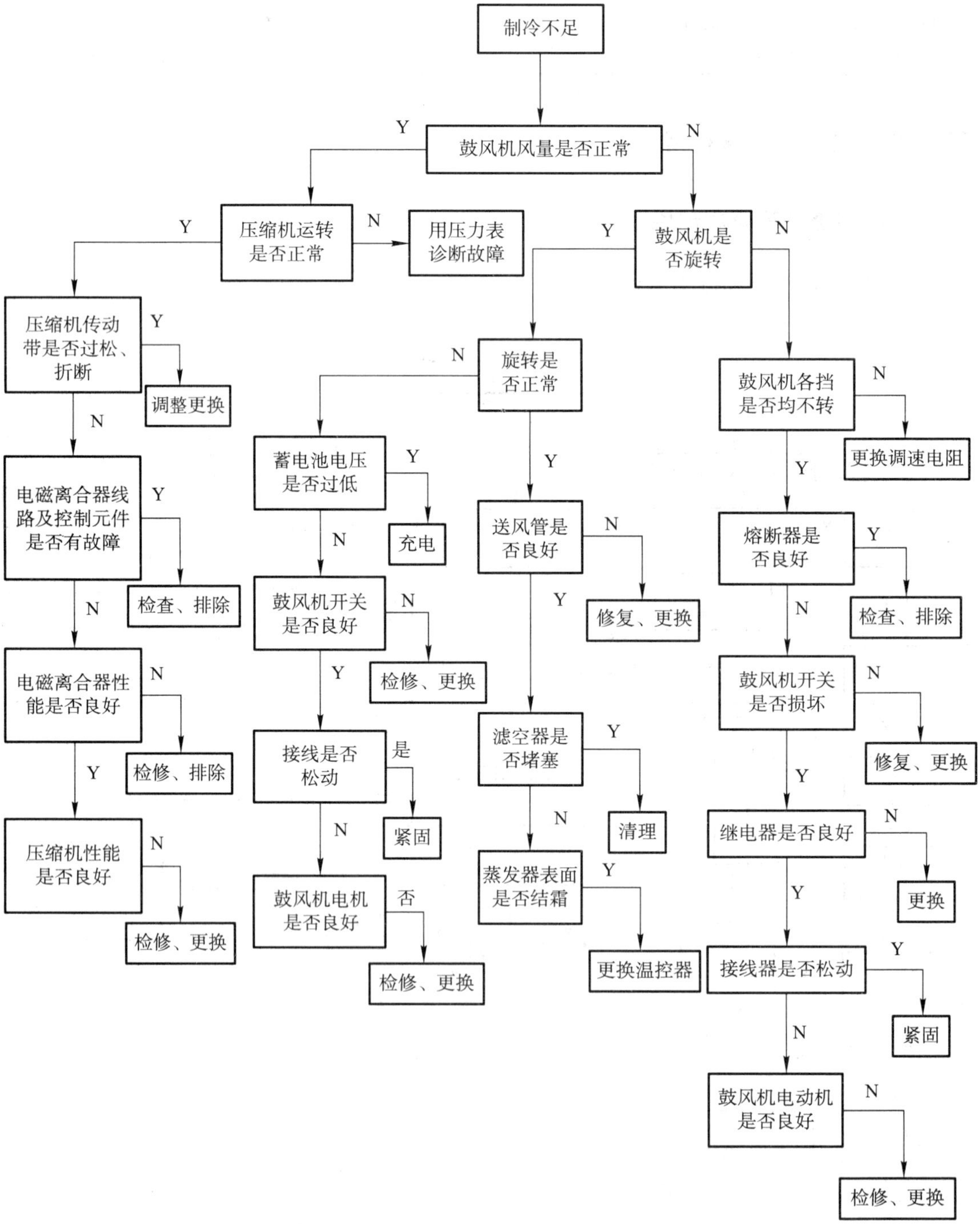

图 7—3—2 系统制冷不足的故障检测和排除流程图

3. 噪声过大故障检测和排除

噪声过大故障检测和排除流程如图 7—3—3 所示。

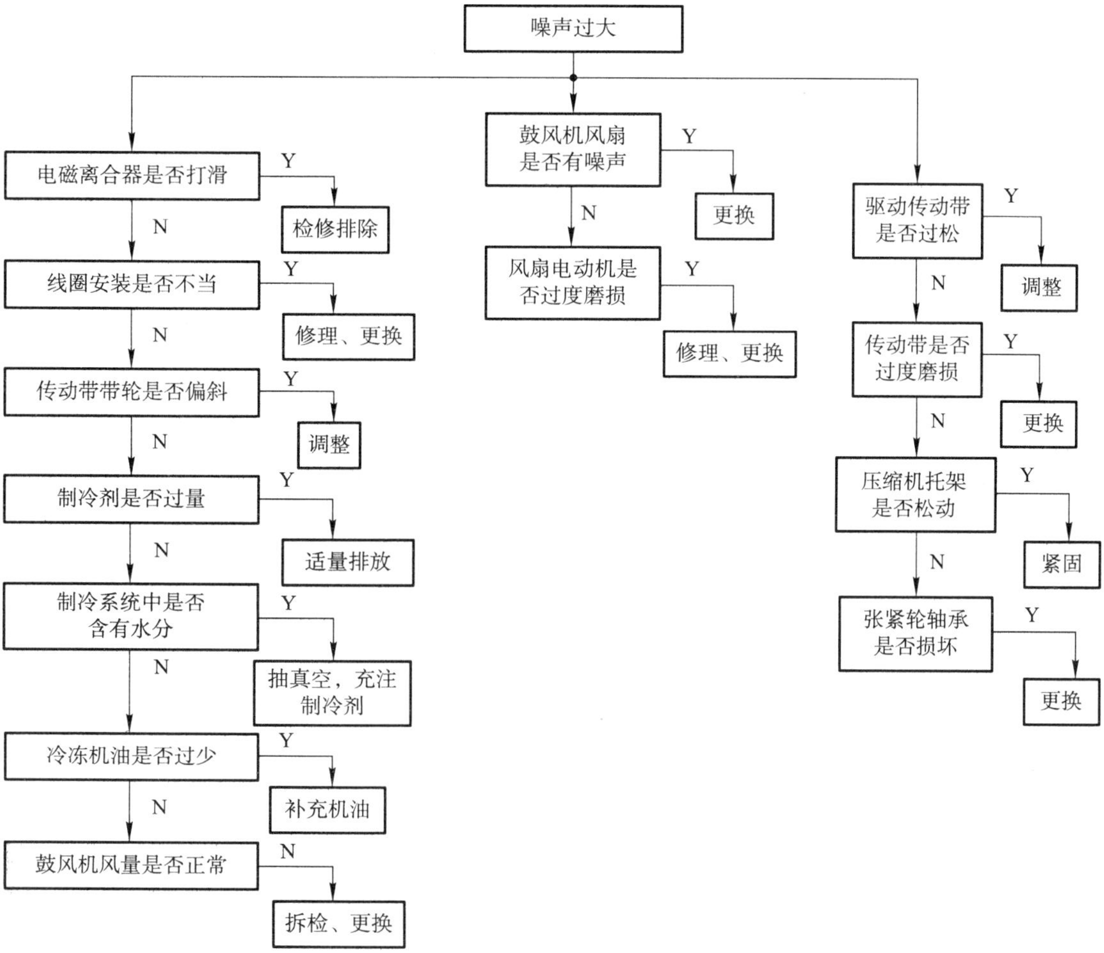

图 7—3—3　空调系统异响或振动的故障检测和排除流程图